"十二五"职业教育国家规划教材
经全国职业教育教材审定委员会审定

建设工程法规

丛书主编　胡六星
主　　编　邬　宏　张国华
副 主 编　张爱华　岳乌云高娃
参　　编　陈　红　国乐乐　张　化　吕建军
主　　审　刘恩光　郝贠洪

机 械 工 业 出 版 社

本书依据国家建设行业执业资格考试的要求，按照国家建设行业最新法律法规编写，共分为9章：法律基础知识、工程建设用地与规划制度、建设许可与工程发承包制度、建设工程监理制度、建设工程招标投标制度、建设工程合同法律制度、建设工程安全生产管理制度、建设工程质量管理制度、其他相关法律制度。通过学习，读者能够综合掌握建设工程法律基本知识以及与计价相关的制度。

本书可供全国高职院校造价管理类专业学生使用，也可供建设行业职工培训学习参考。亦可作为执业考试参考资料及行业法律自学教材。

图书在版编目（CIP）数据

建设工程法规/邬宏，张国华主编. —北京：机械工业出版社，2014.4（2024.1重印）

“十二五”职业教育国家规划教材

ISBN 978-7-111-46893-6

Ⅰ.①建… Ⅱ.①邬…②张… Ⅲ.①建筑法-中国-高等职业教育-教材 Ⅳ.①D922.297

中国版本图书馆CIP数据核字（2014）第115851号

机械工业出版社（北京市百万庄大街22号 邮政编码100037）

策划编辑：李 莉 责任编辑：李 莉

版式设计：赵颖喆 责任校对：朱继文

封面设计：陈 沛 责任印制：张 博

北京雁林吉兆印刷有限公司印刷

2024年1月第1版第10次印刷

184mm×260mm · 14.5印张 · 345千字

标准书号：ISBN 978-7-111-46893-6

定价：45.00元

电话服务 网络服务

客服电话：010-88361066 机 工 官 网：www.cmpbook.com

010-88379833 机 工 官 博：weibo.com/cmp1952

010-68326294 金 书 网：www.golden-book.com

封底无防伪标均为盗版 机工教育服务网：www.cmpedu.com

前　言

随着建筑行业的飞速发展，建设工程相关的法律法规已经深入到建设领域各项工作当中，国家政策的日益完善也要求建设工程企业必须进入法制化轨道。本书从建设工程专业的需要出发，全面、系统地阐述了我国最新的建筑法律法规、规范性文件和司法解释，在内容上力求为工程建设提供法律支持。

本书根据《建筑法》《招标投标法》《合同法》《劳动合同法》《建设工程安全生产管理条例》和《建设工程质量管理条例》等相关法律法规，结合执业资格考试内容，对法律基础知识、建设工程许可制度、建设工程发包与承包制度、建设工程招标投标及合同管理法规、工程监理及安全生产管理法规、工程质量管理及劳动合同管理制度、建设工程计价法律制度等内容进行了系统的阐述。通过学习，读者能够综合掌握建设工程法律基本知识以及与计价相关的制度。

本书具有三个显著的特点：第一，时代性，本书以最新的法律为依据；第二，适用性，本书内容与建造师考试及造价师考试相衔接，同时介绍了造价咨询方面的法律制度；第三，合理性，本书各章节安排紧扣教学目标，各章内容后都附有复习思考题，具有覆盖性和技巧性，难度阶梯递进，以便使读者扎实掌握基础知识，提高运用知识指导实践的能力。

本书共分为9章，由内蒙古建筑职业技术学院邬宏、张国华主编，内蒙古建筑职业技术学院张爱华、岳乌云高娃任副主编。具体编写分工如下：第1、9章由张国华编写，第2章由邬宏编写，第3章由张爱华编写，第4章由岳乌云高娃编写，第5章由内蒙古建筑职业技术学院陈红编写，第6章由董氏职业培训学校国乐乐编写，第7章由中国国电集团乌斯太热电厂张化编写，第8章由呼和浩特市技工学校吕建军编写。本书由多年从事内蒙古地区招标投标监管及工程审计的刘恩光、内蒙古工业大学郝负洪教授反复推敲审稿，由张一鸣进行了勘误、图片制作，编者在此深表谢意。

本书配有电子课件，凡使用本书作为教材的教师可登录机械工业出版社教育服务网 www.cmpedu.com 下载。咨询邮箱：cmpgaozhi@sina.com。咨询电话：010-88379375。

本书在编写过程中参阅了大量资料，谨向参考文献著者深表谢意。

由于编者水平有限，书中疏漏、错误难免，恳请读者不吝指正。

编　者

目　　录

第1章　法律基础知识

✲ 学习目标：掌握法律体系，熟悉法的形式；掌握法律关系，熟悉代理制度；掌握债权、物权概念，了解知识产权制度，熟悉诉讼时效制度；熟悉工程纠纷处理程序。

1.1　法律体系及代理制度

1.1.1　法律体系

法律体系也称法的体系，通常是指由一个国家现行的各个部门法构成的有机联系的统一整体。在我国法律体系中，根据所调整的社会关系性质不同，可以划分为不同的部门法。部门法又称法律部门，是根据一定标准、原则所制定的同类法律规范的总称。

我国现行的法律体系是以宪法为统帅，以宪法相关法、民法商法等多个法律部门的法律为主干，由法律、行政法规、地方性法规等多个层次的法律规范构成的有中国特色的社会主义法律体系。

1. 宪法及相关法

宪法是国家的根本大法，是特定社会政治经济和思想文化条件综合作用的产物，集中反映各种政治力量的实际对比关系，确认革命胜利成果和现实的民主政治，规定国家的根本任务和根本制度，即社会制度、国家制度的原则和国家政权的组织以及公民的基本权利义务等内容。

宪法相关法是指《中华人民共和国全国人民代表大会组织法》《中华人民共和国地方各级人民代表大会和地方各级人民政府组织法》《中华人民共和国全国人民代表大会和地方各级人民代表大会选举法》《中华人民共和国国籍法》《中华人民共和国国务院组织法》《中华人民共和国民族区域自治法》等法律。

2. 民法商法

民法是规定并调整平等主体的公民间、法人间及公民与法人间的财产关系和人身关系的法律规范的总称。商法是调整市场经济关系中商人及其商事活动的法律规范的总称。

我国采用的是民商合一的立法模式。商法被认为是民法的特别法和组成部分。《中华人民共和国民法通则》（以下简称《民法通则》）、《中华人民共和国合同法》（以下简称《合同法》）、《中华人民共和国物权法》（以下简称《物权法》）、《中华人民共和国侵权责任法》（以下简称《侵权责任法》）、《中华人民共和国公司法》（以下简称《公司法》）、《中华人民共和国招标投标法》（以下简称《招标投标法》）等属于民法商法。

3. 行政法

行政法是调整行政主体在行使行政职权和接受行政法制监督过程中而与行政相对人、行政法制监督主体之间发生的各种关系，以及行政主体内部发生的各种关系的法律规范的总称。

作为行政法调整对象的行政关系，主要包括行政管理关系、行政法制监督关系、行政救济关系和内部行政关系。《中华人民共和国行政处罚法》（以下简称《行政处罚法》）、《中华人民共和国行政复议法》（以下简称《行政复议法》）、《中华人民共和国行政许可法》（以下简称《行政许可法》）、《中华人民共和国环境影响评价法》（以下简称《环境影响评价法》）、《中华人民共和国城市房地产管理法》（以下简称《城市房地产管理法》）、《中华人民共和国城乡规划法》（以下简称《城乡规划法》）、《中华人民共和国建筑法》（以下简称《建筑法》）等属于行政法。

4. 经济法

经济法是调整在国家协调、干预经济运行的过程中发生的经济关系的法律规范的总称。《中华人民共和国统计法》（以下简称《统计法》）、《中华人民共和国土地管理法》（以下简称《土地管理法》）、《中华人民共和国标准化法》（以下简称《标准化法》）、《中华人民共和国税收征收管理法》（以下简称《税收征收管理法》）、《中华人民共和国预算法》（以下简称《预算法》）、《中华人民共和国审计法》（以下简称《审计法》）、《中华人民共和国节约能源法》（以下简称《节约能源法》）、《中华人民共和国政府采购法》（以下简称《政府采购法》）、《中华人民共和国反垄断法》（以下简称《反垄断法》）等属于经济法。

5. 社会法

社会法是调整劳动关系、社会保障和社会福利关系的法律规范的总称。

社会法是在国家干预社会生活过程中逐渐发展起来的一个法律门类，所调整的是政府与社会之间、社会不同部分之间的法律关系。《中华人民共和国残疾人保障法》（以下简称《残疾人保障法》）、《中华人民共和国矿山安全法》（以下简称《矿山安全法》）、《中华人民共和国劳动法》（以下简称《劳动法》）、《中华人民共和国职业病防治法》（以下简称《职业病防治法》）、《中华人民共和国安全生产法》（以下简称《安全生产法》）、《中华人民共和国劳动合同法》（以下简称《劳动合同法》）等属于社会法。

6. 刑法

刑法是关于犯罪和刑罚的法律规范的总称。《中华人民共和国刑法》（以下简称《刑法》）是该法律部门的主要内容。

7. 诉讼与非诉讼程序法

诉讼法指的是规范诉讼程序的法律的总称。我国有三大诉讼法，即《中华人民共和国民事诉讼法》（以下简称《民事诉讼法》）、《中华人民共和国刑事诉讼法》（以下简称《刑事诉讼法》）、《中华人民共和国行政诉讼法》（以下简称《行政诉讼法》）。非诉讼的程序法主要是《中华人民共和国仲裁法》（以下简称《仲裁法》）。

1.1.2 法的形式

法的形式是指法律的创制方式和外部表现形式。它包括四层含义：①法律规范创制机关的性质及级别；②法律规范的外部表现形式；③法律规范的效力等级；④法律规范的地域效力。法的形式取决于法的本质。存在过的法律形式主要有习惯法、宗教法、判例、规范性法律文件、国际惯例、国际条约等。在我国，习惯法、宗教法、判例都不是法的形式。

我国法的形式是制定法形式，具体可分为以下七类。

1. 宪法

宪法是由全国人民代表大会依照特别程序制定的具有最高效力的根本法。宪法是集中反映统治阶级的意志和利益，规定国家制度、社会制度的基本原则，具有最高法律效力的根本大法。其主要功能是制约和平衡国家权力，保障公民权利。宪法是我国的根本大法，在我国法律体系中具有最高的法律地位和法律效力，是我国最高的法律形式。

宪法也是建设法规的最高形式，是国家进行建设管理、监督的权力基础。例如，《中华人民共和国宪法》（以下简称《宪法》）第 89 条规定，“国务院行使下列职权：……（六）领导和管理经济工作和城乡建设”；第 107 条规定，“县级以上地方各级人民政府依照法律规定的权限，管理本行政区域内的……城乡建设事业……等行政工作，发布决定和命令，任免、培训、考核和奖惩行政工作人员”。

2. 法律

法律是指由全国人民代表大会和全国人民代表大会常务委员会制定、颁布的规范性法律文件，即狭义的法律。法律分为基本法律和一般法律（又称非基本法律、专门法）两类。基本法律是由全国人民代表大会制定的调整国家和社会生活中带有普遍性的社会关系的规范性法律文件的统称，如刑法、民法、诉讼法以及有关国家机构的组织法等法律。一般法律是由全国人民代表大会常务委员会制定的调整国家和社会生活中某种具体社会关系或其中某一方面内容的规范性文件的统称。

依照《中华人民共和国立法法》（以下简称《立法法》）的规定，下列事项只能制定法律：①国家主权的事项；②各级人民代表大会、人民政府、人民法院和人民检察院的产生、组织和职权；③民族区域自治制度、特别行政区制度、基层群众自治制度；④犯罪刑罚；⑤对公民政治权利的剥夺、限制人身自由的强制措施和处罚；⑥对非国有财产的征收；⑦民事基本制度；⑧基本经济制度以及财政、税收、海关、金融和外贸的基本制度；⑨诉讼和仲裁制度；⑩必须由全国人民代表大会及其常务委员会制定法律的其他事项。

建设法律既包括专门的建设领域的法律，也包括与建设活动相关的其他法律。例如，前者有《城乡规划法》《建筑法》《城市房地产管理法》等，后者有《民法通则》《合同法》《行政许可法》等。

3. 行政法规

行政法规是国家最高行政机关国务院根据宪法和法律就有关执行法律和履行行政管理职权的问题，以及依据全国人民代表大会及其常务委员会特别授权所制定的规范性文件的总称。

依照《立法法》的规定，国务院根据宪法和法律制定行政法规。行政法规可以就下列事项作出规定：①为执行法律的规定需要制定行政法规的事项；②宪法规定的国务院行政管理职权的事项。应当由全国人民代表大会及其常务委员会制定法律的事项，国务院根据全国人民代表大会及其常务委员会的授权决定先制定的行政法规，经过实践检验，制定法律的条件成熟时，国务院应当及时提请全国人民代表大会及其常务委员会制定法律。

4. 地方性法规、自治条例和单行条例

省、自治区、直辖市的人民代表大会及其常务委员会根据本行政区域的具体情况和实际需要在不与宪法、法律、行政法规相抵触的前提下，可以制定地方性法规。较大的市的人民代表大会及其常务委员会根据本市的具体情况和实际需要，在不与宪法、法律、行政法规和本省、自治区的地方性法规相抵触的前提下，可以制定地方性法规，报省、自治区的人民代表大会常务委员会批准后施行。较大的市是指省、自治区的人民政府所在地的市，经济特区所在地的市和经国务院批准的较大的市。

地方性法规可以就下列事项作出规定：①为执行法律、行政法规的规定，需要根据本行政区域的实际情况作具体规定的事项；②属于地方事务需要制定地方性法规的事项。经济特区所在地的省、市的人民代表大会及其常务委员会根据全国人民代表大会的授权决定，制定法规，在经济特区范围内实施。民族自治地方的人民代表大会有权依照当地民族的政治、经济和文化的特点，制定自治条例和单行条例。自治区的自治条例和单行条例，报全国人民代表大会常务委员会批准后生效。自治州、自治县的自治条例和单行条例，报省、自治区、直辖市的人民代表大会常务委员会批准后生效。

目前，各地方都制定了大量的规范建设活动的地方性法规、自治条例和单行条例，如《天津市建筑市场管理条例》《新疆维吾尔自治区建筑市场管理条例》等。

5. 部门规章

部门规章是指国务院各部、委员会、中国人民银行和具有行政管理职能的直属机构所制定的规范性文件。

部门规章规定的事项应当属于执行法律或者国务院的行政法规、决定、命令的事项，其名称可以是“规定”“办法”和“实施细则”等。目前，大多数的建设法规是以部门规章的方式发布的，如住房和城乡建设部发布的《房屋建筑和市政基础设施工程质量监督管理规定》《房屋建筑和市政基础设施工程竣工验收备案管理办法》《市政公用设施抗灾设防管理规定》等。

涉及两个以上国务院部门职权范围的事项，应当提请国务院制定行政法规或者由国务院有关部门联合制定规章。

6. 地方政府规章

由省、自治区、直辖市人民政府和较大的市的人民政府所制定的规划性文件称为地方政府规章。地方政府规章可以就下列事项作出规定：①为执行法律、行政法规、地方性法规的规定需要制定规章的事项；②属于本行政区域的具体行政管理事项。目前省、自治区、直辖市和较大的市的人民政府都制定了大量地方政府规章，如《重庆市建设工程造价管理规定》《安徽省建设工程造价管理办法》《宁波市建设工程造价管理办法》等。

7. 国际条约

国际条约是指我国与外国缔结、参加、签订、加入、承认的双边、多边的条约、协定和其他具有条约性质的文件。国际条约的名称，除条约外，还有公约、协议、协定、议定书、宪章、盟约、换文和联合宣言等。除我国在缔结时宣布持保留意见不受其约束的以外，这些条约的内容都与国内法具有一样的约束力，所以也是我国法的形式。例如，我国加入世界贸易组织（WTO）后，世界贸易组织中与工程建设有关的协定也会对我国的建设活动产生约束力。

1.1.3　建设法规与其他法的法律关系

1. 建设法的定义

建设法是调整国家行政管理机关、法人、法人以外的其他组织、公民在建设活动中产生的社会关系的法律规范的总称。建设法律和建设行政法规构成了建设法的主体。建设法是以市场经济中建设活动产生的社会关系为基础，规范国家行政管理机关对建设活动的监管、市场主体之间经济活动的法律法规。

建设法律和建设行政法规与所有的法律部门都有一定的关系，比较重要的是与行政法、民法商法、社会法的关系。

2. 建设法律和建设行政法规与行政法的关系

建设法律和建设行政法规在调整建设活动中产生的社会关系时，会形成行政监督管理关系。行政监督管理关系是指国家行政机关或者其正式授权的有关机构对建设活动的组织、监督、协调等形成的关系。建设活动事关国计民生，与国家、社会的发展，与公民的工作、生活以及生命财产的安全等都有直接的关系。因此，国家必然要对建设活动进行监督和管理。

我国政府一直高度重视对建设活动的监督管理。国务院和地方各级人民政府都设有专门的建设行政管理部门，对建设活动的各个阶段依法进行监督管理，包括立项、资金筹集、勘察、设计、施工、验收等。国务院和地方各级人民政府的其他有关行政管理部门，也承担了相应的建设活动监督管理的任务。行政机关在这些监督管理中形成的社会关系就是建设行政监督管理关系。

建设行政监督管理关系是行政法律关系的重要组成部分。

3. 建设法律和建设行政法规与民法商法的关系

建设法律和建设行政法规在调整建设活动中产生的社会关系，会形成民事商事法律关系。建设民事商事法律关系，是建设活动中由民事商事法律规范所调整的社会关系。建设民事商事法律关系有以下特点。

（1）建设民事商事法律关系是主体之间的民事商事权利和民事商事义务关系。民法商法调整一定的财产关系和人身关系，赋予当事人以民事商事权利和民事商事义务。在民事商事法律关系产生以后，民事商事法律规范所确定的抽象的民事商事权利和民事商事义务便落实为约束当事人行为的具体的民事商事权利和民事商事义务。

（2）建设民事商事关系是平等主体之间的关系。民法商法调整平等主体之间的财产关系和人身关系，这就决定了参加民事商事关系的主体地位平等，相互独立、互不隶属。同时，由于主体地位平等，决定了其权利义务一般也是对等的。任何一方在享受权利的同时，也要承担相应的义务。

（3）建设民事商事关系主要是财产关系。民法商法以财产关系为其主要调整对象。因此，民事商事关系也主要表现为财产关系。民事商事关系虽然也有人身关系，但在数量上较少。

（4）建设民事商事关系的保障措施具有补偿性和财产性。民法商法调整对象的平等性和财产性，也表现在民事商事关系的保障手段上，即民事商事责任以财产补偿为主要内容。惩罚性和非财产性责任不是主要的民事商事责任形式。在建设活动中，各类民事商事主体，如建设单位、施工单位、勘察设计单位、监理单位等，都是通过合同建立起相互的关系。合同关系就是一种民事商事关系。

建设民事商事关系是民事商事关系的重要组成部分。

4. 建设法律和建设行政法规与社会法的关系

建设法律和建设行政法规在调整建设活动中产生的社会关系时，会形成社会法律关系。例如，建设单位、施工单位、监理单位、勘察设计单位都会与自己的员工建立劳动关系。

建设社会关系是社会关系的重要组成部分。

1.1.4 代理制度

在建设工程活动中，通过委托代理实施民事法律行为的情形较为常见。因此，了解和熟悉有关代理的基本法律知识是十分必要的。

1. 代理的法律特征和主要种类

《民法通则》规定，公民、法人可以通过代理人实施民事法律行为。代理人在代理权限内，以被代理人的名义实施民事法律行为。被代理人对代理人的代理行为承担民事责任。所谓代理，是指代理人在被授予的代理权限范围内以被代理人的名义与第三人实施法律行为，而行为后果由该被代理人承担的法律制度。代理涉及三方当事人，即被代理人、代理人和代理关系所涉及的第三人。

（1）代理的法律特征

1）代理人必须在代理权限范围内实施代理行为。代理人实施代理活动的直接依据是代理权。因此，代理人必须在代理权限范围内与第三人或相对人实施代理行为。

代理人实施代理行为时有独立进行意思表示的权利。代理制度的存在，正是为了弥补一些民事主体没有资格、精力和能力去处理有关事务的缺陷。如果仅是代为传达当事人的意思表示或接受意思表示，而没有任何独立决定意思表示的权利，则不是代理，只能视为传达意思表示的中间人。

2）代理人应该以被代理人的名义实施代理行为。《民法通则》规定，代理人应以被代理人的名义对外实施代理行为。代理人如果以自己的名义实施代理行为，则该代理行为产生的法律后果只能由代理人自行承担。那么，这种行为是自己的行为而非代理行为。

3）代理行为必须是具有法律意义的行为。代理人为被代理人实施的是能够产生法律上的权利义务关系，能够产生法律后果的行为。如果是代理人请朋友吃饭、聚会等，则不能产生权利义务关系，就不是代理行为。

4）代理行为的法律后果归属于被代理人。代理人在代理权限内，以被代理人的名义同第三人进行的具有法律意义的行为，在法律上产生与被代理人自己的行为同样的后果。因而，被代理人对代理人的代理行为承担民事责任。

（2）代理的主要种类。代理包括委托代理、法定代理和指定代理。

委托代理按照被代理人的委托行使代理权。因委托代理中，被代理人是以意思表示的方式将代理权授予代理人的，故又称“意定代理”或“任意代理”。

法定代理是指根据法律的规定而发生的代理。例如，《民法通则》规定，无民事行为能力人、限制民事行为能力人的监护人是他的法定代理人。法定代理人依照法律的规定行使代理权。

指定代理是根据人民法院或有关单位的指定而发生的代理，常发生在诉讼中。例如，《最高人民法院关于适用〈中华人民共和国民事诉讼法〉若干问题的意见》第 67 条规定，在诉讼中，无民事行为能力人、限制民事行为能力人的监护人是他的法定代理人。事先没有确定监护人的，可以由有监护资格的人协商确定，协商不成的，由人民法院在他们之间指定诉讼中的法定代理人。指定代理人按照人民法院或者指定单位的指定行使代理权。

2. 建设工程代理行为的设立和终止

建设工程活动中涉及的代理行为有招标代理、材料设备采购代理以及诉讼代理等。

（1）建设工程代理行为的设立。建设工程活动不同于一般的经济活动，其代理行为不仅要依法实施，有些还要受到法律的限制。

1）不得委托代理的建设工程活动。《民法通则》规定，依照法律规定或者按照双方当事人约定，应当由本人实施的民事法律行为，不得代理。

建设工程的承包活动不得委托代理。《建筑法》规定，禁止承包单位将其承包的全部建筑工程转包给他人，禁止承包单位将其承包的全部建筑工程肢解以后以分包的名义分别转包给他人。施工总承包的，建筑工程主体结构的施工必须由总承包单位自行完成。

2）须取得法定资格方可从事的建设工程代理行为。一般的代理行为可以由自然人、法人担任代理人，对其资格并无法定的严格要求。即使是诉讼代理人，也不要求必须由具有律师资格的人担任，如《民事诉讼法》第 58 条规定，律师、基层法律服务工作者、当事人的近亲属或者工作人员、当事人所在社区或单位以及有关社会团体推荐的公民，都可以被委托为诉讼代理人。

但是，某些建设工程代理行为必须由具有法定资格的组织实施。例如，《招标投标法》规定，招标代理机构是依法设立、从事招标代理业务并提供相关服务的社会中介组织。招标代理机构应当具备下列条件：①有从事招标代理业务的营业场所和相应资金；②有能够编制招标文件和组织评标的相应专业力量；③有符合《招标投标法》规定条件、可以作为评标委员会成员人选的技术、经济等方面的专家库。《招标投标法》还规定，从事工程建设项目招标代理业务的招标代理机构，其资格由国务院或者省、自治区、直辖市人民政府的建设行政主管部门认定。

3）民事法律行为的委托代理。建设工程代理行为多为民事法律行为的委托代理。民事法律行为的委托代理，可以用书面形式，也可以用口头形式。但是，法律规定用书面形式的，应当用书面形式。

书面委托代理的授权委托书应当载明代理人的姓名或者名称、代理事项、权限和期间，并由委托人签名或者盖章。委托书授权不明的，被代理人应当向第三人承担民事责任，代理人负连带责任。

（2）建设工程代理行为的终止。《民法通则》规定，有下列情形之一的，委托代理终止：

1）代理期间届满或者代理事务完成。

2）被代理人取消委托或者代理人辞去委托。

3）代理人死亡。

4）代理人丧失民事行为能力。

5）作为被代理人或者代理人的法人终止。

建设工程代理行为的终止，主要是1）2）5）三种情况。

被代理人通常是授予代理人某一特定期间内的代理权，或者是某一项也可能是某几项特定事务的代理权，那么在这一期间届满或者被指定的代理事项全部完成，代理关系即告终止，代理行为也随之终止。

委托代理是被代理人基于对代理人的信任而授权其进行代理事务的，如果被代理人由于某种原因失去了对代理人的信任，法律就不应当强制被代理人仍须以其为代理人。反之，如果代理人由于某种原因不愿意再行代理，法律也不能强制要求代理人继续从事代理，因此法律规定被代理人有权根据自己的意愿单方取消委托，也允许代理人单方辞去委托，均不必以对方同意为前提，并且通知到对方时，代理权即行消灭。但是，单方取消或辞去委托可能会承担相应的民事责任。《合同法》规定，委托人或者受托人可以随时解除委托合同，因解除合同给对方造成损失的，除不可归责于该当事人的事由以外，应当赔偿损失。

在建设工程活动中，不管是被代理人还是代理人，任何一方的法人终止，代理关系均随之终止。因为，对方的主体资格已消灭，代理行为将无法继续，其法律后果亦将无从承担。

有下列情形之一的，法定代理或者指定代理终止：①被代理人取得或者恢复民事行为能力；②被代理人或者代理人死亡；③代理人丧失民事行为能力；④指定代理的人民法院或者指定单位取消指定。

3. 代理人和被代理人的权利义务及法律责任

（1）代理人在代理权限内以被代理人的名义实施代理行为。《民法通则》规定，代理人在代理权限内，以被代理人的名义实施民事法律行为。被代理人对代理人的代理行为承担民事责任。

这是代理人与被代理人基本权利和义务的规定。代理人必须取得代理权，并依据代理权限，以被代理人的名义实施民事法律行为。被代理人要对代理人的代理行为承担民事责任。

（2）转托他人代理应当事先取得被代理人的同意。《民法通则》规定，委托代理人为被代理人的利益需要转托他人代理的，应当事先取得被代理人的同意。事先没有取得被代理人同意的，应当在事后及时告诉被代理人，如果被代理人不同意，由代理人对自己所转托的人的行为负民事责任，但在紧急情况下，为了保护被代理人的利益而转托他人代理的除外。

代理人为处理代理事务，为被代理人选任其他人进行代理被称为复代理。复代理所基于的代理称为本代理，由本代理中的代理人转托的代理人称为复代理人。

（3）知道他人以本人名义实施民事行为不作否认表示的视为同意。本人知道他人以本人名义实施民事行为而不作否认表示的，视为同意。这是一种被称为默示方式的特殊授权。就是说，即使本人没有授予他人代理权，但事后并未作否认的意思表示，则应视为授予了代理权。由此，他人以其名义实施法律行为的后果应由本人承担。

（4）不当或违法行为应承担的法律责任

1）委托书授权不明应承担的法律责任。委托书授权不明的，被代理人应当向第三人承担民事责任，代理人负连带责任。

2）损害被代理人利益应承担的法律责任。代理人不履行职责而给被代理人造成损害的，应当承担民事责任。代理人和第三人串通，损害被代理人的利益的，由代理人和第三人负连带责任。

3）第三人故意行为应承担的法律责任。第三人知道行为人没有代理权、超越代理权或者代理权已终止还与行为人实施民事行为给他人造成损害的，由第三人和行为人负连带责任。

4）违法代理行为应承担的法律责任。代理人知道被委托代理的事项违法仍然进行代理活动的，或者被代理人知道代理人的代理行为违法不表示反对的，由被代理人和代理人负连带责任。

4. 无权代理与表见代理

《民法通则》规定，没有代理权、超越代理权或者代理权终止后的行为，只有经过被代理人的追认，被代理人才承担民事责任。未经追认的行为，由行为人承担民事责任。本人知道他人以本人名义实施民事行为而不作否认表示的，视为同意。

（1）无权代理。无权代理是指行为人不具有代理权，但以他人的名义与第三人进行法律行为。无权代理一般存在三种表现形式：①自始未经授权，如果行为人自始至终没有被授予代理权，就以他人的名义进行民事行为，则属于无权代理；②超越代理权，代理权限是有范围的，超越了代理权限，依然属于无权代理；③代理权已终止，行为人虽曾得到被代理人的授权，但该代理权已经终止的，行为人如果仍以被代理人的名义进行民事行为，则属无权代理。

被代理人对无权代理人实施的行为如果予以追认，则无权代理可转化为有权代理，产生与有权代理相同的法律效力，并不会发生代理人的赔偿责任。如果被代理人不予追认的，对被代理人不发生效力，则无权代理人需承担因无权代理行为给被代理人和善意第三人造成的损失。

（2）表见代理。表见代理是指行为人虽无权代理，但由于行为人的某些行为，造成了足以使善意第三人相信其有代理权的表象，而与善意第三人进行的、由本人承担法律后果的代理行为。《合同法》规定，行为人没有代理权、超越代理权或者代理权终止后以被代理人名义订立合同，相对人有理由相信行为人有代理权的，该代理行为有效。

表见代理除需符合代理的一般条件外，还需具备以下特别构成要件：①须存在足以使相对人相信行为人具有代理权的事实或理由，这是构成表见代理的客观要件，它要求行为人与本人之间应存在某些事实上或法律上的联系，如行为人持有本人发出的委任状、已加盖公章的空白合同书或者有显示本人向行为人授予代理权的通知函告等证明类文件；②须本人存在过失，其过失表现为本人表达了足以使第三人相信有授权意思的表示，或者实施了足以使第三人相信有授权意义的行为，发生了外表授权的事实；③须相对人为善意，这是构成表见代理的主观要件，如果相对人明知行为人无代理权而仍与之实施民事行为，则相对人为主观恶意，不构成表见代理。

表见代理对本人产生有权代理的效力，即在相对人与本人之间产生民事法律关系。本人受表见代理人与相对人之间实施的法律行为的约束，享有该行为设定的权利和履行该行为约定的义务。本人不能以无权代理为抗辩理由。本人在承担表见代理行为所产生的责任后，可以向无权代理人追偿因代理行为而遭受的损失。

1.2 债权、物权、知识产权制度

1.2.1 债权制度

1. 债的基本法律关系

《民法通则》规定，债是按照合同的约定或者按照法律规定，在当事人之间产生的特定的权利和义务关系，享有权利的人是债权人，负有义务的人是债务人。债权人有权要求债务人按照合同的约定或者依照法律的规定履行义务。

债是特定当事人之间的法律关系。债权人只能向特定的人主张自己的权利，债务人也只需向享有该项权利的特定人履行义务，即债的相对性。

债的内容是指债的主体双方间的权利与义务，即债权人享有的权利和债务人负担的义务，即债权与债务。债权为请求特定人为特定行为作为或不作为的权利。

债权与物权不同，物权是绝对权，而债权是相对权。债权相对性理论的内涵可以归纳为以下三个方面：①债权主体的相对性；②债权内容的相对性；③债权责任的相对性。债务是根据当事人的约定或者法律规定，债务人所负担的应为特定行为的义务。

2. 建设工程债的产生依据

建设工程债的产生是指特定当事人之间债权债务关系的产生。引起债产生的一定的法律事实，就是债产生的依据。建设工程债产生的依据有合同、侵权、无因管理和不当得利。

（1）合同。在当事人之间因产生了合同法律关系，也就是产生了权利义务关系，便设立了债的关系。任何合同关系的设立，都会在当事人之间发生债权债务的关系。合同引起债的关系，是债发生的最主要、最普遍的依据。合同产生的债被称为合同之债。

建设工程债的产生最主要的也是合同，施工合同的订立，会在施工单位与建设单位之间产生债；材料设备买卖合同的订立，会在施工单位与材料设备供应商之间产生债的关系。

（2）侵权。侵权是指公民或法人没有法律依据而侵害他人的财产权利或人身权利的行为。侵权行为一经发生，即在侵权行为人和被侵权人之间形成债的关系。

侵权行为产生的债称为侵权之债。在建设工程活动中，也常会产生侵权之债。如施工现场的施工噪声，有可能产生侵权之债。

《侵权责任法》规定，建筑物、构筑物或者其他设施及其搁置物、悬挂物发生脱落、坠落造成他人损害，所有人、管理人或者使用人不能证明自己没有过错的，应当承担侵权责任。所有人、管理人或者使用人赔偿后，有其他责任人的，有权向其他责任人追偿。

建筑物、构筑物或者其他设施倒塌造成他人损害的，由建设单位与施工单位承担连带责任。建设单位、施工单位赔偿后，有其他责任人的，有权向其他责任人追偿。因其他责任人的原因，建筑物、构筑物或者其他设施倒塌造成他人损害的，由其他责任人承担侵权责任。

从建筑物中抛掷物品或者从建筑物上坠落的物品造成他人损害，难以确定具体侵权人的，除能够证明自己不是侵权人的外，由可能加害的建筑物使用人给予补偿。

（3）无因管理。无因管理是指管理人员和服务人员没有法律上的特定义务，也没有受到他人委托，自觉为他人管理事务或提供服务。无因管理在管理人员或服务人员与受益人之间形成了债的关系。无因管理产生的债被称为无因管理之债。

（4）不当得利。不当得利是指没有法律上或者合同上的依据，有损于他人利益而自身取得利益的行为。由于不当得利造成他人利益的损害，因此在得利者与受害者之间形成债的关系。得利者应当将所得的不当利益返还给受损失的人。不当得利产生的债被称为不当得利之债。

3. 建设工程债的常见种类

建设工程债的常见种类有施工合同债、买卖合同债、侵权之债。

（1）施工合同债。施工合同债是发生在建设单位和施工单位之间的债。施工合同的义务主要是完成施工任务和支付工程款。对于完成施工任务，建设单位是债权人，施工单位是债务人；对于支付工程款，则相反。

（2）买卖合同债。在建设工程活动中，会产生大量的买卖合同，主要是材料设备买卖合同。材料设备的买方有可能是建设单位，也可能是施工单位。它们会与材料设备供应商产生债。

（3）侵权之债。在侵权之中最常见的是施工单位的施工活动产生的侵权。如施工噪声或者废水废弃物排放等扰民，可能对工地附近的居民构成侵权。此时，居民是债权人，施工单位或者建设单位是债务人。

1.2.2 物权制度

《物权法》是规范财产关系的民事基本法律。其立法目的是为了维护国家基本经济制度，维护社会主义市场经济秩序，明确物的归属，发挥物的效用，保护权利人的物权。

物权是一项基本民事权利，也是大多数经济活动的基础和目的。在建设工程活动中涉及的许多权利都源于物权。建设单位对建设工程项目的权利来自于物权中最基本的权利——所有权。施工单位的施工活动是为了形成《物权法》意义上的物——建设工程。

1. 物权的法律特征和主要种类

（1）物权的法律特征。《物权法》规定：“本法所称物权，是指权利人依法对特定的物享有直接支配和排他的权利，包括所有权、用益物权和担保物权。”

所有民事主体都能够成为物权权利人，包括法人、法人以外的其他组织、自然人。物权的客体一般是物，包括不动产和动产。不动产是指土地以及房屋、林木等地上定着物。动产是指不动产以外的物。

物权具有以下特征：

1）物权是支配权。物权是权利人直接支配的权利，即物权人可以依自己的意志就标的物直接行使权利，无须他人的意思表示或义务人的行为介入。

2）物权是绝对权。物权的权利人可以对抗一切不特定的人。物权的权利人是特定的，义务人是不特定的，且义务内容是不作为，即只要不侵犯物权人的行使权利就是履行义务。

3）物权是财产权。物权是一种具有物质内容的、直接体现为财产利益的权利。财产利益包括对物的利用、物的归属和就物的价值设立的担保。

4）物权具有排他性。物权人有权排除他人对于他行使物权的干涉，而且同一物上不许有内容不相容的物权并存，即“一物一权”。

（2）物权的种类。物权包括所有权、用益物权和担保物权。

1）所有权。所有权是所有人依法对自己的财产（包括不动产和动产）所享有的占有、使用、收益和处分的权利。它是一种财产权，又称财产所有权。所有权是物权中最重要也是最完全的一种权利。当然，所有权在法律上也受到一定的限制。最主要的限制是为了公共利益的需要，依照法律规定的权限和程序可以征收集体所有的土地和单位、个人的房屋及其他不动产。财产所有权的权能是指所有人对其所有的财产依法享有的权利，包括占有权、使用权、收益权、处分权。

占有权是指对财产实际掌握、控制的权能。占有权是行使物的使用权的前提条件，是所有人行使财产所有权的一种方式。占有权可以根据所有人的意志和利益分离出去由非所有人享有。例如，根据货物运输合同，承运人对托运人的财产享有占有权。

使用权是指对财产的实际利用和运用的权能。通过对财产实际利用和运用满足所有人的需要，是实现财产使用价值的基本渠道。使用权是所有人所享有的一项独立权能。所有人可以在法律规定的范围内，以自己的意志使用其所有物。

收益权是指收取由原物产生出来的新增经济价值的权能。原物新增的经济价值，包括由原物直接派生出来的果实、由原物所产生出来的租金和利息、对原物直接利用而产生的利润等。收益往往是因为使用而产生的，因而收益权也往往与使用权联系在一起。但是，收益权本身是一项独立的权能，使用权并不能包括收益权。有时，所有人并不行使对物的使用权，也可以享有对物的收益权。

处分权是指依法对财产进行处置，决定财产在事实上或法律上命运的权能。处分权的行使决定着物的归属。处分权是所有人最基本的权利，是所有权内容的核心。

2）用益物权。用益物权是权利人对他人所有的不动产或者动产，依法享有占有、使用和收益的权利，用益物权包括土地承包经营权、建设用地使用权、宅基地使用权和地役权。

国家所有或者国家所有由集体使用以及法律规定属于集体所有的自然资源，单位、个人依法可以占有、使用和收益，此时，单位或者个人就成为用益物权人。因不动产或者动产被征收、征用，致使用益物权消灭或者影响用益物权行使的，用益物权人有权获得相应补偿。

3）担保物权。担保物权是权利人在债务人不履行到期债务或者发生当事人约定的实现担保物权的情形，依法享有就担保财产优先受偿的权利。债权人在借贷、买卖等民事活动中，为保障实现其债权，需要担保的，可以依照《物权法》和其他法律的规定设立担保物权。

2. 土地所有权、建设用地使用权和地役权

（1）土地所有权。土地所有权是国家或农民集体依法对归其所有的土地所享有的具有支配性和绝对性的权利。我国实行土地的社会主义公有制，即全民所有制和农民集体所有制。

国家所有土地的所有权由国务院代表国家行使。农民集体所有的土地由本集体经济组织的成员承包经营，从事种植业、林业、畜牧业、渔业生产。耕地承包经营期限为 30 年。发包方和承包方应当订立承包合同，约定双方的权利和义务。承包经营土地的农民有保护和按照承包合同约定的用途合理利用土地的义务。农民的土地承包经营权受法律保护，在土地承包经营期限内，对个别承包经营者之间承包的土地进行适当调整的，必须经村民会议 2/3 以上成员或者 2/3 以上村民代表同意，并报乡（镇）人民政府和县级人民政府农业行政主管部门批准。

国家实行土地用途管制制度。国家编制土地利用总体规划，规定土地用途，将土地分为农用地、建设用地和未利用地。严格限制农用地转为建设用地，控制建设用地总数，对耕地实行特殊保护。

城市市区的土地属于国家所有，农村和城市郊区的土地，除由法律规定属于国家所有的以外，属于农民集体所有；宅基地和自留地、自留山，属于农民集体所有。

（2）建设用地使用权

1）建设用地使用权的概念。建设用地使用权是因建造建筑物、构筑物及其附属设施而使用国家所有的土地的权利。建设用地使用权只能存在于国家所有的土地上，不包括集体所有的农村土地。

取得建设用地使用权后，建设用地使用权人依法对国家所有的土地享有占有、使用和收益的权利，有权利用该土地建造建筑物、构筑物及其附属设施。

2）建设用地使用权的设立。建设用地使用权可以在土地的地表、地上或者地下分别设立。新设立的建设用地使用权不得损害已设立的用益物权。

设立建设用地使用权，可以采取出让或者划拨等方式。工业、商业、旅游、娱乐和商品住宅等经营性用地以及同一土地有两个以上意向用地者的，应当采取招标、拍卖等公开竞价的方式出让。国家严格限制以划拨方式设立建设用地使用权。采取划拨方式的，应当遵守法律、行政法规关于土地用途的规定。

设立建设用地使用权的，应当向登记机构申请建设用地使用权登记。建设用地使用权自登记时设立。登记机构应当向建设用地使用权人发放建设用地使用权证书。建设用地使用权人应当合理利用土地，不得改变土地用途。需要改变土地用途的，应当依法经有关行政主管部门批准。

3）建设用地使用权的流转、续期和消灭。建设用地使用权人有权将建设用地使用权转让、互换、出资、赠与或者抵押，但法律另有规定的除外。建设用地使用权人将建设用地使用权转让、互换、出资、赠与或者抵押，应当符合以下规定：①当事人应当采取书面形式订立相应的合同；②使用期限由当事人约定，但不得超过建设用地使用权的剩余期限；③应当向登记机构申请变更登记；④附着于该土地上的建筑物、构筑物及其附属设施一并处分。

住宅建设用地使用权期间届满的，自动续期。非住宅建设用地使用权期间届满后的续期，依照法律规定办理。该土地上的房屋及其他不动产的归属，有约定的，按照约定执行；没有约定或者约定不明确的，依照法律、行政法规的规定办理。

建设用地使用权消灭的，出让人应当及时办理注销登记。登记机构应当收回建设用地使用权证书。

（3）地役权

1）地役权的概念。地役权是指为使用自己不动产的便利或提高其效益而按照合同约定利用他人不动产的权利。他人的不动产为供役地，自己的不动产为需役地。从性质上说，地役权是按照当事人的约定设立的用益物权。

2）地役权的设立。设立地役权，当事人应当采取书面形式订立地役权合同。地役权合同一般包括下列条款：①当事人的姓名或者名称和住所；②供役地和需役地的位置；③利用目的和方法；④利用期限；⑤费用及其支付方式；⑥解决争议的方法。地役权自地役权合同生效时设立。当事人要求登记的，可以向登记机构申请地役权登记；未经登记，不得对抗善意第三人。

土地上已设立土地承包经营权、建设用地使用权、宅基地使用权等权利的，未经用益物权人同意，土地所有权人不得设立地役权。

3）地役权的变动。需役地以及需役地上的土地承包经营权、建设用地使用权、宅基地使用权部分转让时，转让部分涉及地役权的，受让人同时享有地役权。供役地以及供役地上的土地承包经营权、建设用地使用权、宅基地使用权部分转让时，转让部分涉及地役权的，地役权对受让人具有约束力。

3. 物权的设立、变更、转让、消灭和保护

（1）不动产物权的设立、变更、转让、消灭。不动产物权的设立、变更、转让和消灭，应当依照法律规定登记，自记载于不动产登记簿时发生效力。经依法登记，发生效力；未经登记，不发生效力，但法律另有规定的除外。依法属于国家所有的自然资源，所有权可以不登记。不动产登记由不动产所在地的登记机构办理。

物权变动的基础往往是合同关系，如买卖合同导致物权的转让。需要注意的是，当事人之间订立有关设立、变更、转让和消灭不动产物权的合同，除法律另有规定或者合同另有约定外，自合同成立时生效，未办理物权登记的，不影响合同效力。

（2）动产物权的设立和转让。动产物权以占有和交付为公示手段。动产物权的设立和转让，应当依照法律规定交付。动产物权的设立和转让自交付时发生效力，但法律另有规定的除外。船舶、航空器和机动车等物权的设立、变更、转让和消灭，未经登记，不得对抗善意第三人。

（3）物权的保护。物权的保护是指通过法律规定的方法和程序保障物权人在法律许可的范围内对其财产行使占有、使用、收益、处分权利的制度。物权受到侵害的，权利人可以通过和解、调解、仲裁、诉讼等途径解决。

因物权的归属、内容发生争议的，利害关系人可以请求确认权利。无权占有不动产或者动产的，权利人可以请求返还原物。妨害物权或者可能妨害物权的，权利人可以请求排除妨害或者消除危险。造成不动产或者动产毁损的，权利人可以请求修理、重作、更换或者恢复原状。侵害物权，造成权利人损害的，权利人可以请求损害赔偿，也可以请求承担其他民事责任。对于物权保护方式，可以单独适用，也可以根据权利被侵害的情形合并适用。

侵害物权，除承担民事责任外，违反行政管理规定的，依法承担行政责任；构成犯罪的，依法追究刑事责任。

1.2.3 知识产权制度

1. 知识产权的法律特征

知识产权是权利人对其创造的智力成果依法享有的权利。

（1）知识产权的基本类型。知识产权可以分为两大类：一类是著作权，包括邻接权；另一类是工业产权，主要包括专利权和商标权。世界各国对工业产权范围的理解有所不同，但按照《保护工业产权巴黎公约》的规定，工业产权应作最广义的理解，不仅应当适用于工商业本身，而且也应当适用于农业和采掘业以及一切制成品或天然产品。

按照《民法通则》的规定，我国的知识产权包括著作权（版权）、专利权、商标专用权、发现权、发明权以及其他科技成果权。其中，前三类权利构成了我国知识产权的主体，在建设工程活动中也主要涉及这三种知识产权。

（2）知识产权的法律特征。知识产权作为一种无形财产权，对其进行法律保护不同于有形财产，从而也就具有了不同于有形财产的法律特征。

1）财产权和人身权的双重属性。在《民法通则》对民事权利的分类中，其他的民事权利都只有财产权或人身权的单一属性，只有知识产权具有财产权和人身权的双重属性。

2）专有性。知识产权同其他财产所有权一样，具有绝对的排他性。权利人对智力成果享有专有权，其他人若要利用这一成果必须经过权利人同意，否则就构成侵权。

3）地域性。知识产权在空间上的效力并不是无限的，而要受到地域的限制，其效力只限于确认和保护知识产权的一国法律所能及的地域内。对于有形财产则不存在这一问题，无论财产转移到哪个国家，都不会发生财产所有人自动丧失所有权的情形。

4）期限性。知识产权仅在法律规定的期限内受到法律的保护，一旦超过法定期限，这一权利就自行消灭。该智力成果就成为整个社会的共同财富，为全人类共同所有。有形财产权没有时间限制，只要财产存在，权利就必然存在。

2. 建设工程知识产权的常见种类

在建设工程中常见的知识产权主要有专利权、商标权、著作权以及发明权和其他科技成果。计算机软件也是工程建设中经常使用的，计算机软件属于著作权保护的客体。

（1）专利权。专利权是指权利人在法律规定的期限内，对其发明创造所享有的制造、使用和销售的专有权。国家授予权利人对其发明创造享有专有权，能保护权利人的利益，使其公开其发明创造的技术内容，有利于发明创造的应用。在建设工程活动中，不断有新技术产生，有许多新技术是取得了专利权的。

专利法保护的对象就是专利权的客体，各国规定各不相同。《中华人民共和国专利法》（以下简称《专利法》）保护的是发明创造专利权，并规定发明创造是指发明、实用新型和外观设计。

《专利法》规定，发明是指产品、方法或者其改进所提出的新的技术方案。这是专利权保护的最主要对象。发明应当具备以下条件：①必须是一种能够解决特定技术问题作出的创造性构思；②必须是具体的技术方案；③必须是利用自然规律的结果。

实用新型是指对产品的形状、构造或者其结合所提出的适于实用的新的技术方案，它与发明相似，都是一种新的技术方案，但发明专利的创造性水平要高于实用新型。因此，实用新型被称为“小发明”。我国实用新型保护的客体必须具有一定的形状或者结构，或者是二者的结合。如果是方法，则不能获得实用新型专利。即使是产品，如果没有固定的形状或者是材料本身，也不能成为实用新型的客体。

外观设计是指对产品的形状、图案或者其结合以及色彩与形状、图案的结合所作出的富有美感并适于工业应用的新设计。外观设计必须具备以下条件：①是形状、图案、色彩或者其结合的设计；②是对产品的外表所作的设计；③具有美感；④是适合于工业应用的新设计。

发明和实用新型专利权被授予后，除《专利法》另有规定的以外，任何单位或者个人未经专利权人许可，都不得实施其专利，即不得为生产经营目的制造、使用、许诺销售、销售、进口其专利产品，或者使用其专利方法以及使用、许诺销售、销售、进口依照该专利方法直接获得的产品。

外观设计专利权被授予后，任何单位或者个人未经专利权人许可，都不得实施其专利，即不得为生产经营目的制造、销售、进口其外观设计专利产品。

发明专利权的期限为20年，实用新型专利权和外观设计专利权的期限为10年，均自申请日起计算。

（2）商标权

1）商标与商标专用权的概念。商标是指企业、事业单位和个体工商业者，为了使其生产经营的商品或者提供的服务项目有别于他人的商品或者服务项目，用具有显著特征的文字、图形、字母、数字、三维标志和颜色组合，以及上述要素的组合来表示的标志。商标可以分为商品商标和服务商标两大类。

商标专用权是指企业、事业单位和个体工商业者对其注册的商标依法享有的专用权。由于商标有表示质量和信誉的作用，他人使用商标所有人的商标，有可能对商标所有人的信誉造成损害，因此必须严格禁止。

《中华人民共和国商标法》（以下简称《商标法》）规定，自然人、法人或者其他组织对其生产、制造、加工、拣选或者经销的商品，需要取得商标专用权的，应当向商标局申请商品商标注册。自然人、法人或者其他组织对其提供的服务项目，需要取得商标专用权的，应当向商标局申请服务商标注册。

2）商标专用权的内容以及保护对象。商标专用权是指商标所有人对注册商标所享有的具体权利。与其他知识产权不同，商标专用权的内容只包括财产权，商标设计者的人身权受《中华人民共和国著作权法》（以下简称《著作权法》）保护。

商标专用权包括使用权和禁止权两个方面。使用权是商标注册人对其注册商标充分支配和完全使用的权利，权利人也有权将商标使用权转让给他人或通过合同许可他人使用其注册商标。禁止权是商标注册人禁止他人未经其许可而使用注册商标的权利。

商标专用权的保护对象是经过国家商标管理机关核准注册的商标，未经核准注册的商标不受《商标法》保护。使用注册商标应当标明“注册商标”或者注册标记。商标必须使用文字、图形或者其组合作为表现形式，并应当具备显著特征，便于人们识别。

3）注册商标的续展、转让和使用许可。注册商标的有效期为10年，自核准注册之日起计算。但是，商标与其他知识产权的客体不同，往往使用时间越长越有价值。商标的知名度较高往往也是长期使用的结果。因此，注册商标可以无数次提出续展申请，其理论上的有效期是无限的。注册商标有效期满，需要继续使用的，应当在期满前6个月内申请续展注册；在此期间未能提出申请的，可以给予6个月的宽展期。宽展期满仍未提出申请的，注销其注册商标。每次续展注册的有效期为10年。

注册商标的转让是指商标专用人将其所有的注册商标依法转移给他人所有并由其专用的法律行为。转让注册商标的，转让人和受让人应当共同向商标局提出申请。受让人应当保证使用该注册商标的商品或服务的质量。商标专用权人可以将商标连同企业或者商誉同时转让，也可以将商标单独转让。

注册商标的使用许可是指商标注册人通过签订商标使用许可合同，许可他人使用其注册商标的法律行为。许可人应当监督被许可人使用其注册商标的商品或服务的质量。被许可人应当保证使用注册商标的商品或服务的质量。经许可使用他人注册商标的，必须在使用该注册商标的商品上标明被许可人的名称和商品产地。

（3）著作权。著作权是指作者及其他著作权人依法对文学、艺术和科学作品所享有的专有权。在我国，著作权等同于版权。

1）著作权的客体。建设工程活动中常见的著作权作品保护的客体是作品，在建设工程活动中，会产生许多具有著作权的作品。对于施工单位而言，施工单位编制的投标文件等文字作品、项目经理完成的工作报告等，都享有著作权。建设单位编制的招标文件等文字作品也享有著作权。建筑作品即以建筑物或者构筑物形式表现的有审美意义的作品也享有著作权。图形作品即为施工、生产绘制的工程设计图、产品设计图以及反映地理现象、说明事物原理或者结构的地图、示意图等作品也享有著作权。

2）著作权的主体。著作权的主体是指创作出作品的作者及其他享有著作权的公民、法人或者其他组织。在特定情况下，国家也可以成为著作权的主体。

3）著作权的保护期。著作权的保护期由于权利内容以及主体的不同而有所不同。作者的署名权、修改权、保护作品完整权的保护期不受限制。公民的作品，其发表权、使用权和获得报酬权的保护期，为作者终生及其死后 50 年。如果是合作作品，则截止于最后死亡的作者死亡后第 50 年的 12 月 31 日。法人或者其他组织的作品，著作权（署名权除外）由法人或者其他组织享有的职务作品，其发表权、使用权和获得报酬权的保护期为 50 年，截止于作品首次发表后第 50 年的 12 月 31 日，但作品自创作完成后 50 年内未发表的，不再受《著作权法》保护。

3. 建设工程知识产权的保护

建设工程知识产权权利人的权益受到损害的情况包括违约和侵权两种情况，当事人可以寻求的保护途径包括民法保护、行政法保护和刑法保护。

建设工程知识产权发生纠纷后，由当事人协商解决；不愿协商或者协商不成的，权利人或者利害关系人可以依照《民事诉讼法》向人民法院起诉，也可以请求知识产权行政主管部门处理。

（1）建设工程专利权的保护。《专利法》规定，建设工程发明或者实用新型专利权的保护范围以其权利要求的内容为准，说明书及附图可以用于解释权利要求的内容。外观设计专利权的保护范围以表示在图片或者照片中的该产品的外观设计为准，简要说明可以用于解释图片或者照片所表示的该产品的外观设计。

专利权人或者利害关系人有证据证明他人正在实施或者即将实施侵犯专利权的行为，如不及时制止将会使其合法权益受到难以弥补的损害的，可以在起诉前向人民法院申请采取责令停止有关行为的措施。申请人提出申请时，应当提供担保；不提供担保的，驳回申请。

人民法院应当自接受申请之时起 48 小时内作出裁定；有特殊情况需要延长的，可以延长 48 小时。裁定责令停止有关行为的，应当立即执行。当事人对裁定不服的，可以申请复议一次；复议期间不停止裁定的执行。

（2）建设工程商标权的保护。《商标法》规定，注册商标的专用权，以核准注册的商标和核定使用的商品为限。有下列行为之一的，均属侵犯注册商标专用权：①未经商标注册人的许可，在同一种商品或者类似商品上使用与其注册商标相同或者近似的商标的；②销售侵犯注册商标专用权的商品的；③伪造、擅自制造他人注册商标标识或者销售伪造、擅自制造的注册商标标识的；④未经商标注册人同意，更换其注册商标并将该更换商标的商品又投入市场的；⑤给他人的注册商标专用权造成其他损害的。

县级以上工商行政管理部门根据已经取得的违法嫌疑证据或者举报，对涉嫌侵犯他人注册商标专用权的行为进行查处时，可以行使下列职权：①询问有关当事人，调查与侵犯他人注册商标专用权有关的情况。②查阅、复制当事人与侵权活动有关的合同、发票、账簿以及其他有关资料。③对当事人涉嫌从事侵犯他人注册商标专用权活动的场所实施现场检查。④检查与侵权活动有关的物品；对有证据证明是侵犯他人注册商标专用权的物品，可以查封或者扣押。

（3）建设工程著作权的保护。对于著作权的保护，主要是民法保护。如果侵权行为同时损害公共利益的，可以由著作权行政管理部门责令停止侵权行为，没收违法所得，没收、销毁侵权复制品，并可处以罚款；情节严重的，著作权行政管理部门还可以没收主要用于制作侵权复制品的材料、工具、设备等；构成犯罪的，依法追究刑事责任。

1.3 诉讼时效制度

1.3.1 诉讼时效的概念

诉讼时效是指权利人在法定的时效期间内，未向法院提起诉讼请求保护其权利时，依据法律规定消灭其胜诉权的制度。

超过诉讼时效期间，在法律上发生的效力是权利人的胜诉权消灭。超过诉讼时效期间，权利人起诉，如果符合《民事诉讼法》规定的起诉条件，则法院仍然应当受理。如果法院经受理后查明无中止、中断、延长事由的，判决驳回诉讼请求。但是，依照《最高人民法院关于审理民事案件适用诉讼时效制度若干问题的规定》，当事人未提出诉讼时效抗辩的，法院不应对诉讼时效问题进行释明及主动适用诉讼时效的规定进行裁判。当事人违反法律规定，约定延长或者缩短诉讼时效期间、预先放弃诉讼时效利益的，法院不予认可。

应当注意的是，根据《民法通则》的规定，超过诉讼时效期间，当事人自愿履行的，不受诉讼时效限制。《最高人民法院关于贯彻执行〈中华人民共和国民法通则〉若干问题的意见（试行）》中规定，超过诉讼时效期间，义务人履行义务后又以超过诉讼时效为由反悔的，不予支持。

1.3.2 诉讼时效的种类

根据我国《民法通则》及有关法律的规定，诉讼时效期间通常可划分为以下四类。

1. 普通诉讼时效

普通诉讼时效即向人民法院请求保护民事权利的期间。普通诉讼时效期间通常为 2 年。

2. 短期诉讼时效

下列诉讼时效期间为 1 年：①身体受到伤害要求赔偿的；②延付或拒付租金的；③出售质量不合格的商品未声明的；④寄存财物被丢失或损毁的。

3. 特殊诉讼时效

特殊诉讼时效是由特别法规定的诉讼时效。例如，《合同法》规定，因国际货物买卖合同和技术进出口合同争议的诉讼时效期间为 4 年；《中华人民共和国海商法》规定，就海上货物运输向承运人要求赔偿的请求权，诉讼时效期间为 1 年。

4. 权利的最长保护期限

诉讼时效期间从知道或应当知道权利被侵害时起计算。但是，从权利被侵害之日起超过 20 年的，法院不予保护。

1.3.3　诉讼时效的中止与中断

1. 诉讼时效中止

《民法通则》规定，在诉讼时效期间的最后 6 个月内，因不可抗力或者其他障碍不能行使请求权的，诉讼时效中止。从中止时效的原因消除之日起，诉讼时效期间继续计算。根据上述规定，诉讼时效中止，应当同时满足两个条件：①权利人由于不可抗力或者其他障碍，不能行使请求权；②导致权利人不能行使请求权的事由发生在诉讼时效期间的最后 6 个月内。

诉讼时效中止，即诉讼时效期间暂时停止计算。在导致诉讼时效中止的原因消除后，也就是权利人开始可以行使请求权时起，诉讼时效期间继续计算。

2. 诉讼时效中断

《民法通则》规定，诉讼时效因提起诉讼、当事人一方提出要求或者同意履行义务而中断。从中断时起，诉讼时效期间重新计算。以下是几种诉讼时效中断的情况：

（1）具有下列情形之一的，应当认定为《民法通则》第 140 条规定的“当事人一方提出要求”，产生诉讼时效中断的效力：

① 当事人一方直接向对方当事人送交主张权利文书，对方当事人在文书上签字、盖章或者虽未签字、盖章但能够以其他方式证明该文书到达对方当事人的；②当事人一方以发送信件或者数据电文方式主张权利，信件或者数据电文到达或者应当到达对方当事人的；③当事人一方为金融机构，依照法律规定或者当事人约定从对方当事人账户中扣收欠款本息的；④当事人一方下落不明，对方当事人在国家级或者下落不明的当事人一方住所地的省级有影响的媒体上刊登具有主张权利内容的公告的，但法律和司法解释另有特别规定的适用其规定。

（2）权利人对同一债权中的部分债权主张权利，诉讼时效中断的效力及于剩余债权，但权利人明确表示放弃剩余债权的情形除外。

（3）当事人一方向法院提交起诉状或者口头起诉的，诉讼时效从提交起诉状或者口头起诉之日起中断。

（4）有下列事项之一的，法院应当认定与提起诉讼具有同等诉讼时效中断的效力：

① 申请仲裁；②申请支付令；③申请破产、申报破产债权；④为主张权利而申请宣告义务人失踪或死亡；⑤申请诉前财产保全、诉前临时禁令等诉前措施；⑥申请强制执行；⑦申请追加当事人或者被通知参加诉讼；⑧在诉讼中主张抵消；⑨其他与提起诉讼具有同等诉讼时效中断效力的事项。

（5）权利人向人民调解委员会以及其他依法有权解决相关民事纠纷的国家机关、事业单位、社会团体等社会组织提出保护相应民事权利的请求，诉讼时效从提出请求之日起中断。

（6）权利人向公安机关、人民检察院、人民法院报案或者控告，请求保护其民事权利的，诉讼时效从其报案或者控告之日起中断。上述机关决定不立案、撤销案件、不起诉的，诉讼时效期间从权利人知道或者应当知道不立案、撤销案件或者不起诉之日起重新计算；刑事案件进入审理阶段，诉讼时效期间从刑事裁判文书生效之日起重新计算。

（7）义务人作出分期履行、部分履行、提供担保，请求延期履行、制订清偿债务计划等承诺或者行为的，应当认定为《民法通则》第140条规定的当事人一方“同意履行义务”。

（8）对于连带债权人中的一人发生诉讼时效中断效力的事由，应当认定对其他连带债权人也发生诉讼时效中断的效力。

（9）债权人提起代位权诉讼的，应当认定对债权人的债权和债务人的债务均发生诉讼时效中断的效力。

（10）债权转让的应当认定诉讼时效从债权转让通知到达债务人之日起中断。债务承担情形下，构成原债务人对债务承认的，应当认定诉讼时效从债务承担意思表示到达债权人之日起中断。

《最高人民法院关于贯彻执行〈中华人民共和国民法通则〉若干问题的意见（试行）》规定，诉讼时效因权利人主张权利或者义务人同意履行义务而中断后，权利人在新的诉讼时效期间内，再次主张权利或者义务人再次同意履行义务的，可以认定为诉讼时效再次中断。权利人向债务保证人、债务人的代理人或者财产代管人主张权利的，可以认定为诉讼时效中断。

1.4 法律责任与工程建设纠纷处理

所谓法律纠纷，是指公民、法人、其他组织之间因人身、财产或其他法律关系所发生的对抗冲突（或者争议），主要包括民事纠纷、行政纠纷、刑事纠纷。民事纠纷是平等主体间的有关人身、财产权的纠纷；行政纠纷是行政机关之间或行政机关同公民、法人和其他组织之间由于行政行为而产生的纠纷；刑事纠纷是因犯罪而产生的纠纷。

1.4.1 建设工程法律责任制度

法律责任是指行为人由于违法行为、违约行为或者由于法律规定而应承受的法律后果。法律责任不同于其他社会责任，法律责任的范围、性质、大小、期限等均在法律上有明确规定。

1. 法律责任的基本种类和特征

按照违法行为的性质和危害程度，可以将法律责任分为违宪法律责任、刑事法律责任、民事法律责任、行政法律责任和国家赔偿责任。

法律责任的特征有：①法律责任是因违反法律上的义务（包括违约等）而形成的法律后果，以法律义务的存在为前提；②法律责任即承担不利的后果；③法律责任的认定和追究，由国家专门机关依照法定程序进行；④法律责任的实现由国家强制力作保障。

2. 建设工程民事责任的种类及承担方式

民事责任是指民事主体在民事活动中，因实施了民事违法行为，根据民法所应承担的对其不利的民事法律后果或者基于法律特别规定而应承担的民事法律责任。民事责任的功能主要是一种民事救济手段，使受害人被侵犯的权益得以恢复。

民事责任主要是财产责任，如《合同法》规定的损害赔偿、支付违约金等；但也不限于财产责任，还有恢复名誉、赔礼道歉等。

（1）民事责任的种类。民事责任可以分为违约责任和侵权责任两类。

违约责任是指合同当事人违反法律规定或合同约定的义务而应承担的责任。侵权责任是指行为人因过错侵害他人财产、人身而依法应当承担的责任，以及虽没有过错，但在造成损害以后，依法应当承担的责任。

（2）民事责任的承担方式。《民法通则》规定，承担民事责任的方式主要有：①停止侵害；②排除妨碍；③消除危险；④返还财产；⑤恢复原状；⑥修理、重作、更换；⑦赔偿损失；⑧支付违约金；⑨消除影响、恢复名誉；⑩赔礼道歉。以上承担民事责任的方式，可以单独适用，也可以合并适用。

3. 建设工程民事责任的主要承担方式

（1）返还财产。当建设工程施工合同无效、被撤销后，应当返还财产。执行返还财产的方式是折价返还，即承包人已经施工完成的工程，发包人按照“折价返还”的规则支付工程价款。主要是两种方式：一是参照无效合同中的约定价款；二是按当地市场价、定额量据实结算。

（2）修理。施工合同的承包人对施工中出现质量问题的建设工程或者竣工验收不合格的建设工程，应当负责返修。

（3）赔偿损失。赔偿损失是指合同当事人由于不履行合同义务或者履行合同义务不符合约定，给对方造成财产上的损失时，由违约方依法或依照合同约定应承担的损害赔偿责任。

（4）支付违约金。违约金是指按照当事人的约定或者法律规定，一方当事人违约，应向另一方支付的金钱。

4. 建设工程行政责任的种类及承担方式

行政责任是指违反有关行政管理的法律法规规定，但尚未构成犯罪的行为，依法应承担的行政法律后果。

（1）工程建设领域常见的行政责任种类。行政责任主要包括行政处分和行政处罚。

1）行政处分。行政处分是国家行政机关依照行政隶属关系对违法失职的公务员给予的惩戒。国家公务员有《中华人民共和国公务员法》（以下简称《公务员法》）所列的违纪行为，尚未构成犯罪的，或者虽然构成犯罪但是依法不追究刑事责任的，应当给予行政处分；违纪行为情节轻微，经过批评教育后改正的，也可以免予行政处分。

依据《公务员法》，行政处分分为警告、记过、记大过、降级、撤职、开除。公务员在受处分期间不得晋升职务和级别，其中受记过、记大过、降级、撤职处分的，不得晋升工资档次。受撤职处分的，按照规定降低级别。公务员受开除以外的处分，在受处分期间有悔改表现，并且没有再发生违纪行为的，处分期满后，由处分决定机关解除处分并以书面形式通知本人。解除处分后，晋升工资档次、级别和职务不再受原处分的影响。但是，解除降级、撤职处分的，不视为恢复原级别、原职务。

行政处分具有如下特点：①行政处分是国家行政法律规范规定的责任形式。这一点与一般的纪律处分不同。纪律处分是组织内部依照组织章程、决议等作出的。②行政处分的主体是公务员所在的行政机关、上级主管部门或监察机关。③行政处分是一种内部责任形式，不涉及行政相对人的利益。

2）行政处罚。行政处罚是指国家行政机关及其他依法可以实施行政处罚权的组织，对违反经济、行政管理法律、法规、规章，尚不构成犯罪的公民、法人及其他组织实施的一种法律制裁。

在我国工程建设领域，对于建设单位、勘察设计单位、施工单位、工程监理单位等参建单位而言，行政处罚是更为常见的行政责任形式。《行政处罚法》是规范和调整行政处罚的设定和实施的法律依据。

根据《行政处罚法》第 8 条的规定，行政处罚的种类包括：①警告；②罚款；③没收违法所得、没收非法财物；④责令停产停业；⑤暂扣或者吊销许可证、暂扣或者吊销执照；⑥行政拘留；⑦法律、行政法规规定的其他行政处罚。

（2）行政处罚程序。一方面，《行政处罚法》明确规定，公民、法人或者其他组织违反行政管理秩序的行为，应当根据法律、法规或规章给予行政处罚的，行政机关应当依法定程序实施，没有法定依据或者不遵守法定程序的，行政处罚无效。据此，具有法定依据和遵守法定程序，是行政机关实施的行政处罚具备合法性所必须满足的前提条件。另一方面，《行政处罚法》明确规定，公民、法人或者其他组织对行政机关所给予的行政处罚，享有陈述权、申辩权；对行政处罚不服的，有权依法申请行政复议或者提起行政诉讼。公民、法人或者其他组织因行政机关违法给予行政处罚造成损害的，有权依法提出赔偿要求。

为保障和监督建设行政执法机关有效实施行政管理，保护公民、法人和其他组织的合法权益，促进建设行政执法工作程序化、规范化，根据《行政处罚法》，我国发布了《建设行政处罚程序暂行规定》（1999 年 2 月 3 日建设部令第 66 号发布）。结合《行政处罚法》和《建设行政处罚程序暂行规定》的有关规定，建设行政处罚程序应遵守如下规定：

1）行政处罚的一般规则。行政处罚的一般规则包括：①公民、法人或者其他组织违反行政管理秩序的行为，依法应当给予行政处罚的，行政机关必须查明事实。违法事实不清的，不得给予行政处罚。②行政机关在作出行政处罚决定之前，应当告知当事人作出行政处罚决定的事实、理由和依据，并告知当事人依法享有的权利。行政机关及其执法人员违反该规定，未向当事人告知行政处罚的事实、理由和依据的，行政处罚决定不能成立。③当事人有权进行陈述和申辩。行政机关必须充分听取当事人的意见，对当事人提出的事实、理由和证据，应当进行复核；当事人提出的事实、理由或者证据成立的，行政机关应当采纳。行政机关不得因当事人申辩而加重处罚。行政机关及其执法人员违反该规定，拒绝听取当事人的陈述、申辩的，行政处罚决定不成立。

2）程序种类。《行政处罚法》《建设行政处罚程序暂行规定》基于建设行政处罚的不同情况，规定了简易程序、一般程序和听证程序。

简易程序是指针对违法事实确凿并有法定依据，对公民处以 50 元以下、对法人或者其他组织处以 1000 元以下罚款或警告的行政处罚而设定的行政处罚程序。适用简易程序可以当场作出行政处罚决定。

一般程序是指普遍适用的行政处罚程序，适用于除适用简易程序的行政处罚以外的其他行政处罚。

听证程序是指针对行政执法机关作出吊销资质证书、执业资格证书，责令停产停业，责令停业整顿（包括属于停业整顿性质的，责令在规定的时限内不得承接新的业务），责令停止执业业务，没收违法建筑物、构筑物和其他设施以及处以较大数额罚款等行政处罚，而设定的行政处罚程序。对于适用听证程序的行政处罚，行政机关在作出行政处罚决定前，应当告知当事人有要求举行听证的权利；当事人要求听证的，行政机关应当组织听证。当事人不承担行政机关组织听证的费用。

3）行政处罚的执行程序。行政处罚的执行程序是指确保行政处罚决定所确定的内容得以实现的程序。行政处罚决定一旦作出，就具有法律效力，当事人应当在行政处罚决定的期限内予以履行。当事人对行政处罚决定不服，申请行政复议或者提起行政诉讼的，除法律另有规定的以外，行政处罚不停止执行。

1.4.2　工程建设纠纷处理

1. 建设工程纠纷的主要种类

建设工程项目通常具有投资大、建造周期长、技术要求高、协作关系复杂和政府监管严格等特点，在建设工程领域里常见的是民事纠纷和行政纠纷。

（1）建设工程民事纠纷。建设工程民事纠纷，是在建设工程活动中平等主体之间发生的以民事权利义务法律关系为内容的争议。民事纠纷作为法律纠纷的一种，一般来说，是因为违反了民事法律规范而引起的。民事纠纷可分为两大类：一类是财产关系方面的民事纠纷，如合同纠纷、损害赔偿纠纷等；另一类是人身关系的民事纠纷，如名誉权纠纷、继承权纠纷等。

民事纠纷的特点有：①民事纠纷主体之间的法律地位平等；②民事纠纷的内容是对民事权利义务的争议；③民事纠纷的可处分性，这主要是针对有关财产关系的民事纠纷，而有关人身关系的民事纠纷多具有不可处分性。

在建设工程领域，较为普遍和重要的民事纠纷主要是合同纠纷、侵权纠纷。

合同纠纷是指因合同的生效、解释、履行、变更、终止等行为而引起的合同当事人之间的所有争议。合同纠纷的内容，主要表现在争议主体对于导致合同法律关系产生、变更与消灭的法律事实以及法律关系的内容有着不同的观点与看法。合同纠纷的范围涵盖了一项合同从成立到终止的整个过程。在建设工程领域，合同纠纷主要有工程总承包合同纠纷、工程勘察合同纠纷、工程设计合同纠纷、工程施工合同纠纷、工程监理合同纠纷、工程分包合同纠纷、材料设备采购合同纠纷以及劳动合同纠纷等。

侵权纠纷是指一方当事人对另一方侵权而产生的纠纷。在建设工程领域也易发生侵权纠纷，如施工单位在施工中未采取相应防范措施造成对他方损害而产生的侵权纠纷，未经许可使用他方的专利、方法等而造成的知识产权侵权纠纷等。

发包人和承包人就有关工期、质量、造价等产生的建设工程合同争议，是建设工程领域最常见的民事纠纷。

（2）建设工程行政纠纷。建设工程行政纠纷是在建设工程活动中行政机关之间或行政机关同公民、法人和其他组织之间由于行政行为而引起的纠纷，包括行政争议和行政案件。在行政法律关系中，行政机关对公民、法人和其他组织行使行政管理职权，应当依法行政；公民、法人和其他组织也应当依法约束自己的行为，做到自觉守法。在各种行政纠纷中，既有因行政机关超越职权、滥用职权、行政不作为、违反法定程序、事实认定错误、适用法律错误等所引起的纠纷，也有公民、法人或其他组织逃避监督管理、非法抗拒监督管理或误解法律规定等而产生的纠纷。

行政机关的行政行为具有以下特征：

1）行政行为是执行法律的行为。任何行政行为均须有法律根据，具有从属法律性，没有法律的明确规定或授权，行政主体不得作出任何行政行为。

2）行政行为具有一定的裁量性。这是由立法技术本身的局限性和行政管理的广泛性、变动性、应变性所决定的。行政主体在实施行政行为时具有单方意志性，不必与行政相对方协商或征得其同意，便可依法自主做出。行政行为是以国家强制力保障实施的，带有强制性。行政相对方必须服从并配合行政行为，否则行政主体将予以制裁或强制执行。行政行为以无偿为原则，以有偿为例外。只有当特定行政相对人承担了特别公共负担，或者分享了特殊公共利益时，方可为有偿的行政行为。

在建设工程领域，行政机关易引发行政纠纷的具体行政行为主要有如下几种。

1）行政许可即行政机关根据公民、法人或者其他组织的申请，经依法审查，准予其从事特定活动的行政管理行为，如施工许可、专业人员执业资格注册、企业资质等级核准、安全生产许可等。行政许可易引发的行政纠纷通常是行政机关的行政不作为、违反法定程序等。

2）行政处罚即行政机关或其他行政主体依照法定职权、程序对于违法但尚未构成犯罪的相对人给予行政制裁的具体行政行为。常见的行政处罚为警告、罚款、没收违法所得、取消投标资格、责令停止施工、责令停业整顿、降低资质等级、吊销资质证书等。行政处罚易导致的行政纠纷通常是行政处罚超越职权、滥用职权、违反法定程序、事实认定错误、适用法律错误等。

3）行政奖励即行政机关依照法定条件和程序，对为国家、社会和建设事业作出重大贡献的单位和个人，给予物质或精神鼓励的具体行政行为，如表彰建设系统先进集体、劳动模范和先进工作者等。行政奖励易引发的行政纠纷，通常是违反程序、滥用职权、行政不作为等。

4）行政裁决即行政机关或法定授权的组织，依照法律授权，对平等主体之间发生的与行政管理活动密切相关的、特定的民事纠纷（争议）进行审查，并作出裁决的具体行政行为，如对特定的侵权纠纷、损害赔偿纠纷、权属纠纷、国有资产产权纠纷以及劳动工资、经济补偿纠纷等的裁决。行政裁决易引发的行政纠纷，通常是行政裁决违反法定程序、事实认定错误、适用法律错误等。

2. 民事纠纷的法律解决途径

民事纠纷的法律解决途径主要有四种：和解、调解、仲裁、诉讼。例如，《合同法》规定，当事人可以通过和解或者调解解决合同争议。当事人不愿和解、调解或者和解、调解不成的，可以根据仲裁协议向仲裁机构申请仲裁。涉外合同的当事人可以根据仲裁协议向中国仲裁机构或者其他仲裁机构申请仲裁。当事人没有订立仲裁协议或者仲裁协议无效的，可以向人民法院起诉。当事人应当履行发生法律效力的判决、仲裁裁决、调解书；拒不履行的，对方可以请求人民法院执行。

（1）和解。和解是民事纠纷的当事人在自愿互谅的基础上，就已经发生的争议进行协商、妥协与让步并达成协议，自行（无第三方参与劝说）解决争议的一种方式。通常，它不仅从形式上消除了当事人之间的对抗，还从心理上消除了对抗。

和解可以在民事纠纷的任何阶段进行，无论是否已经进入诉讼或仲裁程序，只要终审裁判未生效或者仲裁裁决未作出，当事人均可自行和解。例如，诉讼当事人之间为处理和结束诉讼而达成了解决争议问题的妥协或协议，其结果是撤回起诉或中止诉讼而无需判决。和解也可与仲裁、诉讼程序相结合：当事人达成和解协议，已提请仲裁的，可以请求仲裁庭根据和解协议作出裁决书或调解书；已提起诉讼的，可以请求法院在和解协议基础上制作调解书，或者由当事人双方达成和解协议，由法院记录在卷。

需要注意的是，和解达成的协议不具有强制执行力，在性质上仍属于当事人之间的约定。如果一方当事人不按照和解协议执行，另一方当事人不可以请求法院强制执行，但可要求对方就不执行该和解协议承担违约责任。

（2）调解。调解是指双方当事人以外的第三方应纠纷当事人的请求，以法律、法规和政策或合同约定以及社会公德为依据，对纠纷双方进行疏导、劝说，促使他们相互谅解，进行协商，自愿达成协议，解决纠纷的活动。

在我国，调解的主要方式是人民调解、行政调解、仲裁调解、司法调解、行业调解以及专业机构调解。

（3）仲裁。仲裁是当事人根据在纠纷发生前或纠纷发生后达成的协议，自愿将纠纷提交第三方（仲裁机构）作出裁决，纠纷各方都有义务执行该裁决的一种解决纠纷的方式。仲裁机构和法院不同。法院行使国家所赋予的审判权，向法院起诉不需要双方当事人在诉讼前达成协议，只要一方当事人向有审判管辖权的法院起诉，经法院受理后，另一方必须应诉。仲裁机构通常是民间团体的性质，其受理案件的管辖权来自双方协议，没有协议就无权受理仲裁。但是，有效的仲裁协议可以排除法院的管辖权；纠纷发生后，一方当事人提起仲裁的，另一方必须接受仲裁。

根据《仲裁法》的规定，该法的调整范围仅限于民商事仲裁，即“平等主体的公民、法人和其他组织之间发生的合同纠纷和其他财产权纠纷”；劳动争议仲裁等不受《仲裁法》的调整，依法应当由行政机关处理的行政争议等不能仲裁。

仲裁的基本特点如下：

1）当事人的自愿性是仲裁最突出的特点。仲裁以当事人的自愿为前提，是否申请仲裁、仲裁庭如何组成、仲裁员的选择，都是在当事人自愿的基础上，由当事人协商确定的。

2）专业性是民商事仲裁的重要特点之一。民商事仲裁往往涉及不同行业的专业知识，如建设工程纠纷的处理不仅涉及与工程建设有关的法律法规，还常常需要运用大量的工程造价、工程质量方面的专业知识，以及建筑业自身特有的交易习惯和行业惯例。仲裁机构的仲裁员是来自各行业具有一定专业水平的专家，精通专业知识、熟悉行业规则，对公正高效处理纠纷、确保仲裁结果公正准确，发挥着关键作用。

3）《仲裁法》规定，仲裁委员会独立于行政机关，与行政机关没有隶属关系。仲裁委员会之间也没有隶属关系。

4）在仲裁过程中，仲裁庭独立进行仲裁，不受任何行政机关、社会团体和个人的干涉，也不受其他仲裁机构的干涉，具有独立性。

5）仲裁以不公开审理为原则。当事人及其代理人、证人、翻译、仲裁员、仲裁庭咨询的专家和指定的鉴定人、仲裁委员会有关工作人员也要遵守保密义务，不得对外界透露案件实体和程序的有关情况。因此，可以有效地保护当事人的商业秘密和商业信誉。

6）仲裁实行一裁终局制度，仲裁裁决一经作出即发生法律效力。仲裁裁决不能上诉，这使得当事人之间的纠纷能够迅速得以解决。

截至2010年10月，已有145个国家和地区加入了《承认和执行外国仲裁裁决公约》（也称《纽约公约》）。根据该公约，仲裁裁决可以在这些缔约国得到承认和执行。该公约于1987年4月22日在我国生效。

（4）诉讼。民事诉讼是指人民法院在当事人和其他诉讼参与人的参加下，以审理、裁判、执行等方式解决民事纠纷的活动，以及由此产生的各种诉讼关系的总和。诉讼参与人包括原告、被告、第三人、证人、鉴定人、勘验人等。

在我国，《民事诉讼法》是调整和规范法院及诉讼参与人的各种民事诉讼活动的基本法律。民事诉讼的基本特征如下。

1）公权性。民事诉讼是由人民法院代表国家意志行使司法审判权，通过司法手段解决平等民事主体之间的纠纷。在法院主导下，诉讼参与人围绕民事纠纷的解决，进行着能产生法律后果的活动。它既不同于群众自治组织性质的人民调解委员会以调解方式解决纠纷，也不同于由民间性质的仲裁委员会以仲裁方式解决纠纷。

民事诉讼主要是法院与纠纷当事人之间的关系，但也涉及其他诉讼参与人，包括证人、鉴定人、翻译人员、专家辅助人员、协助执行人等；在诉讼和解时还表现为纠纷当事人之间的关系。

2）程序性。民事诉讼是依照法定程序进行的诉讼活动，无论是法院还是当事人和其他诉讼参与人，都需要严格按照法律规定的程序和方式实施诉讼行为，违反诉讼程序常常会引起一定的法律后果或者达不到诉讼目的，如法院的裁判被上级法院撤销、当事人失去为某种诉讼行为的权利等。

民事诉讼分为一审程序、二审程序和执行程序三大诉讼阶段。并非每个案件都要经过这三个阶段，有的案件一审就终结，有的经过二审终结，有的不需要启动执行程序。但如果案件要经历诉讼全过程，就要按照上述顺序依次进行。

3）强制性。强制性是公权力的重要属性。民事诉讼的强制性既表现在案件的受理上，又反映在裁判的执行上。调解、仲裁均建立在当事人自愿的基础上，只要有一方当事人不愿意进行调解、仲裁，则调解和仲裁将不会发生。但民事诉讼不同，只要原告的起诉符合法定条件，则无论被告是否愿意，诉讼都会发生。此外，和解、调解协议的履行依靠当事人的自觉，不具有强制执行的效力，而法院的裁判则具有强制执行的效力，一方当事人不履行生效判决或裁定，另一方当事人可以申请法院强制执行。

除上述四种民事纠纷解决方式外，由于建设工程活动及其纠纷的专业性、复杂性，我国在建设工程法律实践中还在探索其他解决纠纷的新方式，如争议评审机制等。

3. 行政纠纷的法律解决途径

行政纠纷的法律解决途径主要有两种，即行政复议和行政诉讼。

（1）行政复议。行政复议是公民、法人或其他组织（作为行政相对人）认为行政机关的具体行政行为侵犯其合法权益，依法请求法定的行政复议机关审查该具体行政行为的合法性、适当性，该复议机关依照法定程序对该具体行政行为进行审查，并作出行政复议决定的法律制度。这是公民、法人或其他组织通过行政救济途径解决行政争议的一种方法。

行政复议的基本特点有：

1）提出行政复议的，必须是认为行政机关行使职权的行为侵犯其合法权益的公民、法人和其他组织。

2）当事人提出行政复议，必须是在行政机关已经作出行政决定之后，如果行政机关尚未作出决定，则不存在复议问题。复议的任务是解决行政争议，而不是解决民事或其他争议。

3）当事人对行政机关的行政决定不服，应按照法律规定向有行政复议权的行政机关申请复议。

4）行政复议以书面审查为主要调解原理。行政复议的结论作出后，即具有法律效力。只要法律未规定复议决定为终局裁决，当事人对复议决定不服的，仍可以按《行政诉讼法》的规定，向人民法院提请诉讼。

（2）行政诉讼。行政诉讼是公民、法人或其他组织依法请求法院对行政机关具体行政行为的合法性进行审查并依法裁判的法律制度。

行政诉讼的主要特征有：

1）行政诉讼是法院解决行政机关实施具体行政行为时与公民、法人或其他组织发生的争议。

2）行政诉讼为公民、法人或其他组织提供法律救济的同时，具有监督行政机关依法行政的功能。

3）行政诉讼的被告与原告是恒定的，即被告只能是行政机关，原告则是作为行政行为相对人的公民、法人或其他组织，而不可能互易诉讼身份。

除法律、法规规定必须先申请行政复议的以外，行政纠纷当事人可以自主选择申请行政复议还是提起行政诉讼。行政纠纷当事人对行政复议决定不服的，除法律规定行政复议决定为终局裁决的以外；可以依照《行政诉讼法》的规定，向人民法院提起行政诉讼。

本章小结

本章介绍了建设工程的法律基础知识，重点介绍了在实际生活和工程活动中具有普遍适用性的代理制度、债权制度、物权制度、知识产权制度和诉讼时效制度以及法律责任的承担和工程建设纠纷的处理。

复习思考题

【简答题】

1. 地方性法规由什么部门制定？与地方政府发布的规范性文件有什么区别？
2. 简述民事法律关系中的客体的组成。
3. 短期诉讼时效的适用范围是什么？
4. 解释用益物权的含义。
5. 说明采用诉讼方式解决工程纠纷的程序。

【选择题】

1. 以下关于诉讼时效中止的正确表述是（　　）。

A. 因法定事由的出现，权利人不能行使请求权的，诉讼时效中止

B. 因原告起诉，诉讼时效中止

C. 因被告应诉，诉讼时效中止

D. 因证人要求，诉讼时效中止

2. 对于无权代理，如果未经被代理人追认，则应由（　　）承担责任。

A. 被代理人　　B. 代理人　　C. 第三人　　D. 行为人

3. 诉讼时效的起算是指（　　）。

A. 从权利人能行使请求权之日开始算起

B. 从义务人能行使请求权之日开始算起

C. 从义务人知道或应当知道其权利受到侵害之日起开始计算

D. 以上说法都不正确

4. 根据物权的权利主体是否为财产的所有人划分，物权包括（　　）。

A. 动产物权、不动产物权　　B. 自物权、他物权

C. 用益物权、担保物权　　D. 以上都不正确

5. 某建设单位支付工程最终结算款的时间应为 2003 年 4 月 1 日。由于建设单位逾期未予支付，故施工单位于 2003 年 8 月 1 日致函建设单位要求付款，但未得到任何答复。则施工单位请求人民法院保护其权利的诉讼时效期间届满的时间为（　　）。

A. 2003 年 4 月 1 日　B. 2003 年 8 月 1 日　C. 2005 年 4 月 1 日　D. 2005 年 8 月 1 日

6. 根据法的效力等级，《建设工程质量管理条例》属于（　　）。

A. 法律　　B. 部门规章　　C. 行政法规　　D. 单行条例

7. 某施工单位法定代表人授权市场合约部经理赵某参加某工程招标活动，这个行为属于（　　）。

A. 法定代理　　B. 委托代理　　C. 指定代理　　D. 表见代理

8. 甲建设单位委托乙设计单位编制工程设计图，但未约定该设计著作权归属。乙设计单位注册建筑师王某被指派负责该工程设计，则该工程设计图许可使用权归（　　）享有。

A. 甲建设单位　　B. 乙设计单位

C. 注册建筑师王某　　D. 甲、乙两单位共同

9. 某建设工程合同约定，建设单位应于工程验收合格交付后两个月内支付工程款。2005 年 9 月 1 日，该工程经验收合格交付使用，但建设单位迟迟不予支付工程款。若施工单位通过诉讼解决此纠纷，则下列情形中，会导致诉讼时效中止的是（　　）。

A. 2006 年 8 月，施工单位所在地突发洪灾，一个月后恢复生产

B. 2007 年 6 月，施工单位所在地发生强烈的地震，一个月后恢复生产

C. 2007 年 7 月，施工单位法定代表人生病住院，一个月后痊愈出院

D. 2007 年 9 月，施工单位向人民法院提起诉讼，但随后撤诉

10. 关于表见代理的错误说法是（　　）。

A. 表见代理的行为人没有代理权　　B. 表见代理是无效代理

C. 表见代理在本质上属于无权代理　　D. 善意相对人有理由相信行为人有代理权

11. 按照合同的约定，2007 年 1 月 1 日发包方应该向承包方支付工程款，但没有支付。2007 年 7 月 1 日至 8 月 1 日之间，当地发生了特大洪水，导致承包方不能行使请求权。2007 年 12 月 3 日，承包方向法院提起诉讼，请求发包方支付拖欠的工程款，2007 年 12 月 31 日法院作出判决。则下面的说法正确的是（　　）。

A. 2007 年 7 月 1 日至 8 月 1 日之间诉讼时效中止

B. 2007 年 12 月 31 日起诉讼时效中止

C. 2007 年 12 月 3 日诉讼时效中断

D. 2007 年 7 月 1 日至 8 月 1 日之间诉讼时效中断

12. 根据《民法通则》，当事人向人民法院请求保护民事权利的普通诉讼时效是（　　）年。

A. 1　　B. 2　　C. 4　　D. 20

13. 根据《民法通则》，施工单位的项目经理属于施工单位的（　　）。

A. 委托代理人　　B. 法定代理人　　C. 指定代理人　　D. 职务代理人

14. 根据《物权法》，建设用地使用权属于（　　）。

A. 所有权　　B. 用益物权　　C. 担保物权　　D. 留置权

15. 不同行政法规对同一事项的规定，新的一般规定与旧的特别规定不一致，不能确定如何适用时，由（　　）裁决。

A. 国务院主管部门　　B. 最高人民法院

C. 国务院　　D. 全国人民代表大会常务委员会

16. 某施工设备经销商规定其业务员按合同价 5% 提取奖金。业务员王某在与施工企业洽谈时提出，合同定价遵守公司规定，但王某本人按每台 50 元补贴施工企业。施工企业表示同意，遂与王某签订了订货合同，并将获得的补贴款入账。王某行为的法律定性是（　　）。

A. 合法行为　　B. 无权代理　　C. 不正当竞争　　D. 滥用代理权

17. 建设单位需要使用相邻企业的场地开辟道路就近运输建筑材料。双方订立合同，约定建设单位向该企业支付费用，该企业向建设单位提供场地。在此合同中，建设单位拥有的权利是（　　）

A. 相邻权　　B. 地役权　　C. 土地出租权　　D. 建设用地使用权

18. 在建工程的建筑物、构筑物或者其他设施倒塌造成他人损害的，由建设单位与施工企业承担连带责任。该责任在债的产生根据中属于（　　）之债。

A. 侵权　　B. 合同　　C. 无因管理　　D. 不当得利

19. 全民所有制企业的经营权属于（　　）。

A. 自物权　　B. 用益物权　　C. 担保物权　　D. 债权

20.《建设工程勘察设计管理条例》属于（　　）。

A. 法律　　B. 行政法规　　C. 地方性法规　　D. 行政规定

21. 张某代表设计院向甲公司催讨欠款属于（　　）。

A. 委托代理　　B. 法定代理　　C. 指定代理　　D. 表见代理

22. 在我国法律体系中，《建筑法》属于（　　）部门。

A. 民法　　B. 商法　　C. 经济法　　D. 诉讼法

23. 引起债权债务关系发生的最主要、最普遍的根据是（　　）。

A. 合同　　B. 扶养　　C. 不当得利　　D. 无因管理

24. 根据施工合同，甲建设单位应于2009年9月30日支付乙建筑公司工程款。2010年6月1日，乙单位向甲单位提出支付请求，则就该项款额的诉讼时效（　　）。

A. 中断　　B. 中止　　C. 终止　　D. 届满

25. 下列规范性文件中，效力最高的是（　　）。

A. 行政法规　　B. 司法解释　　C. 地方性法规　　D. 部门规章

26. 没有法定或者约定义务，为避免他人利益受损失进行管理或者服务而发生的债称为（　　）之债。

A. 合同　　B. 侵权　　C. 不当得利　　D. 无因管理

27. 行政法规的制定主体是（　　）。

A. 全国人民代表大会　　B. 全国人民代表大会常务委员会

C. 国务院　　D. 最高人民法院

28. 甲公司租用乙公司脚手架，合同约定每月底支付当月租金，但甲公司到期后拒付，乙公司的诉讼时效期间应从应付之日起算（　　）年。

A. 1　　B. 2　　C. 4　　D. 20

29. 施工单位在施工合同中的权利受到建设单位侵害，请求人民法院保护其权利的诉讼时效期间为（　　）年。

A. 1　　B. 2　　C. 3　　D. 10

【案例分析题】

1. 场景

某实业有限公司与某县土地管理局于2008年3月18日订立《工业开发及用地出让合同》，约定该实业有限公司在取得土地使用证后1个月内进行工业项目开工建设等相关事项，之后，县土地管理局依合同约定将土地交付给该实业有限公司使用。该实业有限公司对土地进行平整等工作，支付相关费用78万元。2008年6月16日，县土地管理局以改变土地规划为由，要求该实业有限公司退回土地使用权。此时，尚未完成土地使用权登记。县土地管理局认为由于尚未进行土地使用权登记，合同还没有生效。该实业有限公司则向法院提起诉讼，要求继续履行合同，办理建设用地使用权登记手续。

问题：

（1）双方订立的合同是否已生效？

（2）原告的建设用地使用权是否已经设立？

（3）纠纷应当如何解决？

2. 场景

某施工项目在施工过程中，施工单位与A材料供应商订立了材料买卖合同，但施工单位误将应支付给A材料供应商的货款支付给了B材料供应商。

问题：

（1）B材料供应商是否应当返还材料款？应返还给谁？为什么？

（2）如果B材料供应商拒绝返还材料款，A材料供应商应当如何保护自己的权利？为什么？

3. 场景

某建设单位委托某设计院进行一个建设工程项目的设计工作，合同中没有约定工程设计图的归属。设计院委派张某等完成了这一设计任务。该项目完成后，建设单位没有经过设计院同意，将该设计图用于另一类似项目。但由于地质条件的差别，工程出现质量问题，给建设单位造成了一定的损失。

问题：

(1) 建设单位未经设计院同意，能否将该设计图用于另一类似项目？为什么？

(2) 建设单位应当向设计院还是向张某等设计人员主张赔偿？该请求能否获得支持？为什么？

第 2 章　工程建设用地与规划制度

✲ 学习目标：了解我国土地管理和城市规划的法律体系，熟悉国有土地出让与划拨的基本原则；了解征用集体土地的政策和程序；熟悉城市规划的编制方法与内容，确立城市规划的基本理念。

2.1　工程建设用地管理

建设用地包括土地利用总体规划中已确定的建设用地和因经济和社会发展的需要，由规划中的非建设用地转成的建设用地。前者称为规划内建设用地，后者则称为规划外建设用地。

2.1.1　土地法律与制度

我国的土地法律框架由宪法、基本法律和土地法构成。宪法是根本的法律文件，是土地立法的基础。基本法律如民法、刑法、行政法对土地问题作出的重要的规定，是制定下一层次土地法的主要依据。土地法是土地法律体系中的主体法。目前，我国还没有一部《土地法》，以致在不同场合把《土地管理法》、《中华人民共和国农村土地承包法》（以下简称《农村土地承包法》）都分别叫做“土地法”。

我国的土地法律框架可以从纵向和横向两个方面来划分。

从纵向关系看，我国的土地法律框架包含有全国人民代表大会常务委员会制定的《土地管理法》《农村土地承包法》和《城市房地产管理法》；由国务院颁布的《中华人民共和国土地管理法实施条例》（以下简称《土地管理法实施条例》）、《基本农田保护条例》等；由省、自治区、直辖市的人民代表大会及其常务委员会根据本行政区域的具体情况和实际需要，在不与宪法和基本法律、行政法规相抵触的前提下制定的地方性土地法规；由国务院土地行政主管部门及其他各部（委）根据法律和国务院的行政法规、决定、命令制定的土地规章，如 2002 年 4 月 3 日国土资源部第 11 号令发布，于 2002 年 7 月 1 日起施行的《招标拍卖挂牌出让国有土地使用权规定》等；由省、自治区、直辖市和较大的市人民政府，根据法律、行政法规和地方性法规制定的土地规章。

从横向关系看，我国的土地法律框架包括所有与调整土地关系有关的法律，如《中华人民共和国城乡规划法》《中华人民共和国测绘法》《中华人民共和国铁路法》《中华人民共和国森林法》《中华人民共和国水土保持法》《中华人民共和国农业法》《中华人民共和国草原法》《中华人民共和国渔业法》《中华人民共和国矿产资源法》《中华人民共和国水法》等。这些法律从不同的侧面，规定了法律的调整对象与土地关系的协调问题。

2.1.2 国有土地使用权的划拨与出让

国有建设用地包括属于国家所有的建筑用地和国家征用的原属于农民集体所有的土地。经批准的建设项目需要使用国有建设用地的，建设单位应持法律、行政法规规定的有关文件，向有批准权的县级以上人民政府土地行政主管部门提出建设用地申请，经土地行政主管部门审查，报本级人民政府批准，国有建设用地可通过有偿使用和划拨两种方式交由建设单位使用。

1. 国有建设用地使用权的划拨

在城市、镇规划区内以划拨方式提供国有土地使用权的建设项目，经有关部门批准、核准、备案后，建设单位应当向城市、县人民政府城乡规划主管部门提出建设用地规划许可申请，由城市、县人民政府城乡规划主管部门依据控制性详细规划核定建设用地的位置、面积、允许建设的范围，核发建设用地规划许可证。建设单位在取得建设用地规划许可证后，方可向县级以上地方人民政府土地主管部门申请用地，经县级以上人民政府审批后，由土地主管部门划拨土地。

国家从全社会利益出发，进行经济、文化、国防建设以及兴办社会公共事业时，经县级以上人民政府的批准，建设单位可通过划拨的方式取得国有建设用地使用权。《土地管理法》规定，具体可以划拨的建设用地为：

（1）国家机关用地和军事用地。

（2）城市基础设施用地和公益事业用地。

（3）国家重点扶持的能源、交通、水利等基础设施用地。

（4）法律、行政法规规定的其他用地。

国务院颁发的《土地管理法实施条例》中对以划拨方式取得的国家建设用地的审批程序，作出了具体规定。建设单位必须按批准文件的规定使用土地。

2. 国有建设用地使用权的出让

在城市、镇规划区内以出让方式提供国有土地使用权的，在国有土地使用权出让前，城市、县人民政府城乡规划主管部门应当依据控制性详细规划，提出出让地块的位置、使用性质、开发强度等规划条件，作为国有土地使用权出让合同的组成部分。未确定规划条件的地块，不得出让国有土地使用权。以出让方式取得国有土地使用权的建设项目，在签订国有土地使用权出让合同后，建设单位应当持建设项目的批准、核准、备案文件和国有土地使用权出让合同，向城市、县人民政府城乡规划主管部门领取建设用地规划许可证。

如果没有取得规划许可证，则意味着拟建的工程属于违章建筑。这种情况下，自然不能颁发施工许可证。

除上述国家建设项目可通过划拨方式取得国有建设用地使用权外，其他建设项目均须通过有偿使用的方式来取得国有建设用地使用权，具体包括：①国有土地使用权的出让；②国有土地的租赁；③国有土地使用权作价出资或入股。这时，建设单位应按照国务院规定的标准和办法，缴纳土地使用权出让金等土地有偿使用费和其他费用后，方可使用土地。建设单位必须按土地使用权出让合同或其他有偿使用合同的约定使用土地；确需改变该幅土地建设用途的，应经有关人民政府土地行政主管部门同意，报原批准用地的人民政府批准在城市规划区内改变土地用途的，在报批前，应先经有关城市规划行政主管部门同意。

3. 国有建设用土地使用权的收回

《土地管理法》规定，出现下列情况时，有关人民政府土地行政主管部门在报经原批准用地的人民政府或有批准权的人民政府批准后，可以将国有建设用地使用权收回：

（1）为公共利益需要使用土地的。

（2）为实施城市规划进行旧城区改建，需要调整使用土地的。

（3）土地出让等有偿使用合同约定的使用期限届满，土地使用者未申请续期或申请续期未获批准的。

（4）因单位撤销、迁移等原因，停止使用原划拨的国有土地的。

（5）公路、铁路、机场、矿场等经核准报废的。

因上述（1）、（2）项原因而收回国有土地使用权的，国家对土地使用权人应给予适当补偿。

2.1.3 集体土地征收

1. 土地征收的概念和特征

随着国民经济的发展和社会进步的需要，一些原属于某些农民集体所有的土地要用于基础设施建设和社会公益事业。所以，《土地管理法》规定，国家为公共利益需要，可以依法对土地实行征收或者征用并给予补偿。为了防止滥征土地和保护农民集体的利益，《土地管理法》对征收土地的审批程序及补偿办法作出了具体规定。

土地征收属于国家或政府行为，具有以下特征：

（1）土地征收权由代表国家的政府享有。

（2）土地征收权的行使不需要征得土地所有人的同意。

（3）土地征收权只能为公共利益的需要而行使。

（4）征收土地必须给予原所有人以公平补偿。

2. 征收土地的审批

（1）下列土地的征收必须报经国务院批准：

1）基本农田。具体包括：①经国务院有关主管部门或者县级以上地方人民政府批准确定的粮、棉、油生产基地内的耕地；②有良好的水利与水土保持设施的耕地，正在实施改造计划及可以改造的中、低产田；③蔬菜生产基地；④农业科研、教学试验田；⑤国务院规定应当划入基本农田保护区的其他耕地。

2）基本农田以外的耕地超过35公顷的。

3）其他土地超过70公顷的。

（2）征收上述规定以外的土地的，由省、自治区、直辖市人民政府批准，并报国务院备案。

（3）农用地的征收比较复杂，必须先办理农用地转用审批，然后才能办理土地征收审批。依照《土地管理法实施条例》，办理农用地的征收审批手续时，须遵守下列规定。

1）可行性论证时，由土地行政主管部门对其用地有关事项进行审查，并提出预审报告，该预审报告必须随可行性研究报告一同报批。

2）建设单位持建设项目的有关批准文件，向市、县人民政府土地行政主管部门提出建设用地申请，由市、县人民政府土地行政主管部门审查，拟定农用地转用方案、补充耕地方案、征用土地方案和供地方案，经市、县人民政府审核同意后，逐级上报有批准权的人民政府批准；其中，补充耕地方案由批准农用地转用方案的人民政府在批准农用地转用方案时一并批准；供地方案由批准征用土地的人民政府在批准征用土地方案时一并批准。

3）农用地转用方案、补充耕地方案、征用土地方案和供地方案经批准后，由市、县人民政府组织实施，向建设单位颁发建设用地批准书。有偿使用国有土地的由市、县人民政府土地行政主管部门与土地使用者签订国有土地有偿使用合同；划拨使用国有土地的，由市、县人民政府土地行政主管部门向土地使用者核发国有土地划拨决定书。

4）建设项目确需使用土地利用总体规划确定的城市建设用地范围外的土地，涉及农民集体所有的未利用地的，只报批征用土地方案和供地方案。

抢险救灾等急需使用土地的，可以先行使用。其中，属于临时用地的，灾后应恢复原状并交给原土地使用者使用，不再办理用地审批手续；属于永久性建设用地的，建设单位应在灾情结束后 6 个月内申请补办建设用地审批手续。

3. 征收土地的实施

征收土地方案经依法批准后，由被征收土地所在的市、县人民政府组织实施，并将批准征地机关、批准文号、征收土地的用途、范围、面积以及征地补偿标准、农业人员安置办法和办理征地补偿的期限等，在被征收土地所在的乡（镇）、村予以公告。

被征收土地的所有权人、使用权人应当在公告规定的期限内，持土地权属证书到公告指定的人民政府土地行政主管部门办理征地补偿登记。

市、县人民政府土地行政主管部门根据经批准的征用土地方案，会同有关部门拟订征地补偿、安置方案，在被征用土地所在的乡（镇）、村予以公告，听取被征收土地的农村集体经济组织和农民的意见。征地补偿、安置争议不影响征用土地方案的实施。

征收土地的各项费用应当自征地补偿、安置方案批准之日起 3 个月内全额支付。

4. 征收土地的补偿

《土地管理法》规定，征收土地的，用地单位应按照被征收土地的原用途给予补偿。并具体规定了征收耕地的补偿费应包括土地补偿费、安置补助费以及地上附着物和青苗补偿费，其补偿标准为：

（1）土地补偿费。土地补偿费为该耕地被征用前三年平均年产值的 6 ~ 10 倍。

（2）安置补助费。安置补助费按需要安置的农业人口数计算，需要安置的农业人口数，等于被征用的耕地的数量除以征地前被征用单位平均每人占有的耕地数。每一个需要安置的农业人口的安置补助费标准，为该耕地被征用前三年每亩平均年产值的 4 ~ 6 倍。但每公顷被征用耕地的安置补助费，最高不得超过被征用前三年平均年产值的 15 倍。

（3）地上附着物和青苗补偿费的补偿标准，由省、自治区、直辖市规定。

（4）新菜地开发建设基金。征用的耕地为城市郊区的菜地时，用地单位还应按国家的有关规定缴纳新菜地开发建设基金。

征收其他土地的补偿费标准，由省、自治区、直辖市参照征用耕地的补偿标准另行规定。

按照上述标准支付的土地补偿费和安置补助费，尚不能使需要安置的农民保持原有生活水平的，经省、自治区、直辖市人民政府批准，可以增加安置补助费，但安置补助费和土地补偿费的总和，不得超过土地被征用前 3 年平均年产值的 30 倍。

征收土地的补偿费用，除属于个人的地上附着物和青苗补偿费付给本人外，其余均由被征地单位统一管理、使用。法律规定，统一管理的征地补偿费用只能用于发展生产和安排多余劳动力的就业以及作为不能就业人员的生活补助，不得移作他用。任何单位和个人都不得侵占、挪用被征收土地单位的征地补偿费用。被征地的农村集体经济组织应当将征用土地的补偿费用的收支情况向本集体经济组织的成员公布，接受监督。市、县和乡（镇）人民政府也应加强对安置补助费使用情况的监督。

5. 征收土地后多余劳动力的安置

（1）因征收土地后造成的多余劳动力，由县以上土地管理部门组织被征地单位、用地单位和有关单位，通过扩大农副业生产和乡镇企业等途径加以安置。

（2）安置不完的，可以安排符合条件的人员到用地单位或其他全民、集体所有制单位就业。需要安置的人员由农村集体经济组织安置的，安置补助费支付给农村集体经济组织，由农村集体经济组织管理和使用；由其他单位安置的，安置补助费支付给安置单位；不需要统一安置的，安置补助费发放给被安置人员个人或征得被安置人员同意后用于支付给被安置人员的保险费用。

（3）被征地单位的土地被全部征用的，经省、自治区、直辖市人民政府审查批准，原有的农业户口可以转为非农业户口。原有的集体所有的财产和所得的土地补偿费、安置补助费，由县级以上地方人民政府与有关乡（镇）、村商定处理办法，用于组织生产和就业人员的生活补助。

（4）大、中型水利、水电工程建设征用土地的补偿费标准和移民安置办法，由国务院另行规定。

2.2 城乡建设规划管理

2.2.1 城乡规划与法律制度

城市规划法规体系主要是指城市规划法律、法规的构成方式。按其构成特点可分为纵向体系和横向体系两大类。

1. 纵向体系

城市规划法规文件的纵向体系，由各级人民代表大会和政府按其立法职权制定的法律、法规、规章和规范性文件四个层次的法规文件构成。纵向法规体系构成的原则是下一层次制定的法规文件必须符合上一层次法律、法规，如国务院制定的行政法规必须符合全国人民代表大会制定的法律；地方性法规文件必须符合全国人民代表大会和国务院制定的法律、法规，不允许违背上一层次法律、法规的精神和原则。

2. 横向体系

城市规划法规文件的横向体系，由基本法（主干法）、配套法（辅助法）和相关法组成。基本法是城市规划法规体系的核心，具有纲领性和原则性的特征，不可能对行政细节作出具体规定，因而需要有相应的配套法来阐明基本法的有关条款的实施细则。相关法是指城市规划领域之外，与城市规划密切相关的法规。

我国现行城市规划法律规范框架如表 2-1 所示。

表 2-1　我国现行城市规划法律规范框架

分类	内容	法律	行政法规	部门规章	技术标准及技术规范
城市规划管理	综合	《城乡规划法》	《村庄和集镇规划建设管理条例》	《建制镇规划建设管理办法》	《城市规划基本术语标准》 《城市用地分类与规划建设用地标准》 《城乡规划工程地质勘察规范》 《城市用地竖向规划规范》 《建筑气候区划标准》
城市规划编制审批管理	城市规划编制与审批			《城市规划编制办法》 《省域城镇体系规划编制审批办法》 《县域城镇体系规划编制要点（试行）》 《城市总体规划审查工作规则》 《历史文化名城保护规划编制要求》 《村镇规划编制办法（试行）》 《城市绿化规划建设指标的规定》 《城市绿线管理办法》 《城市紫线管理办法》 《城市蓝线管理办法》 《城市黄线管理办法》	《城市居住区规划设计规范》 《城市道路交通规划设计规范》 《停车场规划设计规则（试行）》 《城市工程管线综合规划规范》 《防洪标准》 《城市排水工程规划规范》 《城市给水工程规划规范》 《城市电力规划规范》 《城市道路绿化规划与设计规范》 《风景名胜区规划规范》 《镇规划标准》
城市规划实施管理	土地使用			《城市国有土地使用权出让转让规划管理办法》 《建设项目选址规划管理办法》 《城市地下空间开发利用管理规定》	
	市政公用设施			《停车场建设和管理暂行规定》	
城市规划实施监督检查管理	行政检查			《城建监察规定》	
城市规划行业管理	规划设计单位资格			《城市规划编制单位资质管理规定》	城市规划收费工日定额（试行）
	规划师执业资格			《注册城市规划师执业资格制度暂行规定》	

我国现行城市规划相关法律规范框架如表 2-2 所示。

表 2-2 我国现行城市规划相关法律规范框架

内容	法律	行政法规	部门规章和技术规范
土地及自然资源	《土地管理法》 《环境保护法》 《水法》 《森林法》 《矿产资源法》	《土地管理法实施条例》 《建设项目环境保护管理条例》 《城镇国有土地使用权出让和转让暂行条例》 《基本农田保护条例》	《风景名胜区建设管理规定》
历史文化遗产保护	《文物保护法》	《风景名胜区条例》 《自然保护区条例》 《文物保护法实施条例》	
市政建设与管理	《公路法》 《广告法》	《城市供水条例》 《城市道路管理条例》 《城市绿化条例》 《城市市容和环境卫生管理条例》	《城市生活垃圾管理办法》 《城市排水许可管理办法》
建设工程与管理	《建筑法》 《标准化法》	《建设工程勘察设计管理条例》 《注册建筑师条例》	《建筑抗震设计规范》 《住宅设计规范》
房地产管理	《城市房地产管理法》	《城市房地产开发经营管理条例》	
城市防灾	《人民防空法》 《防震减灾法》 《消防法》		
保密管理	《军事设施保护法》 《保守国家秘密法》		
公务员法	《行政许可法》		
行政执法与法制监督	《行政复议法》 《行政诉讼法》 《行政处罚法》 《国家赔偿法》		

2.2.2 城市规划的编制与审批

1. 城市规划的审批

（1）城市总体规划。根据城市的大小及其重要性分别报国务院或省、自治区、直辖市、市、县人民政府审批。具体审批情况如下：

1）城市总体规划纲要需经城市人民政府审核同意。

2）直辖市城市总体规划由直辖市人民政府报国务院审批。省和自治区人民政府所在地城市、百万人口以上的大城市和国务院指定的其他城市的总体规划，由所在省、自治区人民政府审查同意后报国务院审批。

3）其他设市城市的总体规划由城市人民政府报省、自治区人民政府审批。

4）县人民政府所在地镇的总体规划由县人民政府报省、自治区、直辖市人民政府审批，其中市管辖的县人民政府所在地镇的总体规划报市人民政府审批。其他镇、乡总体规划报上一级人民政府审批。

5）总体规划报请审批前，有关人民政府应当报同级人民代表大会或者其常务委员会审查同意。

（2）城市分区规划。城市分区规划由城市人民政府审批。

（3）城市详细规划。城市详细规划由城市人民政府审批。已编制并批准分区规划的城市详细规划除重要的详细规划由城市人民政府审批外，由城市人民政府规划行政主管部门审批。

（4）单独编制的专项规划的审批。

由国务院审批的总体规划的历史文化名城，其保护规划由国务院审批；其他国家级历史文化名城的保护规划由国务院建设行政管理部门组织审查后，随同城市总体规划按程序上报审批；省、自治区、直辖市级历史文化名城的保护规划由省、自治区、直辖市人民政府审批。单独编制的城市人防建设规划，直辖市要报国家人民防空主管部门和国务院建设行政管理部门审批；一类人防重点城市中的省会城市，要经省、自治区人民政府和大军区人民防空主管部门审查同意后，报国家人民防空主管部门和国务院建设行政管理部门审批；一类人防重点城市中的非省会城市以及二类人防重点城市需报省、自治区人民政府审批，并报国家人民防空主管部门、国务院建设行政管理部门备案；三类人防重点城市报市人民政府审批，并报省、自治区人民防空主管部门、建设行政主管部门备案。单独编制的其他专业规划，经当地城市规划行政主管部门综合协调后，报城市人民政府审批。

2. 城市规划的编制机关

根据《城乡规划法》的规定，各级人民政府组织编制城镇体系规划和城市规划的职责如下。

（1）国务院城市规划行政主管部门组织编制全国和跨省、市的城镇体系规划。

（2）省、自治区、直辖市人民政府组织编制本区域的城镇体系规划。

（3）城市人民政府负责组织编制城市总体规划和详细规划，大中城市根据需要可以在总体规划的基础上组织编制分区规划。

（4）县级人民政府负责组织编制县级人民政府所在地镇的总体规划和详细规划。

城市规划编制的基本原则如下：

（1）城市规划应当促进经济和社会协调发展，满足发展生产，繁荣经济，促进科技、文化、教育事业发展，加强精神文明建设等要求，维护公众利益，创造良好的人文环境，力求达到经济效益、社会效益和环境效益的统一。

（2）保护生态环境、防止污染和其他公害。

（3）改善投资环境，优化城市布局结构，适应改革开放需要，促进经济和社会持续、稳定、协调发展。

（4）满足城市防火、防爆、抗震、防洪、防泥石流以及治安、交通管理和人民防空建设等要求，保障城市安全和社会安定。

（5）保护具有重要历史意义、革命英雄纪念意义、科学和艺术价值的文物古迹、风景名胜和传统街区，保持民族传统和地方风貌，体现城市各自特色和自然景观。

（6）坚持合理与节约利用土地资源、水资源和其他自然资源。

（7）与经济社会发展规划、江河流域和土地利用规划等相协调。

城市规划的编制要求如下：

（1）编制城市规划必须具备符合国家规定的勘察、测量及其他必要的基础资料，符合国家关于城市规划编制的技术规定。城市规划编制的单位和人员必须符合国家关于城市规划编制资格的规定。

（2）组织编制总体规划的政府应当听取社会公众意见，并对有关意见在规定时间内作出反馈。组织编制详细规划的机关应当向公众征求详细规划方案的意见，重要地区的详细规划方案可以举行公众听证会。

编制城市规划一般分总体规划和详细规划两个阶段进行，根据实际需要，大中城市在总体规划基础上可以编制分区规划。各阶段的主要内容是城市和镇的总体规划。

城市和镇的总体规划的内容主要包括：

（1）确定城市的性质，提出规划期内的发展目标和发展规模，确定规划范围，城市主要建设标准和定额指标，城市建设用地布局、功能分区和各项建设的总体部署，城市空间发展方向，城市综合交通体系和河湖、绿地系统，防灾、减灾措施，自然与历史文化遗产保护，各项专业规划，近期建设规划。总体规划还应当包括市或者县的行政区域的城镇体系规划。总体规划的期限一般为20年，近期规划期限一般为5年。建制镇总体规划的期限可为10～20年，近期建设规划期限一般为3～5年。总体规划的文件包括规划文本、附件和图纸。规划文本是对规划的各项目标和内容提出规定性要求的文件，附件包括对规划文本具体的规划说明和基础资料。

（2）详细规划的主要内容。控制性详细规划是在城市总体规划或分区规划的基础上，依据总体规划确定的原则，对需要开发建设地区的土地性质、开发强度、绿化建设、基础设施建设、历史文化保护等作出具体规定，详细规定建设用地的各项控制指标和规划管理要求，作为城市规划管理和综合开发、土地有偿使用的依据。详细规划的内容主要包括规划地段各项建设的具体用地范围，建筑密度和高度等控制指标，总平面布置、工程综合规划和竖向规划。

详细规划的文件包括规划文本、附件和图纸。规划文本是对规划范围内土地使用及建设管理提出强制性规定和指导性规定的文件，附件包括对规划文本具体解释的规划说明和基础资料。

2.2.3 城乡规划的实施

城市规划实施管理是城市人民政府对城市各项土地利用和建设活动进行控制和引导。城市规划经批准后，城市人民政府应当将其公布，以便开发单位和群众了解、参与和监督。城市规划实施管理的内容主要包括核发建设项目选址意见书、核发建设用地规划许可证和建设工程规划许可证、监督检查和建设工程竣工验收等。

1. 实施城市规划的基本原则

城市规划区内的土地利用和各项建设必须符合城市规划，服从规划管理，任何单位和个人在城市规划区内使用土地进行建设，必须符合城市规划，服从统一的规划管理。这是保证合理用地、节约用地，促进经济、社会协调发展，取得城市综合效益的根本途径。这也是城市规划实施的关键。

2. 城市规划实施管理基本法律制度

城市规划实施管理实行“一书两证”制度，即建设项目选址意见书、建设用地规划许可证和建设工程规划许可证。

3. 建设项目选址意见书

在城市规划区内建设工程的选址和布局，必须符合城市规划，在报批建设项目的可行性研究报告时，必须有城市规划行政主管部门的选址意见书。建设项目与城市的自然环境、功能布局、空间形态以及基础设施等关系密切。建设项目特别是大型项目的选址不仅决定建设项目的成败，而且对城市发展直接产生深远的影响。合理选择建设项目地址，是保障城市规划实施的关键。建设项目选址的内容主要有：

（1）选择建设用地。建设项目选址应当考虑以下因素：①掌握建设项目对选址的要求，了解建设项目的基本情况，包括名称、性质、用地和建设规模、供水与能源的需求量、采取的运输方式和运输量，以及“三废”的排放方式和排放量；②研究建设项目与城市规划布局是否协调，建设项目的选址必须按照批准的城市规划进行；③必须与城市交通、通信、能源、市政、防灾规划和用地现状条件衔接，考虑能够配套建设的可能性，要避免选址对城市基础设施规划用地造成危害；④必须考虑配套生活设施与城市居住区及公共服务设施规划的衔接和协调，有利于生产，方便生活；⑤要充分注意与城市环境保护规划和风景名胜、文物古迹保护规划、历史风貌区保护规划等相协调。

（2）控制土地使用性质。为保证各类建设项目按照土地使用性质的相容性原则进行安排，应严格依据批准的详细规划控制土地使用性质，选择建设项目建设地址。

（3）核定土地开发强度。土地开发强度的高低，对建设活动的经济性有直接影响，甚至会引起一定范围内社会、经济和环境的变化。土地开发强度的控制，主要是控制建筑容积率和建筑密度两个指标。

4. 建设用地规划许可证

在城市规划区内进行建设需要用地的，必须持批准建设项目的有关文件，向城市规划行政主管部门申请，由城市规划行政主管部门核定其用地位置和界限，提供规划设计条件，在确认其符合城市规划后核发建设用地规划许可证。只有在取得建设用地规划许可证后，建设单位或个人方可向县级以上地方人民政府办理申请用地手续。

建设用地规划管理是建设项目选址规划管理的继续，是城市规划行政主管部门依据城市规划确定建设用地面积和范围、提出土地使用规划要求，并核发建设用地规划许可证的行政管理工作。建设用地规划许可证是建设单位向土地管理部门申请用地前，经城市规划行政主管部门确认建设项目位置和范围符合城市规划的法定凭证。土地管理部门在办理用地过程中，若需改变建设用地规划许可证核定的用地位置、界限等内容，必须取得城市规划行政主管部门的同意，保证改变后的用地位置和范围等符合城市规划的要求。建设用地规划管理的内容包括：

控制土地使用性质和土地使用强度。土地使用性质、容积率和建筑密度已在建设项目选址规划管理阶段核定，在建设用地规划管理阶段，通过审核设计方案控制土地使用性质和土地使用强度。确定建设用地范围。主要是通过审核建设工程设计总平面图确定建设用地范围。核定土地使用其他规划管理要求。除土地使用性质和土地使用强度外，还应根据城市规划对土地使用提出其他规划要求，如是否有规划道路穿越、是否设置绿化隔离带等。调整城市用地布局，也是建设用地规划管理的重要内容，许多城镇存在布局混乱、各类用地混杂、市政公用设施不足、道路通行能力差等问题，严重影响了城市功能的发挥，城市规划对城市生产、生活用地进行调整，以促进经济的发展，改善城市的环境质量，节约城市用地。

5. 建设工程规划许可证

在城市规划内新建、扩建和改建建筑物、构筑物、道路、管线和其他工程设施必须持有关批准文件向城市规划行政主管部门提出申请，由该主管部门根据城市规划提出的规划设计要求核发建设工程规划许可证。建设单位或个人只有在取得上述证件后，方可办理开工手续。

依法对建设工程实行统一的规划管理，是城市规划行政主管部门的重要行政职能。建设工程规划许可证是判断建设工程是否符合城市规划要求的法定凭证。建设工程规划管理的主要内容包括：

（1）建筑管理。按照城市规划要求对各项建筑工程（包括各类建筑物、构筑物）的性质、规模、标高、高度、体量、体型、朝向、间距、建筑密度、容积率、建筑色彩和风格等进行审查和规划控制。

（2）道路管理。按照城市规划要求对各类道路走向、坐标和标高、道路宽度、道路等级、交叉口设计、横断面设计、道路附属设施等进行审查和规划控制。

（3）管线管理。按照城市规划要求对管线工程（包括地下埋设和地上架设的给水、雨水、污水、电力、通信、燃气、热力及其他管线）的性质、断面、走向、坐标、标高、架埋方式、架设高度、埋置深度、管线相互间的水平距离与垂直距离及交叉点的处理等进行审查和规划控制。管线管理要充分考虑不同性质和类型管线的技术规范要求，以及管线与地面建筑物、构筑物、道路、行道树和地下各类建设工程的关系，进行综合协调。

城市规划行政主管部门对上述建设工程的初步设计方案进行审查，确认符合规划要求后，建设单位可以进行施工图设计；在确认施工图设计符合规划要求后，城市规划行政主管部门核发建设工程规划许可证。

6. 关于临时建设和临时用地

对临时建设（限期拆除、结构简易的临时性建筑物、构筑物或道路工程管线设施等），必须在批准的使用期限内拆除；在临时用地上禁止建永久性建筑物、构筑物和其他设施。

7. 禁止性规定

任何单位和个人不得占用道路、广场、绿地、高压供电走廊和压占地下管线进行建设。在城市规划区内进行挖取砂石、土方等活动，须经有关主管部门批准，不得破坏城市环境，影响城市规划的实施。

8. 关于竣工验收和城市建设竣工档案

城市规划行政主管部门参加城市规划区内重要建设工程的竣工验收，监督检查该建设工程是否符合核发的规划设计要求，包括总平面、空间布局、建筑单体设计和室外工程，以及各项批准的规划技术经济指标等。

建设单位应当在竣工验收六个月内，向城市规划行政主管部门报送有关竣工档案资料。

9. 城市规划实施的监督检查

监督检查是城市规划实施管理工作的重要组成部分，它贯穿于城市规划实施的全过程。监督检查主要包括：

（1）对建设活动的监督检查。验证有关土地使用和建设申请的申报条件是否符合法定要求，有无弄虚作假，对不符合要求的，不予受理并及时退回。复验有关用地坐标、面积等与建设用地规划许可证规定是否相符，如不符，应责令改正或重新补办手续。对已领取建设工程规划许可证并放线的建设工程，履行验线手续，若其坐标、标高、平面布局形式与建设工程规划许可证的规定不符，城市规划行政主管部门应责令其改正。建设单位或个人在施工过程中，城市规划行政主管部门有权对其建设活动（包括在城市规划区内挖取砂石、土方等活动）进行现场检查。被检查者应如实提供必要的资料。城市规划行政主管部门有责任为被检查者保守技术秘密和业务秘密。

（2）竣工验收。城市规划行政主管部门应参加城市规划区内重要建设工程的竣工验收，检查建设工程平面布置、空间布局、立面造型、使用功能等是否符合规划设计要求。如不符，应视情况提出补救和改正措施等。

（3）行政机关的监督检查。各级人民政府及其城市规划行政主管部门有责任对辖区范围内城市的总体规划的实施情况进行监督检查。各级城市规划行政主管部门有责任对内部机构和工作人员的执法情况进行监督检查，防止玩忽职守、滥用职权、徇私舞弊等违法违规行为的发生。

（4）立法机关的监督检查。城市人民代表大会及其常务委员会有权对城市规划的实施情况进行定期或不定期的检查，就规划实施进展情况、实施管理的执法情况提出批评和意见，督促城市人民政府加以改进或完善。城市人民政府有责任就城市规划实施情况向同级人民代表大会或其常务委员会提出报告。

（5）社会监督。城市规划行政主管部门有责任将城市规划实施管理的各个环节予以公开，接受社会的监督。单位和个人有权监督、检举和控告违反城市规划的行为和随意侵犯其基本权利的行为。城市规划行政主管部门应制定具体办法，保障公民的监督权，并及时对检举和控告涉及的有关违法行为进行查处。单位和个人有权检举、控告城市规划行政主管部门及工作人员执法过程中的各种违法行为。城市规划行政主管部门有责任建立切实有效的制度，听取意见、检举和控告，对有关违法行为作出处理。

本章小结

本章介绍了我国土地管理的基本制度和国家在土地征用、建设工程项目的开发实施、城镇乡村的整体规划等方面的法律法规。

复习思考题

【简答题】

1. 结合相关知识说明建设项目在申请规划许可证时，在划拨的土地和转让的土地两种不同形式下其工作程序有何差异。

2. 如何征用集体土地？

3. 简述城市规划的法律体系。

4. 说明城市规划的基本内容。

5. 如何实施城市规划？

【选择题】

1. 国务院多次强调，城市规划管理权必须集中，也就是由城市规划行政主管部门集中管理。在下列权限中，（　　）是城市规划管理权。

A. 城市规划编制权和审批权，建设项目立项权

B. 国有土地划拨权和土地使用权，房地产审批权

C. 竣工验收权、违法建设处罚权和对违法责任者处分权

D. 建设用地审批权、建设工程审批权、规划实施的监督检查权

2. 运用城市规划区的概念，下列（　　）符合《城乡规划法》的规定。

A. 城市规划区大于或等于城市建成区

B. 城市规划区大于或等于城市市区和近郊区

C. 城市规划区小于或等于城市行政辖区

D. 县级市的城市规划区大于或等于县级市的行政辖区

3. 《行政诉讼法》第 53 条规定："人民法院审理行政案件，参照国务院部、委根据法律和国务院的行政法规、决定、命令制定、发布的规章以及省、自治区、直辖市和省、自治区的人民政府所在地的市和经国务院批准的较大的市人民政府根据法律和国务院的行政法规制定、发布的规章。"其中提到的"较大的市"在建立城市规划法规体系中，其概念是指（　　）。

A. 城市人口不足百万，但在 50 万人以上

B. 除县级市以外的城市

C. 城市总体规划需报国务院审批的城市

D. 经国务院批准的其他城市

4. 《城市规划法》中规定了许多原则，下列几项原则中（　　）是编制城市规划应当贯彻的原则。

A. 土地利用和各项建设必须符合城市规划，服从规划管理

B. 必须坚持统一规划、合理布局、因地制宜、综合开发、配套建设的原则

C. 应当遵循加强维护、合理利用、调整布局、逐步改善的原则

D. 应当有利生产、方便生活、促进流通、繁荣经济、促进科学技术文化教育事业的原则

5. 下列各项活动中，（　　）为城市规划实施管理的内容。

A. 编制城市总体规划

B. 编制建设项目可行性报告

C. 为国有土地出让地块提供规划设计条件

D. 对违法建设进行行政处分

6. 建设工程规划许可证的下列作用中（　　）不对。

A. 签订国有土地使用权出让合同的法定依据

B. 确认建设活动的合法性，确保建设单位和个人的合法权益

C. 在建设活动中接受监督检查时的法定依据

D. 城市建设档案的重要内容

7. 在城市规划区内进行建设向城市规划行政主管部门申请建设用地时，城市规划行政主管部门应发（　　）。

A. 建设工程规划许可证　　B. 建设用地规划许可证

C. 建设项目选址意见书　　D. 建设用地使用许可证

8. 城市总体规划编制完成后，上报上级政府审批须依法经（　　）。

A. 市委全会审查同意　　B. 市政府常务会议讨论同意

C. 同级人民代表大会或其常务委员会审查同意

D. 专门成立的专家评审委员会审查同意

9. 建设单位对越权审批的建设工程受到撤销建设工程规划许可证、立即拆除的行政处罚愤愤不平，并发表了下列说法，其中（　　）成立。

A. 市规划局与区规划局权限划分与建设单位没有关系，不能接受处罚

B. 市规划局与区规划局之间内部矛盾，不该祸及建设单位

C. 向法院起诉市规划局滥用职权，为区规划局和自己讨个正确说法

D. 有建设工程规划许可证就是合法建设，撤销是不对的

10. 下列各组均为控制性详细规划的控制指标，（　　）全部为指导性指标。

A. 人口容量、建筑形式、体量、风格要求，建筑色彩要求，其他环境要求

B. 用地性质，建筑色彩要求，建筑控制高度，停车泊位及其他需要配置的公共设施

C. 建筑密度，交通出入口方位，绿地率，容积率

D. 建筑控制高度，绿地率，交通出入口方位，停车泊位及其他需要配置的公共设施

11. 下列（　　）不需申请建设用地规划许可证。

A. 某工厂因效益较好，引进先进设备而改建，并使用相邻单位土地进行扩建

B. 处于市中心的某企业厂址改建为商厦，由生产企业改为从事商业活动

C. 在某一高校内利用原有用地建设教学楼并扩建一幢实验楼

D. 某市旧城改建，为安置居民拆迁用房需要使用旧城以外土地

12. 下列因素中在确定建筑密度时（　　）应不予考虑。

A. 用地面积　　B. 建筑形式　　C. 土地使用性质　　D. 建筑高度

13. 以划拨方式取得城市土地使用权的，对其使用期限的规定为（　　）。

A. 由城市政府确定　　B. 使用期限没有限制

C. 根据用途在划拨时确定　　D. 使用期限为 50 年

14. 市政管线工程规划管理与建筑工程规划管理在程序上明显不同的地方是（　　）。

A. 确定规划设计范围　　B. 提出规划设计要求

C. 组织设计方案会审　　D. 需要事前协调

【案例分析题】

场景

某市位于城市规划区内的一个乡，在养鸡场的规划村镇建设用地上，改为建设一所敬老院，建筑面积为 4 000m^2，2 ~ 3 层主要为宿舍、食堂、活动室、医疗保健室等，还有一些工

作人员用房。此建设项目经有关部门立项并经城市规划行政主管部门选址确认。

问题：

（1）该土地是否具有建设用地使用权？为什么？

（2）村镇建设用地与国家建设用地在使用权方面是否相同？

（3）如实施敬老院建设工程项目需要办理什么手续？

（4）该镇不办理建设用地规划许可证是否违法？

（5）如果要办理施工许可证，需要具备什么条件？

第3章　建设许可与工程发承包制度

✲ 学习目标：了解建筑许可制度，了解专业人员执业资格制度；熟悉建筑企业资质等级的分类及范围；掌握发承包及分包制度，熟悉监理制度及相关法律责任。

3.1　建设许可

建设工程施工活动是一种专业性、技术性极强的特殊活动，对建设工程是否具备施工条件以及从事施工活动的单位和专业技术人员进行严格的管理和事前控制，对于规范建设市场秩序，保证建设工程质量和施工安全生产，提高投资效益，保障公民生命财产安全和国家财产安全，具有十分重要的意义。

3.1.1　工程施工许可

《建筑法》规定，建筑工程开工前，建设单位应当按照国家有关规定向工程所在地县级以上人民政府建设行政主管部门申请领取施工许可证；但是，国务院建设行政主管部门确定的限额以下的小型工程除外。按照国务院规定的权限和程序批准开工报告的建筑工程，不再领取施工许可证。

施工许可制度是由国家授权的有关行政主管部门，在建设工程开工之前对其是否符合法定的开工条件进行审核，对符合条件的建设工程允许其开工建设的法定制度。建立施工许可制度，有利于保证建设工程的开工符合必要条件，避免不具备条件的建设工程盲目开工而给当事人造成损失或导致国家财产的浪费，从而使建设工程在开工后能够顺利实施，也便于有关行政主管部门了解和掌握所辖范围内有关建设工程的数量、规模以及施工队伍等基本情况，依法进行指导和监督，保证建设工程活动依法有序进行。

1. 施工许可证和开工报告的适用范围

我国目前对建设工程开工条件的审批，存在着颁发施工许可证和批准开工报告两种形式。多数工程是办理施工许可证，部分工程则为批准开工报告。

（1）施工许可证的适用范围

1）需要办理施工许可证的建设工程。《建筑法》规定，建筑工程开工前，建设单位应当按照国家有关规定向工程所在地县级以上人民政府建设行政主管部门申请领取施工许可证。

《建筑工程施工许可管理办法》进一步规定："在中华人民共和国境内从事各类房屋建筑及其附属设施的建造、装修装饰和与其配套的线路、管道、设备的安装，以及城镇市政基础设施工程的施工，建设单位在开工前应当依照本办法的规定，向工程所在地的县级以上人民政府建设行政主管部门申请领取施工许可证。"

2）不需要办理施工许可证的建设工程。按照《建筑法》的规定，国务院建设行政主管部门确定的限额以下的小型工程，可以不申请办理施工许可证。

据此，《建筑工程施工许可管理办法》规定，工程投资额在30万元以下或者建筑面积在$300m^2$以下的建筑工程，可以不申请办理施工许可证。省、自治区、直辖市人民政府建设行政主管部门可以根据当地的实际情况，对限额进行调整，并报国务院建设行政主管部门备案。

《建筑法》规定："抢险救灾及其他临时性房屋建筑和农民自建低层住宅的建筑活动，不适用本法。"这是因为，这几类工程有其特殊性，应当从实际出发，不需要办理施工许可证。

3）不重复办理施工许可证的建设工程。为避免同一建设工程的开工由不同行政主管部门重复审批的现象，《建筑法》规定，按照国务院规定的权限和程序批准开工报告的建筑工程，不再领取施工许可证。这有两层含义：一是实行开工报告批准制度的建设工程，必须符合国务院的规定，其他任何部门的规定都无效；二是开工报告与施工许可证不需要重复办理。

4）另行规定的建设工程。《建筑法》规定："军用房屋建筑工程建筑活动的具体管理办法，由国务院、中央军事委员会依据本法制定。"

据此，军用房屋建筑工程是否实行施工许可，由国务院、中央军事委员会另行规定。

（2）实行开工报告制度的建设工程。开工报告制度是我国沿用已久的一种建设项目开工管理制度。1979年，原国家计划委员会、国家基本建设委员会在《关于做好基本建设前期工作的通知》中规定了这项制度。1984年原国家计划委员会发布的《关于简化基本建设项目审批手续的通知》中将其简化。1988年以后，又恢复了开工报告制度。开工报告审查的内容主要包括：

1）资金到位情况。

2）投资项目市场预测。

3）设计图是否满足施工要求。

4）现场条件是否具备"三通一平"等的要求。

1995年发布的《国务院关于严格限制新开工项目，加强固定资产投资资金源头控制的通知》《国务院关于严格控制高档房地产开发项目的通知》中，均提到了开工报告申报制度。

需要说明的是，国务院规定的开工报告制度，不同于建设监理中的开工报告工作。根据《建设工程监理规范》的规定，承包商即施工单位在工程开工前应按合同约定向监理工程师提交开工报告，经总监理工程师审定通过后，即可开工。虽然在字面上都是"开工报告"，但二者之间有着诸多不同：

1）性质不同，前者是政府主管部门的一种行政许可制度，后者则是建设监理过程中的监理单位对施工单位开工准备工作的认可。

2）主体不同，前者是建设单位向政府主管部门申报，后者则是施工单位向监理单位提出。

3）内容不同，前者主要是建设单位应具备的开工条件，后者则是施工单位应具备的开工条件。

2. 申请主体和法定批准条件

（1）施工许可证的申请主体。《建筑法》规定，建设单位应当按照国家有关规定向工程所在地县级以上人民政府建设行政主管部门申请领取施工许可证。

这是因为，建设单位（又称业主或项目法人）是建设项目的投资者，如果建设项目是政府投资，则建设单位为该建设项目的管理单位或使用单位。为建设工程开工和施工单位进场做好各项前期准备工作，是建设单位应尽的义务。因此，施工许可证的申请领取，应该是由建设单位负责，而不是施工单位或其他单位。

（2）施工许可证的法定批准条件。《建筑法》规定，申请领取施工许可证，应当具备下列条件：

1）已经办理该建筑工程用地批准手续。

2）在城市规划区的建筑工程，已经取得规划许可证。

3）施工场地已经基本具备施工条件，需要拆迁的，其拆迁进度符合施工要求。

4）已经确定施工企业。

5）有满足施工需要的施工图及技术资料，施工图设计文件已按规定进行了审查。

6）有保证工程质量和安全的具体措施。

7）建设资金已经落实。

8）法律、行政法规规定的其他条件。

（3）已经办理该建筑工程用地批准手续。《土地管理法》规定，任何单位和个人进行建设，需要使用土地的，必须依法申请使用国有土地。依法申请使用的国有土地包括国家所有的土地和国家征收的原属于农民集体所有的土地。经批准的建设项目需要使用国有建设用地的，建设单位应当持法律、行政法规规定的有关文件，向有批准权的县级以上人民政府土地行政主管部门提出建设用地申请，经土地行政主管部门审查，报本级人民政府批准。

办理用地批准手续是建设工程依法取得土地使用权的必经程序，也是建设工程取得施工许可的必要条件。如果没有依法取得土地使用权，就不能批准建设工程开工。

（4）在城市规划区的建筑工程，已经取得规划许可证。在城市规划区，规划许可证包括建设用地规划许可证和建设工程规划许可证。在乡、村庄规划区内进行乡镇企业、乡村公共设施和公益事业建设的，须核发乡村建设规划许可证。

《城乡规划法》规定，在城市、镇规划区内以划拨方式提供国有土地使用权的建设项目，经有关部门批准、核准、备案后，建设单位应当向城市、县人民政府城乡规划主管部门提出建设用地规划许可申请，由城市、县人民政府城乡规划主管部门依据控制性详细规划核定建设用地的位置、面积、允许建设的范围，核发建设用地规划许可证。建设单位在取得建设用地规划许可证后，方可向县级以上地方人民政府土地主管部门申请用地，经县级以上人民政府审批后，由土地主管部门划拨土地。

以出让方式取得国有土地使用权的建设项目，在签订国有土地使用权出让合同后，建设单位应当持建设项目的批准、核准、备案文件和国有土地使用权出让合同，向城市、县人民政府城乡规划主管部门领取建设用地规划许可证。

在城市、镇规划区内进行建筑物、构筑物、道路、管线和其他工程建设的，建设单位或个人应当向城市、县人民政府城乡规划主管部门或者省、自治区、直辖市人民政府确定的镇人民政府申请办理建设工程规划许可证。

建设用地规划许可证的内容一般包括：用地单位、用地项目名称、用地位置、用地性质、用地面积、建设规模、附图及附件等。建设工程规划许可证的内容则一般包括：用地单位，用地项目名称、位置、宗地号以及子项目名称、建筑性质、栋数、层数、结构类型，计容积率面积及各分类面积，附件包括总平面图、各层建筑平面图、各向立面图和剖面图。这两个规划许可证，分别是申请用地和确认有关建设工程符合城市规划要求的法律凭证。所以，只有取得规划许可证后，方可申请办理施工许可。

(5) 施工场地已经基本具备施工条件，需要拆迁的，其拆迁进度符合施工要求。施工场地应该具备的基本施工条件，通常要根据建设工程项目的具体情况决定。例如，已进行场区的施工测量，设置永久性经纬坐标桩、水准基桩和工程测量控制网；搞好“三通一平”或“五通一平”或“七通一平”；施工使用的生产基地和生活基地，包括附属企业、加工厂站、仓库堆场，以及办公、生活、福利用房等；强化安全管理和安全教育，在施工现场要设安全纪律牌、施工公告牌、安全标志牌等。实行监理的建设工程，一般要由监理单位查看后填写“施工场地已具备施工条件的证明”并加盖单位公章确认。

拆迁一般是指房屋拆迁。房屋拆迁要根据城乡规划和国家专项工程的迁建计划以及当地政府的用地文件，拆除和迁移建设用地范围内的房屋及其附属物，并由拆迁人对原房屋及其附属物的所有人或使用人进行补偿和安置。拆迁是一项复杂的综合性工作，必须按照计划和施工进度进行，过早或过迟都会造成损失和浪费。需要先期进行拆迁的，拆迁进度必须能满足建设工程开始施工和连续施工的要求。这也是申办施工许可的基本条件之一。

(6) 已经确定施工企业。建设工程的施工必须由具备相应资质的施工企业来承担。因此，在建设工程开工前，建设单位必须依法通过招标或直接发包的方式确定承包该建设工程的施工企业，并签订建设工程承包合同，明确双方的责任、权利和义务。否则，建设工程的施工将无法进行。

(7) 有满足施工需要的施工图纸及技术资料，施工图设计文件已按规定进行了审查。施工图是实行建设工程的最根本的技术文件，也是在施工过程中保证建设工程质量的重要依据。这就要求设计单位要按工程的施工顺序和施工进度，安排好施工图的配套交付计划，保证满足施工的需要。特别是在开工前，必须有满足施工需要的施工图和技术资料。《建设工程勘察设计管理条例》规定，编制施工图设计文件，应当满足设备材料采购、非标准设备制作和施工的需要，并注明建设工程合理使用年限。此外，我国已建立施工图设计文件的审查制度。施工图设计文件不仅要满足施工需要，还应当按照规定进行审查。《建设工程质量管理条例》规定，施工图设计文件未经审查批准的，不得使用。

技术资料一般包括地形、地质、水文、气象等自然条件资料和主要原材料、燃料来源，水电供应和运输条件等技术经济条件资料。掌握客观、准确、全面的技术资料，是实现建设工程质量和安全的重要保证。在建设工程开工前，必须有能够满足施工需要的技术资料。

(8) 有保证工程质量和安全的具体措施。工程质量和安全是工程建设的永恒主题。

《建设工程质量管理条例》规定，建设单位在领取施工许可证或者开工报告前，应当按照国家有关规定办理工程质量监督手续。《建设工程安全生产管理条例》规定，建设单位在申请领取施工许可证时，应当提供建设工程有关安全施工措施的资料。建设行政主管部门在审核发放施工许可证时，应当对建设工程是否有安全施工措施进行审查，对没有安全施工措施的，不得颁发施工许可证。

据此，《建筑工程施工许可管理办法》中对“有保证工程质量和安全的具体措施”作了进一步的规定，施工企业编制的施工组织设计中有根据建筑工程特点制定的相应质量、安全技术措施，专业性较强的工程项目编制了专项质量、安全施工组织设计，并按照规定办理了工程质量、安全监督手续。

施工组织设计的编制是施工准备工作的中心环节，其编制的好坏直接影响建设工程质量和安全生产，影响组织施工能否顺利进行。因此，施工组织设计须在开工前编制完成。施工组织设计的重要内容就是要有保证建设工程质量和安全的具体措施。施工组织设计由施工企业负责编制，并按照其隶属关系及建设工程的性质、规模、技术简繁等进行审批。

（9）建设资金已经落实。建设资金的落实是建设工程开工后能否顺利实施的关键。这些年来，某些地方和建设单位无视国家有关规定和自身经济实力，在建设资金不落实或资金不足的情况下，盲目上建设项目，强行要求施工企业垫资承包或施工，转嫁投资缺口，造成拖欠工程款的问题难以杜绝，不仅加重了施工企业的生产经营困难，影响了工程建设的正常进行，也扰乱了建设市场的秩序。许多“烂尾楼”工程等都是建设资金不到位的结果。因此，在建设工程开工前，建设资金必须足额落实。

《建筑工程施工许可管理办法》明确规定，建设工期不足 1 年的，到位资金原则上不得少于工程合同价的 50%，建设工期超过 1 年的，到位资金原则上不得少于工程合同价的 30%。建设单位应当提供银行出具的到位资金证明，有条件的可以实行银行付款保函或者其他第三方担保。

（10）法律、行政法规规定的其他条件。由于施工活动本身很复杂，各类工程的施工方法、建设要求等也不同，申请领取施工许可证的条件很难在一部法律中采用列举的方式全部涵盖。而且，国家对建设活动的管理还在不断完善，施工许可证的申领条件也会发生变化。所以，《建筑法》为今后法律、行政法规可能规定的施工许可证申领条件作了特别规定。需要说明的是，只有全国人民代表大会及其常务委员会制定的法律和国务院制定的行政法规，才有权增加施工许可证新的申领条件，其他如部门规章、地方性法规、地方规章等都不得规定增加施工许可证的申领条件。目前，已增加的施工许可证申领条件主要是监理和消防设计审核。按照《建筑法》的规定，国务院可以规定实行强制监理的建筑工程的范围。为此，《建设工程质量管理条例》明确规定，下列建设工程必须实行监理：

1）国家重点建设工程。

2）大中型公用事业工程。

3）成片开发建设的住宅小区工程。

4）利用外国政府或者国际组织贷款、援助资金的工程。

5）国家规定必须实行监理的其他工程。

据此，《建筑工程施工许可管理办法》在申请领取施工许可证应当具备的条件中增加了一项规定，“按照规定应该委托监理的工程已委托监理”。

《中华人民共和国消防法》（以下简称《消防法》）规定，依法应当经公安机关消防机构进行消防设计审核的建设工程，未经依法审核或者审核不合格的，负责审批该工程施工许可的部门不得给予施工许可，建设单位、施工单位不得施工；其他建设工程取得施工许可后经依法抽查不合格的，应当停止施工。

需要注意的是，上述 8 个方面的法定条件必须同时具备，缺一不可。建设行政主管部门应当自收到申请之日起15日内，对符合条件的申请颁发施工许可证。此外，《建筑工程施工许可管理办法》还规定，必须申请领取施工许可证的建筑工程未取得施工许可证的，一律不得开工。任何单位和个人不得将应该申请领取施工许可证的工程项目分解为若干限额以下的工程项目，规避申请领取施工许可证。

3. 延期开工、核验和重新办理批准的规定

（1）申请延期的规定。《建筑法》规定，建设单位应当自领取施工许可证之日起3个月内开工。因故不能按期开工的，应当向发证机关申请延期；延期以两次为限，每次不超过3个月。既不开工又不申请延期或者超过延期时限的，施工许可证自行废止。

对于施工许可证的有效期限和申请延期作出法律规定是非常必要的。因为，政府主管部门依法颁发施工许可证，是国家对工程建设活动进行调控的一种重要手段，建设单位必须在施工许可证的有效期限内开工，不得无故拖延。但是，由于施工活动不同于一般的生产活动，其受气候、经济、环境等因素的制约较大，根据客观条件的变化，允许适当延期还是必要的。对于延期要有限制，建设单位因故不能按期开工的，应当向发证机关申请延期并说明理由，发证机关认定有合理理由可以批准其延期开工，但延期以两次为限，每次不超过3个月，如果建设单位既不开工又不申请延期或者超过延期时限的，施工许可证将自行废止。

（2）核验施工许可证的规定。《建筑法》规定，在建的建筑工程因故中止施工的，建设单位应当自中止施工之日起一个月内，向发证机关报告，并按照规定做好建筑工程的维护管理工作。建筑工程恢复施工时，应当向发证机关报告；中止施工满一年的工程恢复施工前，建设单位应当报发证机关核验施工许可证。

所谓中止施工，是指建设工程开工后，在施工过程中因特殊情况的发生而中途停止施工的一种行为。中止施工目的原因很复杂，如地震、洪水等不可抗力，以及宏观调控压缩基建规模、停建缓建建设工程等。

对于因故中止施工的，建设单位应当按照规定的时限向发证机关报告，并按照规定做好建设工程的维护管理工作，以防止建设工程在中止施工期间遭受不必要的损失，保证在恢复施工时可以尽快启动。例如，建设单位与施工单位应当确定合理的停工部位，并协商提出善后处理的具体方案，明确双方的职责、权利和义务；建设单位应当派专人负责，定期检查中止施工工程的质量状况，发现问题及时解决；建设单位要与施工单位共同做好中止施工的工地现场安全、防火、防盗、维护等工作，防止因工地脚手架、施工铁架、外墙、挡板等腐烂、断裂、坠落、倒塌等导致发生人身安全事故，并保管好工程技术档案资料。

在恢复施工时，建设单位应向发证机关报告恢复施工的有关情况。中止施工满一年的，在建设工程恢复施工前，建设单位还应当报发证机关核验施工许可证，看是否仍具备组织施工的条件，经核验符合条件的，应允许恢复施工，施工许可证继续有效；经核验不符合条件的，应当收回其施工许可证，不允许恢复施工，待条件具备后，由建设单位重新申领施工许可证。

（3）重新办理批准手续的规定。对于实行开工报告制度的建设工程，《建筑法》规定，按照国务院有关规定批准开工报告的建筑工程，因故不能按期开工或者中止施工的，应当及时向批准机关报告情况。因故不能按期开工超过6个月时，应当重新办理开工报告的批准手续。

按照国务院有关规定批准开工报告的建筑工程，一般都属于大中型建设项目。对于这类工程因故不能按期开工或者中止施工的，在审查和管理上更应该严格。

4. 违法行为应承担的法律责任

办理施工许可证或开工报告违法行为应承担的主要法律责任如下：

（1）未经许可擅自开工应承担的法律责任。《建筑法》规定：“违反本法规定，未取得施工许可证或者开工报告未经批准擅自施工的，责令改正，对不符合开工条件的责令停止施工，可以处以罚款。”

《建设工程质量管理条例》规定，建设单位未取得施工许可证或者开工报告未经批准，擅自施工的，责令停止施工，限期改正，处工程合同价款 1% 以上 2% 以下的罚款。

（2）规避办理施工许可证应承担的法律责任。《建筑工程施工许可管理办法》规定，对于未取得施工许可证或者为规避办理施工许可证将工程项目分解后擅自施工的，由有管辖权的发证机关责令改正，对于不符合开工条件的，责令停止施工，并对建设单位和施工单位分别处以罚款。

（3）骗取和伪造施工许可证应承担的法律责任。《建筑工程施工许可管理办法》规定，对于采用虚假证明文件骗取施工许可证的，由原发证机关收回施工许可证，责令停止施工，并对责任单位处以罚款；构成犯罪的，依法追究刑事责任。

对于伪造施工许可证的，该施工许可证无效，由发证机关责令停止施工，并对责任单位处以罚款；构成犯罪的，依法追究刑事责任。对于涂改施工许可证的，由原发证机关责令改正，并对责任单位处以罚款；构成犯罪的，依法追究刑事责任。

（4）对违法行为的罚款额度。《建筑工程施工许可管理办法》规定：“本办法中的罚款，法律、法规有幅度规定的从其规定。无幅度规定的，有违法所得的处 5000 元以上 30000 元以下的罚款，没有违法所得的处 5000 元以上 10000 元以下的罚款。”

3.1.2　从业单位资质许可

《建筑法》规定，从事建筑活动的建筑施工企业、勘察单位、设计单位和工程监理单位，应当具备下列条件：①有符合国家规定的注册资本；②有与其从事的建筑活动相适应的具有法定执业资格的专业技术人员；③有从事相关建筑活动所应有的技术装备；④法律、行政法规规定的其他条件。《建筑法》还规定：“本法关于施工许可、建筑施工企业资质审查和建筑工程发包、承包、禁止转包，以及建筑工程监理、建筑工程安全和质量管理的规定，适用于其他专业建筑工程的建筑活动，具体办法由国务院规定。”

《建设工程质量管理条例》进一步规定，施工单位应当依法取得相应等级的资质证书，并在其资质等级许可的范围内承揽工程。该条例所称建设工程，是指土木工程、建筑工程、线路管道和设备安装工程及装修工程。

1. 企业资质的法定条件和等级

工程建设活动不同于一般的经济活动，其从业单位所具备条件的高低直接影响到建设工程质量和安全生产。因此，从事工程建设活动的单位必须符合相应的资质条件。

（1）施工企业资质的法定条件。根据《建筑法》《行政许可法》《建设工程质量管理条例》《建设工程安全生产管理条例》等法律、行政法规，2007 年原建设部（现为住房和城乡建设部）颁布的《建筑业企业资质管理规定》中规定，建筑业企业应当按照其拥有的注册资本、专业技术人员、技术装备和已完成的建筑工程业绩等条件申请资质，经审查合格，取得建筑业企业资质证书后，方可在资质许可的范围内从事建筑施工活动。

1）有符合规定的注册资本。注册资本反映的是企业法人的财产权，也是判断企业经济实力的依据之一。所有从事工程建设施工活动的企业组织，都必须具备基本的责任承担能力，能够担负与其承包施工工程相适应的财产义务，这既是法律上权利与义务相一致、利益与风险相一致原则的体现，也是维护债权人利益的需要。因此，施工企业的注册资本必须能够适应从事施工活动的需要，不得低于最低限额。

以房屋建筑工程施工总承包企业为例，按照《建筑业企业资质等级标准》《施工总承包企业特级资质标准》的规定：特级企业的注册资本金 3 亿元以上，企业净资产 3.6 亿元以上；一级企业注册资本金 5000 万元以上，企业净资产 6000 万元以上；二级企业注册资本金 2000 万元以上，企业净资产 2500 万元以上：三级企业注册资本金 600 万元以上，企业净资产 700 万元以上。

2）有符合规定的专业技术人员。工程建设施工活动是一种专业性、技术性很强的活动。因此，从事工程建设施工活动的企业必须拥有足够的专业技术人员，其中一些专业技术人员还须有通过考试和注册取得的法定执业资格。

以房屋建筑工程施工总承包企业为例，按照《建筑业企业资质等级标准》《施工总承包企业特级资质标准》的规定：

① 特级企业的企业经理要具有 10 年以上从事工程管理工作经历；技术负责人具有 15 年以上从事工程技术管理工作经历，且具有工程序列高级职称及一级注册建造师或注册工程师执业资格，主持完成过两项及以上施工总承包一级资质要求的代表工程的技术工作或甲级设计资质要求的代表工程或合同额包项目；财务负责人具有高级会计师职称及注册会计师资格。企业具有注册一级建造师（一级项目经理）50 人以上。企业具有本类别相关的行业工程设计甲级资质标准要求的专业技术人员。

② 一级企业的企业经理具有 10 年以上从事工程管理工作经历或具有高级职称；总工程师具有 10 年以上从事建筑施工技术管理工作经历并具有本专业高级职称；总会计师具有高级会计职称；总经济师具有高级职称。企业有职称的工程技术和经济管理人员不少于 300 人，其中工程技术人员不少于 200 人；工程技术人员中，具有高级职称的人员不少于 10 人，具有中级职称的人员不少于 60 人。企业具有的一级资质项目经理不少于 12 人。

③ 二级企业的企业经理具有 8 年以上从事工程管理工作经历或具有中级以上职称；技术负责人具有 8 年以上从事建筑施工技术管理工作经历并具有本专业高级职称；财务负责人具有中级以上会计职称。企业有职称的工程技术和经济管理人员不少于 150 人，其中工程技术人员不少于 100 人；工程技术人员中，具有高级职称的人员不少于 2 人，具有中级职称的人员不少于 20 人。企业具有的二级资质以上项目经理不少于 12 人。

④ 三级企业的企业经理具有 5 年以上从事工程管理工作经历；技术负责人具有 5 年以上从事建筑施工技术管理工作经历并具有本专业中级以上职称；财务负责人具有初级以上会计职称。企业有职称的工程技术和经济管理人员不少于 50 人，其中工程技术人员不少于 30 人；工程技术人员中，具有中级以上职称的人员不少于 10 人。企业具有的三级资质以上项目经理不少于 10 人。

3）有符合规定的技术装备。随着工程建设机械化程度的不断提高，大跨度、超高层、结构复杂的建设工程越来越多，如果没有相应的技术装备将无法从事建设工程的施工活动。

因此，施工单位必须拥有与其从事施工活动相适应的技术装备。当然，随着我国机械租赁市场的发展，许多大中型机械设备都可以采用租赁的方式取得，这有利于提高机械设备的使用率，降低施工成本。目前的企业资质标准对技术装备的要求并不多，特别是特级企业更多的是衡量科技进步水平。

以房屋建筑工程施工总承包企业为例，按照《建筑业企业资质等级标准》《施工总承包企业特级资质标准》的规定，对一、二、三级企业的要求均为企业应具有与承包工程范围相适应的施工机械和质量检测设备。但是，对于特级企业则要求其科技进步水平应当达到：企业具有省部级（或相当于省部级水平）及以上的企业技术中心。企业近 3 年科技活动经费支出平均达到营业额的 0.5% 以上。企业具有国家级工法 3 项以上；近 5 年具有与工程建设相关的，能够推动企业技术进步的专利 3 项以上，累计有效专利 8 项以上，其中至少有 1 项发明专利。企业近 10 年获得过国家级科技进步奖项或主编过工程建设国家或行业标准。企业已建立内部局域网或管理信息平台，实现了内部办公、信息发布、数据交换的网络化；已建立并开通了企业外部网站；使用了综合项目管理信息系统和人事管理系统、工程设计相关软件，实现了档案管理和设计文档管理。

4）有符合规定的已完成工程业绩。工程建设施工活动是一项重要的实践活动。有无承担过相应工程的经验及其业绩好坏，是衡量其实际能力和水平的一项重要标准。仍以房屋建筑工程施工总承包企业为例，按照《建筑业企业资质等级标准》《施工总承包企业特级资质标准》的规定：

① 特级企业近 5 年应承担过下列 5 项工程总承包或施工总承包项目中的 3 项，工程质量合格：高度 100m 以上的建筑物；28 层以上的房屋建筑工程；单体建筑面积 5 万 m^2 以上房屋建筑工程；钢筋混凝土结构单跨 30m 以上的建筑工程或钢结构单跨 36m 以上房屋建筑工程；单项建安合同额 2 亿元以上的房屋建筑工程。

② 一级企业近 5 年承担过下列 6 项中的 4 项以上工程的施工总承包或主体工程承包，工程质量合格：25 层以上的房屋建筑工程；高度 100m 以上的构筑物或建筑物；单体建筑面积 3 万 m^2 以上的房屋建筑工程；单跨跨度 30m 以上的房屋建筑工程；建筑面积 10 万 m^2 以上的住宅小区或建筑群体；单项建安合同额 1 亿元以上的房屋建筑工程。

③ 二级企业近 5 年承担过下列 6 项中的 4 项以上工程的施工总承包或主体工程承包，工程质量合格：12 层以上的房屋建筑工程；高度 50m 以上的构筑物或建筑物；单体建筑面积 1 万 m^2 以上的房屋建筑工程；单跨跨度 21m 以上的房屋建筑工程；建筑面积 5 万 m^2 以上的住宅小区或建筑群体；单项建安合同额 3 000 万元以上的房屋建筑工程。

④ 三级企业近 5 年承担过下列 5 项中的 3 项以上工程的施工总承包或主体工程承包，工程质量合格；6 层以上的房屋建筑工程；高度 25m 以上的构筑物或建筑物；单体建筑面积 5000m^2 以上的房屋建筑工程；单跨跨度 15m 以上的房屋建筑工程；单项建安合同额 500 万元以上的房屋建筑工程。

（2）施工企业的资质序列、类别和等级

1）施工企业的资质序列。《建筑业企业资质管理规定》中规定，建筑业企业资质分为施工总承包、专业承包和劳务分包三个序列。

取得施工总承包资质的企业（简称施工总承包企业），可以承接施工总承包工程。施工总承包企业可以对所承接的施工总承包工程内各专业工程全部进行施工，也可以将专业工程或劳务作业依法分包给具有相应资质的专业承包企业或劳务分包企业。

取得专业承包资质的企业（简称专业承包企业），可以承接施工总承包企业分包的专业工程和建设单位依法发包的专业工程。专业承包企业可以对所承接的专业工程全部自行施工，也可以将劳务作业依法分包给具有相应资质的劳务分包企业。

取得劳务分包资质的企业（简称劳务分包企业），可以承接施工总承包企业或专业承包企业分包的劳务作业。

2）施工企业的资质类别和等级。施工总承包、专业承包、劳务分包三个资质序列，分别按照工程性质和技术特点划分为若干资质类别；各资质类别又按照规定的条件划分为若干资质等级。根据《建筑业企业资质等级标准》的规定：

① 施工总承包企业资质序列，划分为房屋建筑工程、公路工程、铁路工程、港口与航道工程、水利水电工程、电力工程、矿山工程、冶炼工程、化工石油工程、市政公用工程、通信工程、机电安装工程等 12 个资质类别；每个资质类别划分 3 ~ 4 个资质等级，即特级、一级、二级或特级、一级 ~ 三级。

② 专业承包企业资质序列，划分为地基与基础工程、土石方工程、建筑装修装饰工程、建筑幕墙工程、预拌商品混凝土、园林建筑工程、钢结构工程、高耸构筑物、电梯安装工程、消防设施工程、建筑防水工程、防腐保温工程、附着升降脚手加架、金属门窗工程、预应力工程、起重设备安装工程、机电设备安装工程、爆破与拆除工程、建筑智能化工程、环保工程、电信工程、电子工程、桥梁工程、隧道工程、公路路面工程、公路路基工程、公路交通工程、铁路电务工程、铁路铺轨架梁工程、铁路电气化工程、机场场道工程、机场空管工程及航站楼弱电系统工程、机场目视助航工程、港口与海岸工程、港口装卸设备安装、航道、通航建筑、通航设备安装、水上交通管制、水工建筑物基础处理、水工金属结构制作与安装、水利水电机电设备安装、河湖整治工程、堤防工程、水利大坝、水利隧洞、火电设备安装、送变电工程、核工业、炉窑、冶炼机电设备安装、化工、石油设备管道安装、管道工程、无损检测工程、海洋石油，城市轨道交通、城市及道路照明、体育场地设施、特种专业（建筑物纠偏和平移、结构补强、特殊设备的起吊、特种防雷技术等）共 60 个资质类别；每个资质类别分为 1 至 3 个资质等级或者不分等级。

③ 劳务分包企业资质序列，划分为木工作业、砌筑作业、抹灰作业、石制作、油漆作业、钢筋作业、混凝土作业、脚手架作业、模板作业、焊接作业、水暖电安装、钣金作业、架线作业等 13 个资质类别；每个资质类别分为一级、二级两个资质等级或者不分等级。

（3）施工企业的资质许可。我国对建筑业企业的资质管理，实行分级实施与有关部门相配合的管理模式。

1）施工企业资质管理体制。《建筑业企业资质管理规定》中规定，国务院建设主管部门负责全国建筑业企业资质的统一监督管理。国务院铁路、交通、水利、信息产业、民航等有关部门配合国务院建设主管部门实施相关资质类别建筑业企业资质的管理工作。

省、自治区、直辖市人民政府建设主管部门负责本行政区域内建筑业企业资质的统一监督管理。省、自治区、直辖市人民政府交通、水利、信息产业等有关部门配合同级建设主管部门实施本行政区域内相关资质类别建筑业企业资质的管理工作。

建筑业企业违法从事建筑活动的，违法行为发生地的县级以上地方人民政府建设主管部门或者其他有关部门应当依法查处，并将违法事实、处理结果或处理建议及时告知该建筑业企业的资质许可机关。

2）施工企业资质的许可权限。国务院建设主管部门负责实施下列建筑业企业资质的许可：①施工总承包序列特级资质、一级资质；②国务院国有资产管理部门直接监管的企业及其下属一层级的企业的施工总承包二级资质、三级资质；③水利、交通、信息产业方面的专业承包序列一级资质；④铁路、民航方面的专业承包序列一级、二级资质；⑤公路交通工程专业不分等级资质、城市轨道交通专业承包不分等级资质。申请以上所列资质的，应当向企业工商注册所在地省、自治区、直辖市人民政府建设主管部门提出申请。其中，国务院国有资产管理部门直接监管的企业及其下属一层级的企业，应当由国务院国有资产管理部门直接监管的企业向国务院建设主管部门提出申请。

省、自治区、直辖市人民政府建设主管部门应当自受理申请之日起 20 日内初审完毕并将初审意见和申请材料报国务院建设主管部门。

国务院建设主管部门应当自省、自治区、直辖市人民政府建设主管部门受理申请材料之日起 60 日内完成审查，公示审查意见，公示时间为 10 日。其中，涉及铁路、交通、水利、信息产业、民航等方面的建筑业企业资质，由国务院建设主管部门送国务院有关部门审核，国务院有关部门在 20 日内审核完毕，并将审核意见送国务院建设主管部门。

企业工商注册所在地的省、自治区、直辖市人民政府建设主管部门负责实施下列建筑业企业资质的许可：①施工总承包序列二级资质（不含国务院国有资产管理部门直接监管的企业及其下属一层级的企业的施工总承包序列二级资质）；②专业承包序列一级资质（不含铁路、交通、水利、信息产业、民航方面的专业承包序列一级资质）；③专业承包序列二级资质（不含民航、铁路方面的专业承包序列二级资质）；④专业承包序列不分等级资质（不含公路交通工程专业承包序列和城市轨道交通专业承包序列的不分等级资质）。

省、自治区、直辖市人民政府建设主管部门应当自作出决定之日起 30 日内，将准予资质许可的决定报国务院建设主管部门备案。

企业工商注册所在地设区的市人民政府建设主管部门负责实施下列建筑业企业的资质许可：①施工总承包序列三级资质（不含国务院国有资产管理部门直接监管的企业及其下属一层级的企业的施工总承包三级资质）；②专业承包序列三级资质；③劳务分包序列资质；④燃气燃烧器具安装、维修企业资质。

企业工商注册所在地设区的市人民政府建设主管部门应当自作出决定之日起 30 日内，将准予资质许可的决定通过省、自治区、直辖市人民政府建设主管部门，报国务院建设主管部门备案。

（4）施工企业资质证书的申请、延续和变更

1）企业资质的申请。《建筑业企业资质管理规定》中规定，建筑业企业可以申请一项或多项建筑业企业资质；申请多项建筑业企业资质的，应当选择等级最高的一项资质为企业主质。

首次申请或者增项申请建筑业企业资质，应当提交以下材料：①建筑业企业资质申请表及相应的电子文档；②企业法人营业执照副本；③企业章程；④企业负责人和技术、财务负责人的身份证明、职称证书、任职文件及相关资质标准要求提供的材料；⑤建筑业企业资质申请表中所列注册执业人员的身份证明，注册执业证书；⑥建筑业企业资质标准要求的非注册的专业技术人员的职称证书、身份证明及养老保险凭证；⑦部分资质标准要求企业必须具

备的特殊专业技术人员的职称证书、身份证明及养老保险凭证；⑧建筑业企业资质标准要求的企业设备、厂房的相应证明；⑨建筑业企业安全生产条件有关材料；⑩资质标准要求的其他有关材料。

企业首次申请、增项申请建筑业企业资质，不考核企业工程业绩，其资质等级按照最低资质等级核定。已取得工程设计资质的企业首次申请同类别或相近类别的建筑业企业资质的，可以将相应规模的工程总承包业绩作为工程业绩予以申报，但申请资质等级最高不超过其现有工程设计资质等级。

2）企业资质证书的延续。建筑业企业资质证书有效期为5年。资质有效期届满，企业需要延续资质证书有效期的，应当在资质证书有效期届满60日前，申请办理资质延续手续。对在资质有效期内遵守有关法律、法规、规章、技术标准，信用档案中无不良行为记录，且注册资本、专业技术人员满足资质标准要求的企业，经资质许可机关同意，有效期延续5年。

3）企业资质证书的变更。建筑业企业在资质证书有效期内名称、地址、注册资本、法定代表人等发生变更的，应当在工商部门办理变更手续后30日内办理资质证、变更手续。

由国务院建设主管部门颁发的建筑业企业资质证书，涉及企业名称变更的，应当向企业工商注册所在地省、自治区、直辖市人民政府建设主管部门提出变更申请，省、自治区、直辖市人民政府建设主管部门应当自受理申请之日起2日内将有关变更证明材料报国务院建设主管部门，由国务院建设主管部门在2日内办理变更手续。

上述规定以外的资质证书变更手续，由企业工商注册所在地的省、自治区、直辖市人民政府建设主管部门或者设区的市人民政府建设主管部门负责办理。

企业申请资质证书变更，应当提交以下材料：①资质证书变更申请；②企业法人营业执照复印件；③建筑业企业资质证书正、副本原件；④与资质变更事项有关的证明材料。企业改制的，除提供以上资料外，还应当提供改制重组方案，上级资产管理部门或者股东大会的批准决定、企业职工代表大会同意改制重组的决议。

企业合并的，合并后存续或者新设立的建筑业企业可以承继合并前各方中较高的资质等级，但应当符合相应的资质等级条件。

企业分立的，分立后企业的资质等级，根据实际达到的资质条件，按照《建筑业企业资质管理规定》规定的审批程序核定。

企业改制的，改制后不再符合资质标准的，应按其实际达到的资质标准及《建筑业企业资质管理规定》申请重新核定；资质条件不发生变化的，按照《建筑业企业资质管理规定》关于申请资质证书变更的程序办理。

4）不予批准企业资质升级申请和增项申请的规定。取得建筑业企业资质的企业，申请资质升级、资质增项，在申请之日起前1年内有下列情形之一的，资质许可机关不予批准企业的资质升级申请和增项申请：①超越本企业资质等级或以其他企业的名义承揽工程，或允许其他企业或个人以本企业的名义承揽工程的；②与建设单位或企业之间相互串通投标，或以行贿等不正当手段谋取中标的；③未取得施工许可证施工的；④将承包的工程转包或违法分包的；⑤违反国家工程建设强制性标准的；⑥发生过较大生产安全事故或者发生过两起以上一般生产安全事故的；⑦恶意拖欠分包企业工程款或者农民工工资的；⑧隐瞒或谎报、拖延报告工程质量安全事故或破坏事故现场、阻碍对事故调查的；⑨按照国家法律、法规和标准规定需要持证上岗的技术工种的作业人员未取得证书上岗，情节严重的；⑩未依法履行工程质量保修义务或拖延履行保修义务，造成严重后果的；⑪涂改、倒卖、出租、出借或者以其他形式非法转让建筑业企业资质证书的；⑫其他违反法律、法规的行为。

5）企业资质证书的撤回、撤销和注销。企业取得建筑业企业资质后不再符合相应资质条件的，建设主管部门、其他有关部门根据利害关系人的请求或者依据职权，可以责令其限期改正；逾期不改的，资质许可机关可以撤回其资质。被撤回建筑业企业资质的企业，可以申请资质许可机关按照其实际达到的资质标准，重新核定资质。

有下列情形之一的，资质许可机关或者其上级机关，根据利害关系人的请求或者依据职权，可以撤销建筑业企业资质：①资质许可机关工作人员滥用职权、玩忽职守作出准予建筑业企业资质许可的；②超越法定职权作出准予建筑业企业资质许可的；③违反法定程序作出准予建筑业企业资质许可的；④对不符合许可条件的申请人作出准予建筑业企业资质许可的；⑤依法可以撤销资质证书的其他情形。以欺骗、贿赂等不正当手段取得建筑业企业资质证书的，应当予以撤销。

有下列情形之一的，资质许可机关应当依法注销建筑业企业资质，并公告其资质证书作废，建筑业企业应当及时将资质证书交回资质许可机关：①资质证书有效期届满，未依法申请延续的；②建筑业企业依法终止的；③建筑业企业资质依法被撤销、撤回或吊销的；④法律、法规规定的应当注销资质的其他情形。

（5）外商投资建筑业企业的规定。外商投资建筑业企业是指根据中国法律、法规的规定，在中华人民共和国境内投资设立的外资建筑业企业、中外合资经营建筑业企业以及中外合作经营建筑业企业。

2002 年，原建设部、对外贸易经济合作部在《外商投资建筑业企业管理规定》中规定，在中华人民共和国境内设立外商投资建筑业企业，申请建筑业企业资质，并从事建筑活动，应当依法取得对外贸易经济行政主管部门颁发的外商投资企业批准证书，在国家工商行政管理总局或者其授权的地方工商行政管理局注册登记，并取得建设行政主管部门颁发的建筑业企业资质证书。

1）外商投资建筑业企业设立与资质的审批权限。外商投资建筑业企业设立与资质的申请和审批，实行分级、分类管理。申请设立施工总承包序列特级和一级、专业承包序列一级资质外商投资建筑业企业的，其设立由国务院对外贸易经济行政主管部门审批，其资质由国务院建设行政主管部门审批。

申请设立施工总承包序列和专业承包序列二级及二级以下、劳务分包序列资质的，其设立由省、自治区、直辖市人民政府对外贸易经济行政主管部门审批，其资质由省、自治区、直辖市人民政府建设行政主管部门审批。

中外合资经营建筑业企业、中外合作经营建筑业企业的中方投资者为中央管理企业的，其设立由国务院对外贸易经济行政主管部门审批，其资质由国务院建设行政主管部门审批。

外商投资建筑业企业申请晋升资质等级或者增加主项以外资质的，应当依照有关规定到建设行政主管部门办理相关手续。

2）申请设立外商投资建筑业企业应当提交的资料。申请设立外商投资建筑业企业应当向对外贸易经济行政主管部门提交下列资料：①投资方法定代表人签署的外商投资建筑业企业设立申请书；②投资方编制或者认可的可行性研究报告；③投资方法定代表人签署的外商投资建筑业企业合同和章程，其中，设立外资建筑业企业的只需提供章程；④企业名称预先核准通知书；⑤投资方法人登记注册证明、投资方银行资信证明；⑥投资方拟派出的董事长、董事会成员、经理、工程技术负责人等任职文件及证明文件；⑦经注册会计师或者会计事务所审计的投资方最近3年的资产负债表和损益表。

申请外商投资建筑业企业资质应当向建设行政主管部门提交下列资料：①外商投资建筑业企业资质申请表；②外商投资企业批准证书；③企业法人营业执照；④投资方的银行资信证明；⑤投资方拟派出的董事长、董事会成员、企业财务负责人、经营负责人、工程技术负责人等任职文件及证明文件；⑥经注册会计师或者会计师事务所审计的投资方最近3年的资产负债表和损益表；⑦建筑业企业资质管理规定要求提交的资料。

中外合资经营建筑业企业、中外合作经营建筑业企业中方合营者的出资总额不得低于注册资本的25%。

3）外商投资建筑业企业的工程承包范围。外资建筑业企业只允许在其资质等级许可的范围内承包下列工程：①全部由外国投资、外国赠款、外国投资及赠款建设的工程；②由国际金融机构资助并通过，根据贷款条款进行的国际招标授予的建设项目；③外资等于或者超50%的中外联建设项目，以及外资少于50%，但因技术困难而不能由中国建筑企业独立实施，经省、自治区、直辖市人民政府建设行政主管部门批准的中外联合建设项目；④由中国投资，但因技术困难而不能由中国建筑企业独立实施的建设项目，经省、自治区、直辖市人民政府建设行政主管部门批准，可以由中外建筑企业联合承揽。

中外合资经营建筑业企业、中外合作经营建筑业企业应当在其资质等级许可的范围内承包工程。

香港特别行政区、澳门特别行政区和台湾地区投资者在其他省、自治区、直辖市投资设立建筑业企业，从事建筑活动的，参照《外商投资建筑业企业管理规定》规定执行。法律、法规、国务院另有规定的除外。

4）外商投资建筑业企业的监督管理。外商投资建筑业企业的资质等级标准执行国务院建设行政主管部门颁发的建筑业企业资质等级标准。

承揽施工总承包工程的外商投资建筑业企业，建筑工程主体结构的施工必须由其自行完成。外商投资建筑业企业与其他建筑业企业联合承包，应当按照资质等级低的企业的业务许可范围承包工程。

外商投资建筑业企业从事建筑活动，违反《建筑法》《招标投标法》《建设工程质量管理条例》《建筑业企业资质管理规定》等有关法律、法规、规章的，依照有关规定处罚。

2. 禁止无资质或越级承揽工程的规定

施工单位的资质等级，是施工单位人员素质、资金数量、技术装备、管理水平工程业绩等综合能力的体现，反映了该施工单位从事某项施工活动的资格和能力，是国家对建设市场准入管理的重要手段。为此，我国的法律规定施工单位除应具备企业法人营业执照外，还应取得相应的资质证书，并严格在其资质等级许可的经营范围内从事施工活动。

（1）禁止无资质承揽工程。《建筑法》规定，承包建筑工程的单位应当持有依法取得的资质证书，并在其资质等级许可的范务范围内承揽工程。

《建设工程质量管理条例》也规定，施工单位应当依法取得相应等级的资质证书，并在其资质等级许可的范围内承揽工程。《建设工程安全生产管理条例》进一步规定，施工单位从事建设工程的新建、扩建、改建和拆除等活动，应当具备国家规定的注册资本、专业技术人员、技术装备和安全生产等条件，依法取得相应等级的资质证书，并在其资质等级许可的范围内承揽工程。

近些年来，随着工程建设法规体系的不断完善和建设市场的整顿规范，可以讲公然以无资质的方式承揽建设工程特别是大中型建设工程的行为已极为罕见，往往是采取比较隐蔽的“挂靠”形式。但是，在专业工程分包或者劳务作业分包中仍存在着无资质承揽工程的现象。例如，无资质承揽专业分包工程，较常见的是一些设备生产或者制作厂家、运输企业或者个人，在没有专业资质证书的情况下，与施工总承包企业或者专业承包企业签订了专业工程施工分包合同，承揽土石方工程（开挖、装卸、运输）、建筑装饰装修工程、建筑防水工程、机电设备安装工程、金属门窗安装工程等。由于总承包企业或者专业承包企业拥有相应的专业工程资质，其可以自行施工，也可以进行分包，从某种角度说，这也为规避监管、违法分包留下了可钻的空子。

无资质承揽劳务分包工程，常见的是作为自然人的“包工头”，带领一部分农民工组成的施工队，与总承包企业或者专业承包企业签订劳务合同，或者是通过层层转包、层层分包“垫底”获签劳务合同。2004 年，原建设部发布的《房屋建筑和市政基础设施工程施工分包管理办法》明确规定，“分包工程承包人必须具有相应的资质，并在其资质等级许可的范围内承揽业务。严禁个人承揽分包工程业务。”但是，目前以“包工头”为主体签订劳务合同的现象依然存在。

需要说明的是，无资质承包主体签订的专业分包合同或者劳务分包合同都是无效合同。但是，当作为无资质的“实际施工人”的利益受到侵害时，其可以向合同相对方（即转包方或违法分包方）主张权利，甚至可以向建设工程项目的发包方主张权利。《最高人民法院关于审理建设工程施工合同纠纷案件适用法律问题的解释》第 26 条规定，“实际施工人以转包人、违法分包人为被告起诉的，人民法院应当依法受理。实际施工人以发包人为被告主张权利的，人民法院可以追加转包人或者违法分包人为本案当事人。发包人只在欠付工程价款范围内对实际施工人承担责任。”这样规定是在依法查处违法承揽工程的同时，也能使实际施工人的合法权益得到保障。

（2）禁止越级承揽工程。《建筑法》和《建设工程质量管理条例》均规定，禁止施工单位超越本单位资质等级许可业务范围承揽工程。

同无资质承揽工程一样，随着法制的不断健全和建设市场秩序的整顿规范，以及市场竞争的加剧，建设单位对施工单位的要求也在不断提高，所以在施工总承包活动中超越资质来揽工程有现象已不多见。但是，在联合共同承包和分包工程活动中依然存在着超越资质等级承揽工程的问题。

1）联合共同承包的有关法律规定。《建筑法》规定，两个以上不同资质等级的单位实行联合共同承包的，应当按照资质等级低的单位的业务许可范围承揽工程。

联合共同承包是国际工程承包的一种通行的做法，一般适用于大型或技术复杂的建设工程项目。采用联合承包的方式，可以优势互补，增加中标机会，并可降低承包风险。但是，施工单位应当在资质等级范围内承包工程，这同样适用于联合共同承包。就是说，联合承包各方都必须具有与其承包工程相符合的资质条件，不能超越资质等级去联合承包。如果几个联合承包方的资质等级不一样，则须以低资质等级的承包方为联合承包方的业务许可范围。

这样的规定，可以有效地避免在实践中以联合承包为借口进行“资质挂靠”的不规范行为。

2）分包工程的有关法律规定。《建筑法》规定，禁止总承包单位将工程分包给不具备相应资质条件的单位。《房屋建筑和市政基础设施工程施工分包管理办法》进一步规定，分包工程承包人必须具有相应的资质，并在其资质等级许可的范围内承揽业务。

在分包工程活动中，较为常见的越级承揽工程的现象，就是采取所谓“扩大劳务分包”的方式，即建设工程承包企业将超越劳务企业资质等级或超越劳务范围的工程分包给劳务企业，并就此双方签订劳务分包合同。

需要注意的是，《建设工程质量管理条例》规定违法分包是指下列行为：总承包单位将建设工程分包给不具备相应资质条件的单位的。《房屋建筑和市政基础设施工程施工分包管理办法》也规定禁止将承包的工程进行违法分包。分包工程发包人将专业工程或者劳务作业分包给不具备相应资质条件的分包工程承包人的，属于违法分包。

3. 禁止以他企业或他企业以本企业名义承揽工程的规定

《建筑法》规定，禁止建筑施工企业超越本企业资质等级许可的业务范围或者以任何形式用其他建筑施工企业的名义承揽工程。禁止建筑施工企业以任何形式允许其他单位或者个人使用本企业的资质证书、营业执照，以本企业的名义承揽工程。《建设工程质量管理条例》也规定，禁止施工单位超越本单位资质等级许可的业务范围或者以其他施工单位的名义承揽工程。禁止施工单位允许其他单位或者个人以本单位的名义承揽工程。

在实践中，为在发承包竞争中争取到建设工程项目，一些施工单位因自身资质条件不符合发包工程所要求的资质条件，往往会采取一些手段骗取发包方的信任，包括借用其他施工单位的资质证书，以其他施工单位的名义承揽建设工程项目。这种做法，一方面是扰乱了建设市场的秩序，另一方面也给建设工程留下了质量隐患。因为，借用他人名义的往往是自身资质等级不高、人员素质较差、管理水平落后的小企业或“包工头”，在拿到工程后还要向出借方交纳一大笔管理费，为了赚钱就只有依靠偷工减料、以次充好等非法手段。这就势必给工程带来隐患。因此，法律明令禁止这种违法行为，不论是借用方还是出借方，都将受到法律的惩处。

此外，在分包工程中还要防止出现以他企业或他企业以本企业名义承揽工程的违法行为。《房屋建筑和市政基础设施工程施工分包管理办法》规定，分包工程发包人没有将其承包的工程进行分包，在施工现场所设项目管理机构的项目负责人、技术负责人、项目核算负责人、质量管理人员、安全管理人员不是工程承包人本单位人员的，视同允许他人以本企业名义承揽工程。

4. 违法行为应承担的法律责任

施工企业资质违法行为应承担的主要法律责任如下：

（1）企业申请办理资质违法行为应承担的法律责任。《建筑法》规定，以欺骗手段取得资质证书的，吊销资质证书，处以罚款；构成犯罪的，依法追究刑事责任。

《建筑业企业资质管理规定》中规定，申请人隐瞒有关情况或者提供虚假材料申请建筑业企业资质的，不予受理或者不予行政许可，并给予警告，申请人在1年内不得再次申请建筑业企业资质。

以欺骗、贿赂等不正当手段取得建筑业企业资质证书的，由县级以上地方人民政府建设主管部门或者有关部门给予警告，并依法处以罚款。申请人3年内不得再次申请建筑业企业资质。

建筑业企业未按照规定及时办理资质证书变更手续的，由县级以上地方人民政府建设主管部门责令限期办理；逾期不办理的，可处以 1 000 元以上 1 万元以下的罚款。

（2）无资质承揽工程应承担的法律责任。《建筑法》规定："发包单位将工程发包给不具有相应资质条件的承包单位的，或者违反本法规定将建筑工程肢解发包的，责令改正，处以罚款。""未取得资质证书承揽工程的，予以取缔，并处罚款；有违法所得的，予以没收。"

《建设工程质量管理条例》进一步规定，建设单位将建设工程发包给不具有相应资质等级的勘察、设计、施工单位或者委托给不具有相应资质等级的工程监理单位的，责令改正，处 50 万元以上 100 万元以下的罚款。

未取得资质证书承揽工程的，予以取缔，对施工单位处工程合同价款 2% 以上 4% 以下的罚款；有违法所得的，予以没收，

《住宅室内装饰装修管理办法》规定："装修人违反本办法规定，将住宅室内装饰装修工程委托给不具有相应资质等级企业的，由城市房地产行政主管部门责令改正，处 500 元以上 1 000 元以下的罚款。

（3）超越资质等级承揽工程应承担的法律责任。《建筑法》规定，超越本单位资质等级承揽工程的，责令停止违法行为，处以罚款，可以责令停业整顿，降低资质等级；情节严重的，吊销资质证书；有违法所得的，予以没收。

《建设工程质量管理条例》进一步规定，勘察、设计、施工、工程监理单位超越本单位资质等级承揽工程的，责令停止违法行为；对施工单位处工程合同价款 2% 以上 4% 以下的罚款；可以责令停业整顿，降低资质等级；情节严重的，吊销资质证书；有违法所得的，予以没收。

《外商投资建筑业企业管理规定》中规定，外资建筑业企业超越资质许可的业务范围承包工程的，处工程合同价款 2% 以上 4% 以下的罚款；可以责令停业整顿，降低资质等级；情节严重的，吊销资质证书；有违法所得的，予以没收。

（4）允许其他单位或者个人以本单位名义承揽工程应承担的法律责任。《建筑法》规定，建筑施工企业转让、出借资质证书或者以其他方式允许他人以本企业的名义承揽工程的，责令改正，没收违法所得，并处罚款．可以责令停业整顿，降低资质等级；情节严重的，吊销资质证书。对因该项承揽工程不符合规定的质量标准造成的损失，建筑施工企业与使用本企业名义的单位或者个人承担连带赔偿责任。

《建设工程质量管理条例》规定，勘察、设计、施工、工程监理单位允许其他单位或者个人以本单位名义承揽工程的，责令改正，没收违法所得；对施工单位处工程合同价款 2% 以上 4% 以下的罚款；可以责令停业整顿，降低资质等级；情节严重的，吊销资质证书。

（5）将建设工程分包给不具备相应资质条件的单位（即违法分包）应承担的法律责任。《建筑法》规定，承包单位将承包的工程转包的，或者违反《建筑法》规定进行分包的，责令改正，没收违法所得，并处罚款，可以责令停业整顿，降低资质等级；情节严重的，吊销资质证书。承包单位有以上规定的违法行为的，对因转包工程或者违法分包的工程不符合规定的质量标准造成的损失，与接受转包或者分包的单位承担连带赔偿责任。

《建设工程质量管理条例》规定，承包单位将承包的工程转包或者违法分包的，责令改

正，没收违法所得；对施工单位处工程合同价款0.5%以上1%以下的罚款；可以责令停业整顿，降低资质等级；情节严重的，吊销资质证书。

《房屋建筑和市政基础设施工程施工分包管理办法》规定，转包、违法分包或者允许他人以本企业名义承揽工程的，按照《建筑法》《招标投标法》和《建设工程质量管理条例》的规定予以处罚；对于接受转包、违法分包和用他人名义承揽工程的，处1万元以上3万元以下的罚款。

（6）以欺骗手段取得资质证书承揽工程应承担的法律责任。《建设工程质量管理条例》规定，以欺骗手段取得资质证书承揽工程的，吊销资质证书，处工程合同价款2%以上4%以下的罚款；有违法所得的，予以没收。

3.1.3 从业人员资格许可

《建筑法》第14条规定："从事建筑活动的专业技术人员，应当依法取得相应的执业资格证书，并在执业资格证书许可的范围内从事建筑活动。"

1. 建筑业专业人员执业资格制度的含义

建筑业专业人员执业资格制度指的是我国的建筑业专业人员在各自的专业范围内参加全国或行业组织的统一考试，获得相应的执业资格证书，经注册后在资格许可范围内执业的制度。建筑业专业人员执业资格制度是我国强化市场准入制度、提高项目管理水平的重要举措。

2. 目前我国主要的建筑业专业技术人员执业资格种类

我国目前有多种建筑业专业职业资格，其中主要有：

（1）注册建筑师。

（2）注册结构工程师。

（3）注册造价工程师。

（4）注册土木（岩土）工程师。

（5）注册房地产估价师。

（6）注册监理工程师。

（7）注册建造师。

3. 建筑业专业技术人员执业资格的共同点

这些不同岗位的执业资格存在许多共同点，这些共同点正是我国建筑业专业技术人员执业资格的核心内容。

（1）均需要参加统一考试。跨行业、跨区域执业的，就要参加全国统一考试；只在本行业内部执业的，要参加本行业统一考试；只在本区域内部执业的，要参加本区域统一考试。

（2）均需要注册。只有经过注册后才能成为注册执业人员。没有注册的，即使通过了统一考试，也不能执业。

每个不同的执业资格的注册办法均由相应的法规或者规章所规定。

（3）均有各自的执业范围。每个执业资格证书都限定了一定的执业范围，其范围也均由相应的法规或者规章所界定。注册执业人员不得超越范围执业。

（4）均须接受继续教育。由于知识在不断更新，每一位注册执业人员都必须要及时更新知识，因此都必须要接受继续教育。接受继续教育的频率和形式由相应的法规或者规章所规定。

3.2 工程发承包

3.2.1 工程发包

1. 建设工程发包方式

建设工程的发包方式主要有两种：招标发包和直接发包。《建筑法》第 19 条规定：“建筑工程依法实行招标发包，对不适用于招标发包的可以直接发包。”

建筑工程实行公开招标的，发包单位应当依照法定程序和方式，在具备相应资质条件的投标者中，择优选定中标者。建筑工程实行招标发包的，发包单位应当将建筑工程发包给依法中标的承包单位。建筑工程实行直接发包的，发包单位应当将建筑工程发包给具有相应资质条件的承包单位。

2. 提倡实行工程总承包

《建筑法》第 24 条第 1 款规定，提倡对建筑工程实行总承包。《建筑法》第 24 条第 2 款规定，建筑工程的发包单位可以将建筑工程的勘察、设计、施工、设备采购一并发包给一个工程总承包单位，也可以将建筑工程勘察、设计、施工、设备采购的一项或者多项发包给一个工程总承包单位。

3. 禁止将建设工程肢解发包和违法采购

（1）禁止发包单位将建设工程肢解发包。肢解发包指的是建设单位将应当由一个承包单位完成的建设工程分解成若干部分发包给不同的承包单位的行为。肢解发包的弊端在于：

1）肢解发包可能导致发包人变相规避招标。发包人可能会将大的工程项目肢解成若干小的工程项目，使得每一个小的工程项目都不满足关于招标规模和标准的规定，从而达到了变相规避招标的效果。

2）肢解发包会不利于投资和进度目标的控制。肢解发包意味着本来应该由一家承包商完成的项目，现在由两家或者两家以上的承包商完成了。这就会使得一些岗位出现重复设置的人员，也不利于各工序的协调，难以形成流水作业，不利于投资和进度目标的控制。

3）肢解发包也会增加发包的成本。肢解发包必然会使得发包的次数增加，这就必然会导致发包的费用增加。

4）肢解发包增加了发包人管理的成本。肢解发包会导致合同数量增加，这就必然会导致发包人在管理上会增加难度，进一步导致发包人在合同管理上会增加成本。

由于肢解发包存在上面这些弊端，所以，《建筑法》第 24 条规定，禁止将建筑工程肢解发包，不得将应当由一个承包单位完成的建筑工程肢解成若干部分发包给几个承包单位。

（2）禁止违法采购

1）小规模材料设备的采购。工程建设项目不符合《工程建设项目招标范围和规模标准规定》规定的范围和标准的小规模的建筑材料、建筑构配件和设备的采购主要有三种形式：①由建设单位负责采购；②由承包商负责采购；③由双方约定的供应商供应。

按照合同约定，建筑材料、建筑构配件和设备由工程承包单位采购的，发包单位不得指定承包单位购入用于工程的建筑材料、建筑构配件和设备或者指定生产厂、供应商。

2）大规模材料设备的采购。工程建设项目符合《工程建设项目招标范围和规模标准规定》规定的范围和标准的，必须通过招标选择货物供应单位。

《工程建设项目货物招标投标办法》第5条规定，工程建设项目货物招标投标活动，依法由招标人负责。工程建设项目招标人对项目实行总承包招标时，未包括在总承包范围内的货物达到国家规定规模标准的，应当由工程建设项目招标人依法组织招标。工程建设项目招标人对项目实行总承包招标时，以暂估价形式包括在总承包范围内的货物达到国家规定规模标准的，应当由总承包中标人和工程建设项目招标人共同依法组织招标。双方当事人的风险和责任承担由合同约定。

3.2.2 工程承包

建设工程承包制度包括总承包、共同承包、分包等制度。

《建筑法》规定，建筑工程实行招标发包的，发包单位应当将建筑工程发包给依法中标的承包单位。建筑工程实行直接发包的，发包单位应当将建筑工程发包给具有相应资质条件的承包单位。

承包建筑工程的单位应当持有依法取得的资质证书，并在其资质等级许可的业务范围内承揽工程。禁止建筑施工企业超越本企业资质等级许可的业务范围或者以任何形式用其他建筑施工企业的名义承揽工程。禁止建筑施工企业以任何形式允许其他单位或者个人使用本企业的资质证书、营业执照，以本企业的名义承揽工程。

按照合同约定，建筑材料、建筑构配件和设备由工程承包单位采购的，发包单位不得指定承包单位购入用于工程的建筑材料、建筑构配件和设备或者指定生产厂、供应商。

1. 建设工程总承包的规定

总承包通常分为工程总承包和施工总承包两大类。

《建筑法》规定，建筑工程的发包单位可以将建筑工程的勘察、设计、施工、设备采购一并发包给一个工程总承包单位，也可以将建筑工程勘察、设计、施工、设备采购的一项或者多项发包给一个工程总承包单位。

工程总承包是指从事工程总承包的企业受建设单位的委托，按照工程总承包合同的约定，对工程项目的勘查、设计、采购、施工、试运行（竣工验收）等实行全过程或若干阶段的承包。施工总承包是指发包人将全部施工任务发包给具有施工总承包资质的建筑业企业，由施工总承包企业按照合同的约定向建设单位负责，承包完成施工任务。

（1）工程总承包的方式。工程总承包是国际通行的工程建设项目组织实施方式。它有利于充分发挥有些在工程建设方面具有较强的技术力量、丰富的经验和组织管理能力的大承包商的专业优势，综合协调工程建设中的各种关系，强化对工程建设的统一指挥和组织管理，保证工程质量和进度，提高投资效益。在建设工程发承包中采用总承包的方式，对那些缺乏工程建设方面的专门技术力量，难以对建设项目实施具体组织管理的建设单位来说，更具有明显的优势，也符合社会化大生产专业分工的要求。

按照2003年发布的《建设部关于培育发展工程总承包和工程项目管理企业的指导意见》，工程总承包主要有下列方式：

1）设计采购施工（EPC）/交钥匙总承包。设计采购施工总承包是指工程总承包企业按照合同约定，承担工程项目的设计、采购、施工、试运行服务等工作，并对承包工程的质量、安全、工期、造价全面负责。

交钥匙总承包是设计采购施工总承包业务和责任的延伸，最终是向建设单位提交一个满足使用功能、具备使用条件的工程项目。

2）设计—施工总承包（D－B）。设计—施工总承包是指工程总承包企业按照合同约定，承担工程项目设计和施工，并对承包工程的设计和施工的质量、安全、工期、造价负责。

3）设计—采购总承包（E－P）。设计—采购总承包是指工程总承包企业按照合同约定，承担工程项目设计和采购工作，并对工程项目设计和采购的质量、进度等负责。

4）采购—施工总承包（P－C）。采购—施工总承包是指工程总承包企业按照合同约定，承担工程项目的采购和施工，并对承包工程的采购和施工的质量、安全、工期、造价负责。

（2）总承包企业的资质管理。我国对工程总承包不设立专门的资质。凡具有工程勘察、设计或施工总承包资质的企业，可以依法从事资质许可范围内相应等级的建设工程总承包业务。但是，承接施工总承包业务的，必须是取得施工总承包资质的企业。

《建设部关于培育发展工程总承包和工程项目管理企业的指导意见》中提出，鼓励具有工程勘察、设计或施工总承包资质的勘察、设计和施工企业，通过改造和重组，建立与工程总承包业务相适应的组织机构、项目管理体系，充实项目管理专业人员，提高融资能力，发展成为具有设计、采购、施工（施工管理）综合功能的工程公司，在其勘察、设计或施工总承包资质等级许可的工程项目范围内开展工程总承包业务。工程勘察、设计、施工企业也可以组成联合体对工程项目进行联合总承包。

《建设工程勘察设计资质管理规定》规定，取得工程勘察、工程设计资质证书的企业，可以从事资质证书许可范围内相应的建设工程总承包业务。《建筑业企业资质管理规定》也规定，取得建筑业企业资质证书的企业，可以从事资质许可范围相应等级的建设工程总承包业务。

我国建筑业企业资质分为施工总承包、专业承包和劳务分包三个序列。取得施工总承包资质的企业，可以承接施工总承包工程。施工总承包企业可以对所承接的施工总承包工程内各专业工程全部自行施工，也可以将专业工程或劳务作业依法分包给具有相应资质的专业承包企业或劳务分包企业。

（3）工程总承包单位与工程项目管理。工程项目管理是指从事工程项目管理的企业受建设单位委托，按照合同约定，代表建设单位对工程项目的组织实施进行全过程或若干阶段的管理和服务。工程项目管理企业不直接从事该工程项的勘察、设计、施工等，也不与该工程项目的总承包企业或勘察、设计、供货、施工等企业签订合同，但可以按合同约定，协助业主与工程项目的总承包企业或勘察、设计、供货、施工等企业签订合同，并受业主委托监督合同的履行。

《建设部关于培育发展工程总承包和工程项目管理企业的指导意见》规定，工程总承包单位可以接受建设单位委托，按照合同约定承担工程项目管理业务，但不应在同一个工程项目上同时承担工程总承包和工程项目管理业务，也不应与承担工程总承包或者工程项目管理业务的另一方企业有隶属关系或者其他利害关系。

（4）总承包单位的责任。《建筑法》规定，建筑工程总承包单位按照总承包合同的约定对建设单位负责；分包单位按照分包合同的约定对总承包单位负责。总承包单位和分包单位就分包工程对建设单位承担连带责任。

《建设工程质量管理条例》进一步规定，建设工程实行总承包的，总承包单位应当对全部建设工程质量负责；建设工程勘察、设计、施工、设备采购的一项或者多项实行总承包的，总承包单位应当对其承包的建设工程或者采购的设备的质量负责。总承包单位依法将建设工程分包给其他单位的，分包单位应当按照分包合同的约定对其分包工程的质量向总承包单位负责，总承包单位与分包单位对分包工程的质量承担连带责任。

据此，不论是工程总承包还是施工总承包，由于承包合同的双方主体是建设单位和总承包单位，总承包单位均应按照承包合同约定的权利义务向建设单位负责。如果分包工程发生问题，总承包单位不得以分包工程已分包为由推卸自己的总承包责任，而应与分包单位就分包工程承担连带责任。

连带责任是我国民事立法中的一项重要民事责任制度，其目的在于补偿救济，加重民事法律关系当事人的法律责任，有效地保障债权人的合法权益。《民法通则》第 87 条规定，负有连带义务的每个债务人，都负有清偿全部债务的义务，履行了义务的人，有权要求其他负有连带义务的人偿付他应当承担的份额。总承包单位和分包单位就分包工程承担连带责任，就是当分包工程发生了质量责任或者违约责任时，建设单位可以向总承包单位请求赔偿，也可以向分包单位请求赔偿，总承包单位或分包单位进行赔偿后，有权依据分包合同对于不属于自己责任的赔偿向另一方进行追偿。当然，连带责任也不仅限于连带赔偿责任，还有其他履行工程义务的连带责任。因此，总承包单位除应加强自行完成工程部分的管理外，还有责任强化对分包单位分包工程的监管。

2. 建设工程共同承包的规定

共同承包是指由两个以上具备承包资格的单位共同组成非法人的联合体，以共同的名义对工程进行承包的行为。

在国际工程发承包活动中，由几个承包方组成联合体进行工程承包是一种通行的做法。采用这种方式进行承包，至少有如下优越性：①利用各自优势进行联合投标可以减弱相互间的竞争，增加中标的机会；②减少承包风险，争取更大的利润；③有助于企业之间相互学习先进技术与管理经验，促进企业发展。

（1）共同承包的适用范围。《建筑法》规定，大型建筑工程或者结构复杂的建筑工程，可以由两个以上的承包单位联合共同承包。因为大型建筑工程或结构复杂的建筑工程，一般投资额大、技术要求复杂、建设周期长、潜在风险较大，采取联合共同承包的方式，可以更好发挥各承包单位在资金、技术、管理等方面优势，增强抗风险能力，有利于保证工程质量和工期，提高投资效益。至于一般的中小型工程或结构不复杂的工程，完全可以由一家承包单位顺利完成，无需采用共同承包的方式，这样可有效避免由于共同承包过多而造成管理上的混乱。

（2）共同承包的资质要求。《建筑法》规定，两个以上不同资质等级的单位实行联合共同承包的，应当按照资质等级低的单位的业务许可范围承揽工程。

我国对承包单位依法实施资质管理制度，承包单位必须在资质等级范围内承包工程。这也同样适用于共同承包。就是说，共同承包各方本身都必须具有与其所承包的工程相符合的资质条件，不能超越资质等级的规定去联合承包。如果几个共同承包单位的资质等级不一致，必须以低资质等级的承包单位为共同承包的业务许可范围。这样才能有效地保证工程顺利实施，避免在实践中以联合共同承包为名进行“资质挂靠”的不规范行为。

（3）共同承包的责任。《招标投标法》规定，联合体中标的，联合体各方应当共同与招标人签订合同，就中标项目向招标人承担连带责任。《建筑法》也规定，共同承包的各方对承包合同的履行承担连带责任。

共同承包各方应签订联合承包协议，明确约定各方在承包合同中的权利、义务以及相互合作、违约责任的承担等条款。对承包合同的履行，各承包方共同对建设单位承担连带责任。共同承包各方均应共担风险、共负盈亏。如果出现赔偿责任，建设单位有权向共同承包的任何一方请求赔偿，被请求方不得拒绝，但在赔偿后可以依据联合承包协议及各方过错大小，对于超过自己应赔偿的那部分份额，有权向共同承包的其他方进行追偿。这对于避免共同承包各方相互推诿责任，加强各方的协作与配合，维护建设单位的合法权益，是很有必要的。

3. 建设工程分包的规定

工程分包是指工程承包单位将所承担工程中的部分工程或劳务分包给其他工程承包单位完成的活动。

工程施工分包可以分为专业工程分包与劳务作业分包。专业工程分包是指施工总承包企业将其所承包工程中的专业工程发包给具有相应资质的其他建筑业企业完成的活动。劳务作业分包是指施工总承包企业或者专业承包企业将其承包工程中的劳务作业发包给劳务分包企业完成的活动。

（1）分包工程的范围。《建筑法》规定，建筑工程总承包单位可以将承包工程中的部分工程发包给具有相应资质条件的分包单位。禁止承包单位将其承担的全部建筑工程转包给他人，禁止承包单位将其承包的全部建筑工程肢解以后以分包的名义分别转包给他人。施工总承包的，建筑工程主体结构的施工必须由总承包单位自行完成。

《招标投标法》也规定，中标人按照合同约定或者经招标人同意，可以将中标项目的部分非主体、非关键性工作分包给他人完成。中标人不得向他人转让中标项目，也不得将中标项目肢解后分别向他人转让。

据此，总承包单位承包工程后，可以采取两种方式完成合同：一种是全部自行完成，另一种是将其中的部分工程分包给其他承包单位完成。采取后一种方式的，依法只能是分包部分工程，而且是非主体、非关键性工作；如果是施工总承包，其主体结构的施工必须由总承包单位自行完成。这样规定，是防止总承包单位以分包为名进行转包行为的发生，以确保工程质量和工程建设的顺利实施。

为了保证分包合同的履行，《房屋建筑和市政基础设施工程施工分包管理办法》还规定，分包工程发包人可以就分包合同的履行，要求分包工程承包人提供分包工程履约担保；分包工程承包人在提供担保后，要求分包工程发包人同时提供分包工程付款担保的，分包工程发包人应当提供。

（2）分包单位的条件与认可。《建筑法》规定，建筑工程总承包单位可以将承包工程中的部分工程发包给具有相应资质条件的分包单位；但是，除总承包合同中约定的分包外，必须经建设单位认可。禁止总承包单位将工程分包给不具备相应资质条件的单位，《招标投标法》也规定，接受分包的人应当具备相应的资格条件。

承包工程的单位必须持有依法取得的资质证书，并在其资质等级许可的业务范围内承揽工程。这一规定同样适用于工程分包单位。不具备资质条件的单位不仅不可以进行工程承包，也不得承接分包工程。《房屋建筑和市政基础设施工程施工分包管理办法》还规定，严禁个人承揽分包工程业务。

总承包单位进行分包应当经过建设单位的认可。这是因为，建设单位将工程发包给某一总承包单位并签订合同，表明建设单位对这一单位的资质水平及承包能力的认可，并信任其能较好地完成工程项目的建设和保证工程质量。所以，总承包单位如果要将所承包的工程再分包给他人，应当告知建设单位并取得认可。这种认可应通过以下两种方式：

1）在总承包合同中规定分包的内容。

2）在总承包合同中没有规定分包内容的，应当事先征得建设单位的同意。

但是，劳务作业分包由劳务作业发包人与劳务作业承包人通过劳务合同约定，可不经建设单位认可。

需要注意的是，分包工程须经建设单位认可，不等于建设单位可以直接指定分包人。《工程建设项目施工招标投标办法》规定“招标人不得直接指定分包人”。《房屋建筑和市政基础设施工程施工分包管理办法》也规定“建设单位不得直接指定分包工程承包人”。对于建设单位推荐的分包单位，总承包单位有权作出拒绝或者采用的选择。

（3）分包单位不得再分包。《建筑法》规定，禁止分包单位将其承包的工程再分包。《招标投标法》也规定，接受分包的人不得再次分包。

这主要是防止层层分包，以规范市场行为，保证工程质量。因此，按照《房屋建筑和市政基础设施工程施工分包管理办法》的规定，除专业承包企业可以将其承包工程中的劳务作业发包给劳务分包企业外，专业分包工程承包人和劳务作业承包人都必须自行完成所承包的任务。

（4）转包和违法分包的界定。按照我国法律的规定，转包是完全禁止的，而工程分包是允许的，但必须依法进行。违法分包同样是法律禁止的行为。

《建设工程质量管理条例》规定，违法分包，是指下列行为：①总承包单位将建设工程分包给不具备相应资质条件的单位的；②建设工程总承包合同中未有约定，又未经建设单位认可，承包单位将其承包的部分建设工程交由其他单位完成的；③施工总承包单位将建设工程主体结构的施工分包给其他单位的；④分包单位将其承包的建设工程再分包的。

转包是指承包单位承包建设工程后，不履行合同约定的责任和义务，将其承包的全部建设工程转给他人或者将其承包的全部建设工程肢解以后以分包的名义分别转给其他单位承包的行为。

为了进一步界定转包行为，《房屋建筑和市政基础设施工程施工分包管理办法》规定，分包工程发包人应当设立项目管理机构，组织管理所承包工程的施工活动。项目管理机构应当具有与承包工程的规模、技术复杂程度相适应的技术、经济管理人员。其中，项目负责人、技术负责人、项目核算负责人、质量管理人员、安全管理人员必须是本单位的人员（即与本单位有合法的人事或者劳动合同、工资以及社会保险关系的人员）。分包工程发包人将工程分包后，未在施工现场设立项目管理机构和派驻相应人员，并未对该工程的施工活动进行组织管理的，视同转包行为。

对于不具备分包条件或者不符合分包规定的，《工程建设项目施工招标投标办法》规定，招标人有权在签订合同或者中标人提出分包要求时予以拒绝。发现中标人转包或违法分包时，可要求其改正；拒不改正的，可终止合同，并报请有关行政监督部门查处。

（5）分包单位的责任。《建筑法》规定，建筑工程总承包单位按照总承包合同的约定对建设单位负责；分包单位按照分包合同的约定对总承包单位负责。总承包单位和分包单位就分包工程对建设单位承担连带责任。《招标投标法》也规定，中标人应当就分包项目向招标人负责，接受分包的人就分包项目承担连带责任。

总承包单位在分包工程时，应当同分包单位签订分包合同；分包单位要根据分包合同的约定，对总承包单位承担责任。同时，分包单位与总承包单位还要就分包工程承担连带责任。

连带责任可分为法定连带责任和约定连带责任。约定连带责任是依照当事人之间事先的相互约定而产生的连带责任；法定连带责任则是根据法律规定而产生的连带责任。我国对工程总分包、联合承包的连带责任均属法定连带责任。

4. 违法行为应承担的法律责任

除建设工程招标投标活动中违法行为应承担的法律责任外，建设工程承包活动中其他违法行为应承担的主要法律责任如下：

（1）发包单位违法行为应承担的法律责任。《建筑法》规定，发包单位将工程发包给不具有相应资质条件的承包单位的，或者违反《建筑法》规定将建筑工程肢解发包的，责令改正，处以罚款。

《建设工程质量管理条例》规定，建设单位将建设工程发包给不具有相应资质等级的勘察、设计、施工单位或者委托给不具有相应资质等级的工程监理单位的，责令改正，处50万元以上100万元以下的罚款。

建设单位将建设工程肢解发包的，责令改正，处工程合同价款0.5%以上1%以下的罚款；对全部或者部分使用国有资金的项目，并可以暂停项目执行或者暂停资金拨付。

（2）承包单位违法行为应承担的法律责任。《建筑法》规定，超越本单位资质等级承揽工程的，责令停止违法行为，处以罚款，可以责令停业整顿，降低资质等级；情节严重的，吊销资质证书；有违法所得的，予以没收。未取得资质证书承揽工程的，予以取缔，并处罚款；有违法所得的，予以没收。

建筑施工企业转让、出借资质证书或者以其他方式允许他人以本企业的名义承揽工程的，责令改正，没收违法所得，并处罚款；可以责令停业整顿，降低资质等级；情节严重的，吊销资质证书。对因该项承揽工程不符合规定的质量标准造成的损失，建筑施工企业与使用本企业名义的单位或者个人承担连带赔偿责任。

承包单位将承包的工程转包的，或者违反《建筑法》规定进行分包的，责令改正，没收违法所得，并处罚款，可以责令停业整顿，降低资质等级；情节严重的，吊销资质证书。承包单位有以上规定的违法行为的，对因转包工程或者违法分包的工程不符合规定的质量标准造成的损失，与接受转包或者分包的单位承担连带赔偿责任。

《建设工程质量管理条例》规定，勘察、设计、施工、工程监理单位超越本单位资质等级承揽工程的，责令停止违法行为，对勘察、设计单位或者工程监理单位处合同约定的勘察费、设计费或者监理酬金1倍以上2倍以下的罚款；对施工单位处工程合同价款2%以上4%以下的罚款，可以责令停业整顿，降低资质等级；情节严重的，吊销资质证书；有违法所得的，予以没收。未取得资质证书承揽工程的，予以取缔，依照以上规定处以罚款；有违法所得的，予以没收。

勘察、设计、施工、工程监理单位允许其他单位或者个人以本单位名义承揽工程的，责令改正，没收违法所得，对勘察、设计单位和工程监理单位处合同约定的勘察费、设计费和监理酬金1倍以上2倍以下的罚款；对施工单位处工程合同价款2%以上4%以下的罚款；可以责令停业整顿，降低资质等级；情节严重的，吊销资质证书。

承包单位将承包的工程转包或者违法分包的，责令改正，没收违法所得，对勘察、设计单位处合同约定的勘察费、设计费25%以上50%以下的罚款；对施工单位处工程合同价款0.5%以上1%以下的罚款；可以责令停业整顿，降低资质等级；情节严重的，吊销资质证书。

《房屋建筑和市政基础设施工程施工分包管理办法》规定，对于接受转包、违法分包和用他人名义承揽工程的，处1万元以上3万元以下的罚款。

（3）其他法律责任。《建筑法》规定，在工程发包与承包中索贿、受贿、行贿，构成犯罪的，依法追究刑事责任；不构成犯罪的，分别处以罚款，没收贿赂的财物，对直接负责的主管人员和其他直接责任人给予处分。对在工程承包中行贿的承包单位，除依照以上规定处罚外，可以责令停业整顿，降低资质等级或者吊销资质证书。

本章小结

本章介绍了建设工程项目的实施必须申请建设行政主管部门的施工许可证，具备法定的施工条件。建设工程企业要具备相应的资质，在许可范围内进行建设活动。建设工程企业专业技术人员要具备相应的执业资格，这是我国资格准入制度的要求。在工程项目的发承包过程中要依法发包项目，不得违法承包工程项目，不得转包工程，不得违法分包工程。

复习思考题

【简答题】

1. 办理施工许可证需要具备什么条件？
2. 简述担任工程项目负责人的基本条件。
3. 简述建筑业二级总包企业的承包工程项目的范围及标准。
4. 说明我国建设工程项目的分包的规定。

【选择题】

1. 某建设工程施工合同约定，合同工期为 18 个月合同价款为 2000 万元，根据法律规定。建设单位在申请领取施工许可证时，原则上最少到位资金为（　　）万元。

A. 100　　B. 200　　C. 600　　D. 1000

2. 关于建筑工程发承包制度的说法，正确的是（　　）。

A. 总承包合同可以采用书面形式或口头形式

B. 发包人可以将一个单位工程的主体分解成若干部分发包

C. 建筑工程只能招标发包，不能直接发包

D. 国家提倡对建筑工程实行总承包

3. 下列建设工程分包的说法中，属于承包人合法分包的是（　　）。

A. 未经建设单位许可将承包工程中的劳务进行分包

B. 将专业工程分包给不具备资质的承包人

C. 将劳务作业分包给不具备资质的承包人

D. 未经建设单位许可将承包工程中的专业工程分包给他人

4. 建设工程施工总承包企业将专业工程分包，关于工程质量责任承担的说法正确的是（　　）。

A. 分包工程质量由分包企业负总责

B. 分包工程质量由分包企业单独承担责任

C. 总承包企业对分包工程质量承担连带责任

D. 分包企业接受总承包企业的质量管理，可不承担责任

5. 建设单位于 3 月 1 日取得某工程项目的施工许可证，但迟迟未开工建设，该施工许可证最长延期至（　　）即自行废止。

A. 6 月 2 日　　B. 7 月 2 日　　C. 9 月 2 日　　D. 12 月 2 日

6. 施工单位承包了某施工项目后，以分包的名义将全部工程转给其他单位，获取非法利益。对于此行为，该施工单位可能受到的法律制裁中不包括（　　）。

A. 罚金　　B. 没收违法所得　　C. 停业整顿　　D. 吊销资质证书

7. 施工单位的企业资质不可能是（　　）。

A. 特级　　B. 一级　　C. 二级　　D. 三级　　E. 四级

8. 目前我国主要的建筑业专业技术人员执业资格种类不包括（　　）。

A. 注册土木（岩土）工程师　　B. 注册房地产估价师

C. 注册土地估价师　　D. 注册二级建造师

E. 注册造价师

【案例分析题】

场景

建设单位甲将宾馆改建工程直接发包给乙施工单位，约定工期六个月，由丙监理公司负责监理。甲指定丁建材公司为供货商，乙施工单位不得从其他供货商处另行采购建筑材料。乙施工单位具有房屋建筑工程总承包资质，为完成该项目，又招聘了几名具有专业执业资格的人员。在征得甲同意的情况下，乙施工单位将电路改造工程分包给了戊公司。在取得施工许可证后，改建工程顺利开工。

问题：

（1）施工许可证应由什么单位申请领取？

（2）申请前应办理建设工程哪些证件？

（3）改建设计图是否规定应进行审查？

（4）到位资金不得少于工程总价的百分之多少？

（5）宾馆建设消防设计图应通过什么机构审核？

（6）电路改造部分什么单位向什么单位承担责任？

（7）乙施工单位只能从丁建材公司采购建筑材料是否构成违约？

（8）甲是否可以将电路改造与其他改建工程分别发包？

（9）若工程施工合同无效，竣工验收合格后，甲拒付工程价款。请问这个做法是否妥当？请说明理由。

第4章　建设工程监理制度

✲ 学习目标：学习工程监理的目的和含义，了解强制监理的工程范围，熟悉承接监理任务的方法，掌握监理的原则、内容和权限；了解监理的形式，掌握监理单位的法律责任。

4.1　工程监理概述

4.1.1　工程监理的含义、性质与目的

1. 工程监理的含义

工程监理是指工程监理单位接受建设单位的委托，代表建设单位进行项目管理的过程。

根据《建筑法》的有关规定，建设单位与其委托的工程监理单位应当订立书面委托合同。工程监理单位应当根据建设单位的委托，客观、公正地执行监理业务。建设单位和工程监理单位之间是一种委托代理关系，适用《民法通则》有关代理的法律规定。

2. 工程监理的性质

（1）服务性。工程监理具有服务性，是从它的业务性质方面定性的。工程监理的主要方法是规划、控制、协调，主要任务是控制建设工程的投资、进度和质量，最终应当达到的基本目标是协助建设单位在计划的目标内将建设工程建成投入使用。这就是工程监理的管理服务的内涵。

工程监理企业既不直接进行设计，也不直接进行施工；既不向建设单位承包造价，也不参与承包商的利益分成。在工程建设中，监理人员利用自己的知识、技能和经验、信息以及必要的试验、检测手段，为建设单位提供管理和技术服务。

工程监理企业不能完全取代建设单位的管理活动。它不具有工程建设重大问题的决策权，它只能在授权范围内代表建设单位进行管理。

工程监理的服务对象是建设单位。监理服务是按照委托监理合同的规定进行的，是受法律约束和保护的。

（2）科学性。科学性是由工程监理要达到的基本目标决定的。工程监理以协助建设单位实现其投资目的为己任，力求在计划的目标内建成工程。面对工程规模日趋庞大，环境日益复杂，功能、标准要求越来越高，新技术、新工艺、新材料、新设备不断涌现，参加建设的单位越来越多，市场竞争日益激烈，风险日渐增加的情况，只有采用科学的思想、理论、方法和手段才能驾驭工程建设。

科学性主要表现在：①工程监理企业应当由组织管理能力强、工程建设经验丰富的人员担任领导，应当有足够数量的、有丰富的管理经验和应变能力的监理工程师组成的骨干队伍；②要有一套健全的管理制度；③要有现代化的管理手段；④要掌握先进的管理理论、方

法和手段；⑤要积累足够的技术、经济资料和数据；⑥要有科学的工作态度和严谨的工作作风，要实事求是、创造性地开展工作。

（3）独立性。《建筑法》明确指出，工程监理企业应当根据建设单位的委托，客观、公正地执行监理任务。《工程建设监理规定》和《建设工程监理规范》要求工程监理企业按照“公正、独立、自主”原则开展监理工作。按照独立性要求，工程监理单位应当严格地按照有关法律、法规、规章、工程建设文件、工程建设技术标准、建设工程委托监理合同、有关的建设工程合同等的规定实施监理。在委托监理的工程中，与承建单位不得有隶属关系和其他利害关系；在开展工程监理的过程中，必须建立自己的组织，按照自己的工作计划、程序、流程、方法、手段，根据自己的判断，独立地开展工作。

（4）公正性。公正性是社会公认的职业道德准则，是监理行业能够长期生存和发展的基本职业道德准则。在开展工程监理的过程中，工程监理企业应当排除各种干扰，客观、公正地对待监理的委托单位（建设单位）和承建单位。特别是当这两方发生利益冲突或者矛盾时，工程监理企业应以事实为依据，以法律和有关合同为准绳，在维护建设单位的合法权益时，不损害承建单位的合法权益。例如，在调解建设单位和承建单位之间的争议，处理工程索赔和工程延期，进行工程款支付控制以及竣工结算时，应当尽量客观、公正地对待建设单位和承建单位。

3. 工程监理的目的

建设单位的工程项目实行专业化、社会化管理在国外已有100多年的历史，现在越来越显现出强劲的生命力，在提高投资的经济效益方面发挥了重要作用。我国实施工程监理的时间虽然不长，但已经发挥出明显的作用，为政府和社会所承认。工程监理的作用主要表现在以下几方面。

（1）有利于提高建设工程投资决策科学化水平。在建设单位委托工程监理企业实施全方位全过程监理的条件下，在建设单位有了初步的项目投资意向之后，工程监理企业可协助建设单位选择适当的工程咨询机构，管理工程咨询合同的实施，并对咨询结果（如项目建议书、可行性研究报告）进行评估，提出有价值的修改意见和建议；或者直接从事工程咨询工作，为建设单位提供建设方案。这样，不仅可使项目投资符合国家经济发展规划、产业政策、投资方向，而且可使项目投资更加符合市场需求。工程监理企业参与或承担项目决策阶段的监理工作，有利于提高项目投资决策的科学化水平，避免项目投资决策失误，也为实现建设工程投资综合效益最大化打下了良好的基础。

（2）有利于规范工程建设参与各方的建设行为。工程建设参与各方的建设行为都应当符合法律、法规、规章和市场准则。要做到这一点，仅仅依靠自律机制是远远不够的，还需要建立有效的约束机制。为此，首先需要政府对工程建设参与各方的建设行为进行全面的监督管理，这是最基本的约束，也是政府的主要职能之一。但是，由于客观条件所限，政府的监督管理不可能深入到每一项建设工程的实施过程中，因而，还需要建立另一种约束机制，能在建设工程实施过程中对工程建设参与各方的建设行为进行约束。工程监理制度就是这样一种约束机制。

在建设工程实施过程中，工程监理企业可依据委托监理合同和有关的建设工程合同对承建单位的建设行为进行监督管理。由于这种约束机制贯穿于工程建设的全过程，采用事前、事中和事后控制相结合的方式，因此可以有效地规范各承建单位的建设行为，也可以及时加以制止，最大限度地避免不当建设行为的发生。即使出现不当建设行为，也能最大限度地减少其不良后果。应当说，这是约束机制的根本目的。另外，由于建设单位不了解建设工程有关的法律、法规、规章、管理程序和市场行为准则，也可能发生不当建设行为。在这种情况下，工程监理单位可以向建设单位提出适当的建议，从而避免发生建设单位的不当建设行为，这对规范建设单位的建设行为也可起到一定的约束作用。

当然，要发挥上述约束作用，工程监理企业首先必须规范自身的行为，并接受政府的监督管理。

（3）有利于促使承建单位保证建设工程质量和使用安全。建设工程是一种特殊的产品，不仅价值大、使用寿命长，而且还关系到人民的生命财产安全、健康和环境。因此，保证建设工程质量和使用安全就显得尤为重要，在这方面不允许有丝毫的懈怠和疏忽。

工程监理企业对承建单位建设行为的监督管理，实际上是从产品需求者的角度对建设工程生产过程的管理，这与产品生产者自身的管理有很大的不同。而工程监理企业又不同于建设工程的实际需求者，其监理人员都是既懂工程技术，又懂经济管理的专业人士，他们有能力及时发现建设工程实施过程中出现的问题，发现工程材料、设备以及阶段产品存在的问题，从而避免留下工程质量隐患。因此，实行工程监理制度之后，在加强承建单位自身对工程质量管理的基础上，由工程监理企业介入建设工程生产过程管理，对保证建设工程质量和使用安全有着重要的作用。

（4）有利于实现建设工程投资效益最大化。建设工程投资效益最大化有以下三种不同表现：①在满足建设工程预定功能和质量标准的前提下，建设投资额最少；②在满足建设工程预定功能和质量标准的前提下，建设工程寿命周期费用（或全寿命费用）最少；③建设工程本身的投资效益与环境、社会效益的综合效益最大化。

实行工程监理制度之后，工程监理企业一般都能协助建设单位实现上述建设工程投资效益最大化的第一种表现，也能在一定程度上实现上述第二种和第三种表现。随着建设工程寿命周期费用思想和综合效益理念被越来越多的建设单位所接受，建设工程投资效益最大化的第二种和第三种表现的比例将越来越大，从而大大地提高我国全社会的投资效益，促进我国国民经济的发展。

4.1.2　实行强制监理的建设工程范围

《建筑法》第 30 条规定：“国家推行建筑工程监理制度。国务院可以规定实行强制监理的建筑工程的范围。”

《建设工程质量管理条例》第 12 条规定了必须实行监理的建设工程范围。在此基础上，《建设工程监理范围和规模标准规定》（2001 年 1 月 17 日建设部令第 86 号发布）则对必须实行监理的建设工程作出了更具体的规定。

1. 国家重点建设项目

国家重点建设项目是指依据《国家重点建设项目管理办法》所确定的对国民经济和社会发展有重大影响的骨干项目。

2. 大中型公用事业工程

大中型公用事业工程是指项目总投资额在 3000 万元以上的下列工程项目：

（1）供水、供电、供气、供热等市政工程项目。

（2）科技、教育、文化等项目。

（3）体育、旅游、商业等项目。

（4）卫生、社会福利等项目。

（5）其他公用事业项目。

3. 成片开发建设的住宅小区工程

建筑面积在5万m^2以上的住宅建设工程必须实行监理；5万m^2以下的住宅建设工程，可以实行监理，具体范围和规模标准，由省、自治区、直辖市人民政府建设行政主管部门规定。

4. 利用外国政府或者国际组织贷款、援助资金的工程

（1）使用世界银行、亚洲开发银行等国际组织贷款资金的项目。

（2）使用国外政府及其机构贷款资金的项目。

（3）使用国际组织或者国外政府援助资金的项目。

5. 国家规定必须实行监理的其他工程

（1）项目总投资额在3000万元以上关系社会公共利益、公众安全的下列基础设施项目：

1）煤炭、石油、化工、天然气、电力、新能源等项目。

2）铁路、公路、管道、水运、民航以及其他交通运输业等项目。

3）邮政、电信枢纽、通信、信息网络等项目。

4）防洪、灌溉、排涝、发电、引（供）水、滩涂治理、水资源保护、水土保持等水利建设项目。

5）道路、桥梁、地铁和轻轨交通、污水排放及处理、垃圾处理、地下管道、公共停车场等城市基础设施项目。

6）生态环境保护项目。

7）其他基础设施项目。

（2）学校、影剧院、体育场馆项目。

4.2 工程监理的若干规定

4.2.1 工程监理任务的承接

1. 不能超越资质许可范围承揽工程

工程监理单位应当在其资质等级许可的监理范围内，承担工程监理业务。

2. 不得转让工程监理业务

建设工程委托监理合同通常是建立在信赖关系的基础上，具有较强的人身性。工程监理单位接受委托后，应当自行完成工程监理工作，不得转让监理业务。不得转让不仅仅指不得转包，也包括不得分包。

4.2.2 工程监理的依据、内容和权限

1. 工程监理的依据

根据《建筑法》《建设工程质量管理条例》《建设工程安全生产管理条例》的有关规

定，工程监理的依据包括：

（1）法律、法规。施工单位的建设行为是受很多法律、法规制约的。例如，不可偷工减料等。工程监理单位在监理过程中首先就要监督检查施工单位是否存在违法行为，因此法律、法规是工程监理的依据之一。

（2）有关的技术标准。技术标准分为强制性标准和推荐性标准。强制性标准是各参建单位都必须执行的标准，而推荐性标准则是可以自主决定是否采用的标准。通常情况下，建设单位如要求采用推荐性标准，则应当与设计单位或施工单位在合同中予以明确约定。经合同约定采用的推荐性标准对合同当事人同样具有法律约束力，设计或施工未达到该标准，将构成违约行为。

（3）设计文件。施工单位的任务是按图施工，也就是按照施工图设计文件进行施工。如果施工单位没有按照施工图设计文件的要求去修建工程就构成违约，如果擅自修改施工图则构成了违法。因此，设计文件是工程监理的依据之一。

（4）建设工程承包合同。建设单位和承包单位通过订立建设工程承包合同，明确双方的权利和义务。合同中约定的内容要远远多于设计文件的内容。例如，进度、工程款支付等都不是设计文件所能描述的，而这些内容也是当事人必须履行的义务。工程监理单位有权利也有义务监督检查承包单位是否按照合同约定履行这些义务。因此，建设工程承包合同也是工程监理的一个依据。

2. 工程监理的内容

工程监理在本质上是项目管理，是代表建设单位进行的项目管理。其监理的内容自然与项目管理的内容是一致的。其内容包括三控制、三管理、一协调：

（1）进度控制。

（2）质量控制。

（3）成本控制。

（4）安全管理。

（5）合同管理。

（6）信息管理。

（7）沟通协调。

但由于工程监理单位是接受建设单位的委托代表建设单位进行项目管理的，其权限将取决于建设单位的授权，因此，其监理的内容也会不尽相同。

《建筑法》第 33 条规定：“实施建筑工程监理前，建设单位应当将委托的工程监理单位、监理的内容及监理权限，书面通知被监理的建筑施工企业。”

3. 工程监理的权限

《建筑法》第 32 条第 2 款、第 3 款分别规定了工程监理人员的监理权限和义务，工程监理人员认为工程施工不符合工程设计要求、施工技术标准和合同约定的，有权要求建筑施工企业改正。

工程监理人员发现工程设计不符合建筑工程质量标准或者合同约定的质量要求的，应当报告建设单位要求设计单位改正。

4.2.3 工程监理的形式

1. 工程监理企业承揽的形式

工程监理企业承揽监理业务的表现形式有两种：一种是通过投标竞争取得监理业务；另一种是由业主直接委托取得监理业务。通过投标取得监理业务，是市场经济体制下比较普遍的形式。我国《招标投标法》明确规定，关系公共利益安全、政府投资、外资工程等实行监理必须招标。在不宜公开招标的机密工程或没有投标竞争对手的情况下，或者是工程规模比较小、比较单一的监理业务，或者是对原工程监理企业的续用等情况下，业主也可以直接委托工程监理企业。

2. 工程监理的质量监督形式

（1）旁站。旁站具体是指监理人员对关键部位或关键工序的施工质量实施的全过程现场跟班监督活动。

《房屋建筑工程施工旁站监理管理办法（试行）》（建市〔2002〕189号）规定，房屋建筑工程的关键部位、关键工序，在基础工程方面包括：土方回填、混凝土灌注桩浇筑，地下连续墙、土钉墙、后浇带及其他结构混凝土、防水混凝土浇筑，卷材防水层细部构造处理，钢结构安装；在主体结构工程方面包括：梁柱节点钢筋隐蔽过程，混凝土浇筑，预应力张拉，装配式结构安装，钢结构安装，网架结构安装，索膜安装。

该办法同时规定了旁站监理人员的主要职责有：①检查施工企业现场质检人员到岗、特殊工种人员持证上岗以及施工机械、建筑材料准备情况；②在现场跟班监督关键部位、关键工序的施工执行施工方案以及工程建设强制性标准情况；③核查进场建筑材料、建筑构配件、设备和商品混凝土的质量检验报告等，并可在现场监督施工企业进行检验或者委托具有资格的第三方进行复验；④做好旁站监理记录和监理日记，保存旁站监理原始资料。

该办法还要求工程监理企业在编制监理规划时，应当制定旁站监理方案，明确旁站监理的范围、内容、程序和旁站监理人员职责等。

（2）巡视。现场巡视是监理人员的基本工作方式之一，是发现和解决存在问题的基础，现场监理人员必须认真执行落实。专业监理工程师负责每日例行巡检，对于大、中型项目应做到每日不少于两次的巡检。总监理工程师应当经常性、有目的地到现场巡查，做到每日巡检。

1）巡视检查的重点内容。检查承包单位的施工是否符合图纸、技术标准、施工验收规范要求。检查正在施工部位的施工情况，包括：①劳动力投入情况，施工单位到位人员管理情况、施工机械设备使用情况、材料进场使用情况；②检查施工方法及施工工艺或施工环境条件是否处于良好状态；③检查工程质量情况，即有无质量隐患或质量问题；④检查施工安全情况，即现场施工是否满足安全操作规程、安全措施落实情况及安全隐患情况。技术方面的检查包括：①基线、标高、尺寸的复合、抽查；②材料生产厂家、规格型号标号是否符合设计及规范要求、现场施工是否按已审批的施工作业设计及施工方案、操作规程等的要求进行，质量问题落实整改情况；③其他包括成品保护情况、安全措施落实情况、深基坑施工时附近建筑物沉降情况、停工时检查复工条件。

2）巡视办法。现场巡视分为例行巡视和工作巡视两种。例行巡视每日最少两次，一般应作为现场监理每日第一件工作来进行，如与其他工作冲突（如验收、旁站），则视实际情况调整。例行巡视内容应在监理细则中明确。

工作巡视为监理人员日常工作方式之一，要求每个现场监理人员每个工作日必须巡视工地两次以上，并及时进行巡视记录。

项目总监（监理负责人）次日检查签字，并检查有关现场指示的执行情况。

（3）平行检验。所谓平行检验，是指一方是承包单位对自己负责施工的工程项目进行检查验收，而另一方是监理机构受建设单位的委托，在施工单位自检的基础上，按照一定的比例，对工程项目进行独立检查和验收，对同一被检验项目的性能在规定的时间里进行的检查验收。平行检验作为工程建设监理在质量过程控制中的一种重要手段，有以下几层含义：①“平行检验”实施者必须是项目监理机构、监理工程师；②项目监理机构实施的“平行检验”必须是在承包单位自检合格的基础上进行的；③“平行检验”的检查或检测活动必须是监理机构独立进行的；④“平行检验”的检查或检测活动必须是按照一定比例进行的。

国家明文规定：监理工程师应当按照工程建设监理规范的要求对建设工程实施监理。国家以法律的形式规定监理机构在施工阶段对工程质量控制有三大重要手段。这也就明确了控制手段之一的“平行检验”的实施者必须是监理机构、监理工程师。虽然承包单位、监理机构同为工程项目质量的责任主体，但承包单位毕竟是建设工程质量的第一责任人，监理机构的性质决定了监理机构不是也不可能是承包单位在质量控制方面的保证人。《建设工程质量管理条例》第 26 条明确规定：施工单位对建设工程的施工质量负责。这就要求承包单位必须有强有力的质量控制体系、具体的质量保证措施和可行的施工方案，并且能正常运行。各级质量控制体系对被检项目必须实行“三检制”，最终实现承包单位对建筑产品的质量保证。工程质量是施工企业做出来的。

承包单位在进行了自检的基础上，向监理机构提出报验，专业监理工程师应根据承包单位报送的隐蔽工程验收单、分项工程报验单等自检结果进行现场复验，符合要求的予以签认，不合格的发监理工程师通知单，要求整改。这样才能符合《建设工程质量管理条例》中的要求：未经监理工程师签字，建筑材料、建筑构配件和设备不得在工程上使用，分项工程检验不合格的，不得进行下一道工序施工的规定。

平行检验是一项重要的监理质量监督制度，对工程各施工部位及时跟班到位，进行监督检查。严格质量检查和验收：对达不到施工图设计和施工验收规范质量标准的部位应及时责令和监督施工单位进行返工重做处理；上道工序未经监理检查验收或隐蔽验收，监理单位禁止施工单位进行下道工序的施工。

4.2.4　工程监理单位的法律责任

1. 监理的质量责任

（1）依法承揽业务。根据《建设工程质量管理条例》第 34 条的规定，工程监理单位应当依法取得相应等级的资质证书，并在其资质等级许可范围内承担工程监理业务。

禁止工程监理单位超越本单位资质等级许可的范围或者以其他工程监理单位的名义承担工程监理业务。禁止工程监理单位允许其他单位或者个人以本单位的名义承担工程监理业务。工程监理单位不得转让工程监理业务。

（2）独立监理。《建设工程质量管理条例》规定，工程监理单位与被监理工程的施工承包单位以及建筑材料、建筑构配件和设备供应单位不得有隶属关系或者其他利害关系。独立是公正的前提条件，监理单位如果不独立是不可能保持公正的。

（3）依法监理。《建设工程质量管理条例》规定，工程监理单位应当依照法律、法规以及有关技术标准、设计文件和建设工程承包合同，代表建设单位对施工质量实施监理，并对施工质量承担监理责任。

监理工程师应当按照工程监理规范的要求，采取旁站、巡视和平行检验等形式，对建设工程实施监理。

（4）确认质量。工程监理单位应当选派具备相应资格的总监理工程师和监理工程师进驻施工现场。未经监理工程师签字，建筑材料、建筑构配件和设备不得在工程上使用或者安装，施工单位不得进行下一道工序的施工。未经总监理工程师签字，建设单位不拨付工程款，不进行竣工验收。

（5）违反质量法规的法律责任

1）超越资质承揽工程的法律责任。工程监理单位超越本单位资质等级承揽工程的，责令停止违法行为，对工程监理单位处合同约定的监理酬金 1 倍以上 2 倍以下的罚款；可以责令停业整顿，降低资质等级；情节严重的，吊销资质证书；有违法所得的，予以没收。未取得资质证书承揽工程的，予以取缔，依照上述规定处以罚款；有违法所得的，予以没收。以欺骗手段取得资质证书承揽工程的，吊销资质证书，依照上述规定处以罚款；有违法所得的，予以设收。

2）出借资质的法律责任。工程监理单位允许其他单位或者个人以本单位名义承揽工程的，责令改正，没收违法所得，对工程监理单位处合同约定的监理酬金 1 倍以上 2 倍以下的罚款；可以责令停业整顿，降低资质等级；情节严重的，吊销资质证书。

3）转包或者违法分包的法律责任。工程监理单位转让工程监理业务的，责令改正，没收违法所得，处合同约定的监理酬金 25 % 以上 50% 以下的罚款；可以责令停业整顿，降低资质等级；情节严重的，吊销资质证书。

4）违反公正监理的法律责任。工程监理单位有下列行为之一的，责令改正，处 50 万元以上 100 万元以下的罚款，降低资质等级或者吊销资质证书；有违法所得的，予以没收；造成损失的，承担连带赔偿责任：①与建设单位或者施工单位串通，弄虚作假、降低工程质量的；②将不合格的建设工程、建筑材料、建筑构配件和设备按照合格签字的。

5）违反独立监理的法律责任。工程监理单位与被监理工程的施工承包单位以及建筑材料、建筑构配件和设备供应单位有隶属关系或者其他利害关系承担该项建设工程的监理业务的，责令改正，处 5 万元以上 10 万元以下的罚款，降低资质等级或者吊销资质证书；有违法所得的，予以没收。

6）注册执业人员应承担的法律责任。监理工程师因过错造成质量事故的，责令停止执业 1 年；造成重大质量事故的，吊销执业资格证书，5 年以内不予注册；情节特别恶劣的，终身不予注册。

2. 监理的安全责任

（1）审查施工方案的责任。《建设工程安全生产管理条例》第 14 条规定："工程监理单位应当审查施工组织设计中的安全技术措施或者专项施工方案是否符合工程建设强制性标准。"

施工组织设计在本质上是施工单位编制的施工计划。其中包含安全技术措施和施工方案。对于达到一定规模的危险性较大的分部分项工程要编制专项施工方案。

整个施工组织设计都需要经监理单位审批后才能被施工单位使用。

这里，监理单位的审查标准是看一看“是否符合工程建设强制性标准”，也就是看一看是否违反法律的规定。在实践中可能会存在合同中约定的标准高于强制性标准的情况。这时，监理单位不仅要审查施工组织设计中的安全技术措施或者专项施工方案是否违法，还要看一看是否违约。若违约，也不能批准施工单位的施工组织设计。

（2）监理的安全生产责任。工程监理单位在实施监理过程中，发现存在安全事故隐患的，应当要求施工单位整改；情况严重的，应当要求施工单位暂时停止施工，并及时报告建设单位，施工单位拒不整改或者不停止施工的，工程监理单位应当及时向有关主管部门报告。工程监理单位和监理工程师应当按照法律、法规和工程建设强制性标准实施监理，并对建设工程安全生产承担监理责任。

（3）监理违反安全法规的法律责任

1）违反强制性标准的法律责任。注册执业人员（包括监理工程师）未执行法律、法规和工程建设强制性标准的，责令停止执业 3 个月以上 1 年以下；情节严重的，吊销执业资格证书，5 年内不予注册；造成重大安全事故的，终身不予注册；构成犯罪的，依照《刑法》有关规定追究刑事责任。

2）其他法律责任。工程监理单位有下列行为之一的，责令限期改正；逾期未改正的，责令停业整顿，并处 10 万元以上 30 万元以下的罚款；情节严重的，降低资质等级，直至吊销资质证书；造成重大安全事故，构成犯罪的，对直接责任人员，依照《刑法》有关规定追究刑事责任；造成损失的，依法承担赔偿责任：①未对施工组织设计中的安全技术措施或者专项施工方案进行审查的；②发现安全事故隐患未及时要求施工单位整改或者暂时停止施工的；③施工单位拒不整改或者不停止施工，未及时向有关主管部门报告的；④未依照法律、法规和工程建设强制性标准实施监理的。

本 章 小 结

本章介绍了监理二作的法律规定和科学程序，还介绍了监理单位的法律责任，以及工程监理的工作内容和权限。

复习思考题

【简答题】

1. 简述工程监理的任务。
2. 工程监理实施的依据是什么？国家推荐性标准是否可以作为监理的依据？
3. 某小型体育场项目投资 2000 万元，按国家相关规定是否需要监理？为什么？
4. 简述监理单位的安全、质量责任及义务。

【选择题】

1. 工程监理单位在建设项目监理实施过程中，其监理内容不包括（　　）。

A. 进度控制　　B. 质量控制　　C. 成本控制　　D. 合同管理　　E. 人事管理

2. 在开展工程监理的过程中，当建设单位与承建单位发生利益冲突时，监理单位应以事实为依据，以法律和有关合同为准绳，在维护建设单位的合法权益的同时，不损害承建单位的合法权益。这表明建设工程监理具有（　　）。

A. 公平性　　B. 自主性　　C. 独立性　　D. 公正性

3. 建设工程监理的作用有（　　）。

A. 促使承建单位保证建设工程的质量和使用安全

B. 有利于实现建设工程社会效益最大化

C. 依靠自律机制规范工程建设参与各方的建设行为

D. 从产品生产者的角度对建设生产的过程实施管理

4. 依据《工程监理企业资质管理规定》，具有专业乙级资质的工程监理企业，可以承担（　　）建设工程项目的监理业务。

A. 所有专业类别三级以下（含三级）　　B. 相应专业类别三级以下（含三级）

C. 相应专业类别二级以下（含二级）　　D. 所有专业类别二级以下（含二级）

5.《建筑法》规定，工程监理单位与被监理工程的（　　）不得有隶属关系或者其他利害关系。

A. 设计单位　　B. 承包单位

C. 建筑材料供应单位　　D. 设备供应单位

E. 工程咨询单位

6. 依据《工程监理企业资质管理规定》，我国工程监理企业资质等级划分为（　　）。

A. 综合　　B. 专业　　C. 技术咨询　　D. 事务所　　E. 管理所

【案例分析题】

场景

电信公司在市中心新建电信大厦，该工程为钢筋混凝土框架结构，地下一层，地上七层，施工阶段由飞扬监理公司负责监理。电信公司将工程发包给甲施工单位，经电信公司同意，甲施工单位将消防工程采用包工包料的方式分包给乙公司。为节约成本，电信公司要求降低节能标准，更换材料。工程竣工验收并进行工程文件移交、归档。电信大厦投入使用后三个月，位于三楼的一处消防管控制阀因质量不合格漏水，造成某通信设备调试公司存放于该楼的两台电子设备损坏，直接经济损失为近百万元。

问题：

（1）对该设备损失承担责任的有哪些单位？具体说明甲施工单位的责任。

（2）飞扬监理公司负责监理，其质量责任是什么？

（3）电信公司的安全责任包括哪些具体内容？

（4）对该项目经审查合格的节能设计文件，电信公司要求甲施工单位变更节能设计，降低节能标准。甲施工单位要求乙公司变更节能设计，降低节能标准。以上作法是否妥当？请说明理由。

第5章　建设工程招标投标制度

✲ 学习目标：了解招标、投标原则及范围，熟悉工程招标的组织形式及招标代理；掌握工程招标程序及投标要求，熟悉开标、评标、中标规定。

5.1　工程招标投标的相关规定

建设工程招标投标是在市场经济条件下，通过公平竞争机制，进行建设工程项目发包与承包时所采用的一种交易方式。采用这种交易方式，需具备两个基本条件：第一是要有能够开展公平竞争的市场经济运行机制；第二是必须存在招标项目的买方市场，能够形成多家竞争的局面。

通过招标投标，招标单位可以对符合条件的各投标竞争者进行综合比较，从中选择报价合理、技术力量强、质量和信誉可靠的承包商作为中标者签订承包合同，有利于保证工程质量和工期、降低工程造价、提高投资效益，也有利于防范建设工程发承包活动中的不正当竞争行为和腐败现象。

《招标投标法》由第九届全国人民代表大会常务委员会第十一次会议于1999年8月30日通过，自2000年1月1日起施行。

《招标投标法》的立法目的在于规范招标投标活动，保护国家利益、社会公共利益和招标投标活动当事人的合法权益，提高经济效益，保证项目质量。

《招标投标法》共68条，分别从招标、投标、开标、评标和中标等各主要阶段对招标投标活动作出了规定。

依据《招标投标法》，我国陆续发布了一系列规范招标投标活动的行政法规和部门规章。其中《招投标法实施条例》在2012年2月1日开始施行，进一步对招标投标活动规范进行了一定的调整。

5.1.1　工程招标投标的原则及范围

1. 招标投标活动所应遵循的基本原则

《招标投标法》第5条规定："招标投标活动应当遵循公开、公平、公正和诚实信用的原则。"

（1）公开原则。招标投标活动应当遵循公开原则，这是为了保证招标活动的广泛性、竞争性和透明性。公开原则，首先要求招标信息公开；其次，公开原则还要求招标投标过程公开。

（2）公平原则。公平原则，要求给予所有投标人平等的机会，使其享有同等的权利，履行同等的义务，招标人不得以任何理由排斥或者歧视任何投标人。

（3）公正原则。公正原则，要求招标人在招标投标活动中应当按照统一的标准衡量每一个投标人的优劣。

（4）诚实信用原则。诚实信用原则，是我国民事活动所应当遵循的一项重要基本原则。招标投标活动作为订立合同的一种特殊方式，同样应当遵循诚实信用原则。

2. 必须招标项目的范围和规模标准

（1）必须招标的工程建设项目范围。根据《招标投标法》第3条的规定，在中华人民共和国境内进行下列工程建设项目，包括项目的勘察、设计、施工、监理以及与工程建设有关的重要设备、材料等的采购，必须进行招标。

1）大型基础设施、公用事业等关系社会公共利益、公众安全的项目。

2）全部或者部分使用国有资金投资或者国家融资的项目。

3）使用国际组织或者外国政府贷款、援助资金的项目。

（2）必须招标项目的规模标准。《工程建设项目招标范围和规模标准规定》规定的上述各类工程建设项目，包括项目的勘察、设计、施工、监理以及与工程建设有关的重要设备、材料等的采购，达到下列标准之一的，必须进行招标：

1）施工单项合同估算价在200万元人民币以上的。

2）重要设备、材料等货物的采购，单项合同估算价在100万元人民币以上的。

3）勘察、设计、监理等服务的采购，单项合同估算价在50万元人民币以上的。

4）单项合同估算价低于第1）、2）、3）项规定的标准，但项目总投资额在3000万元人民币以上的。

3. 可以不进行招标的工程建设项目

如果建设项目不属于必须招标的项目则可以招标也可以不招标。但是，即使符合必须招标项目的条件但是属于某些特殊情形的，也可以不招标。

（1）可以不进行招标的施工项目。依据《招标投标法》第66条和2003年3月8日发布的《工程建设项目施工招标投标办法》第12条的规定，需要审批的工程建设项目，有下列情形之一的，由审批部门批准，可以不进行施工招标：

1）涉及国家安全、国家秘密或者抢险救灾而不适宜招标的。

2）属于利用扶贫资金实行以工代赈需要使用农民工的。

3）施工主要技术采用特定的专利或者专有技术的。

4）施工企业自建自用的工程，且该施工企业资质等级符合工程要求的。

5）在建工程追加的附属小型工程或者主体加层工程，原中标人仍具备承包能力的。

6）法律、行政法规规定的其他情形。

不需要审批但依法必须招标的工程建设项目，有上述规定情形之一的，可以不进行施工招标。

（2）可以不进行招标的勘察、设计项目。《建设工程勘察设计管理条例》第16条规定，下列建设工程的勘察、设计，经有关主管部门批准，可以直接发包。

1）采用特定的专利或者专有技术的。

2）建筑艺术造型有特殊要求的。

3）国务院规定的其他建设工程的勘察、设计。

4. 法律责任

（1）规避招标的法律责任。依法必须进行招标的项目而不招标的，将必须进行招标的项目化整为零或者以其他任何方式规避招标的，有关行政监督部门责令限期改正，可以处项目合同金额 5‰以上 10‰以下的罚款；对全部或者部分使用国有资金的项目，项目审批部门可以暂停项目执行或者暂停资金拨付；对单位直接负责的主管人员和其他直接责任人员依法给予处分。行为影响中标结果的，中标无效。

（2）影响公平竞争的法律责任

1）招标人以不合理的条件限制或者排斥潜在投标人的，对潜在投标人实行歧视待遇的，强制要求投标人组成联合体共同投标的，或者限制投标人之间竞争的，责令改正，可以处 1 万元以上 5 万元以下的罚款。

2）依法必须进行招标的项目，招标人向他人透露已获取招标文件的潜在投标人的名称、数量或者可能影响公平竞争的有关招标投标的其他情况的，或者泄露标底的，给予警告，可以并处 1 万元以上 10 万元以下的罚款；对单位直接负责的主管人员和其他直接责任人员依法给予处分；构成犯罪的，依法追究刑事责任。

上述行为影响中标结果的，中标无效。

5.1.2　招标程序

《招标投标法》规定，招标投标活动应当遵循公开、公平、公正和诚实信用的原则。建设工程招标的基本程序主要包括落实招标条件、委托招标代理机构、编制招标文件、发布招标公告或投标邀请书、资格审查、开标、评标、中标和签订合同等。

1. 落实招标条件

《招标投标法》规定，招标项目按照国家有关规定需要履行项目审批手续的，应当先履行审批手续，获得批准。招标人应当有进行招标项目的相应资金或者资金来源已经落实，并应当在招标文件中如实载明。

《工程建设项目施工招标投标办法》进一步规定，依法必须招标的工程建设项目，应当具备下列条件才能进行施工招标。

（1）招标人已经依法成立。

（2）初步设计及概算应当履行审批手续的，已经批准。

（3）招标范围、招标方式和招标组织形式等应当履行核准手续的，已经核准。

（4）有相应资金或资金来源已经落实。

（5）有招标所需的设计图及技术资料。

2. 委托招标代理机构

《招标投标法》规定，招标人具有编制招标文件和组织评标能力的，可以自行办理招标事宜。任何单位和个人不得强制其委托招标代理机构办理招标事宜。依法必须进行招标的项目，招标人自行办理招标事宜的，应当向有关行政监督部门备案。

招标代理机构是依法设立，从事招标代理业务并提供相关服务的社会中介组织。按照《招标投标法》的规定，招标代理机构应当具备下列条件。

（1）有从事招标代理业务的营业场所和相应资金。

（2）有能够编制招标文件和组织评标的相应专业力量。

（3）有符合该法定条件、可以作为评标委员会成员人选的技术、经济等方面的专家库。

从事工程建设项目招标代理业务的招标代理机构，其资格由国务院或者省、自治区、直辖市人民政府的建设行政主管部门认定。具体办法由国务院建设行政主管部门会同国务院有关部门制定。据此，原建设部颁布了《工程建设项目招标代理机构资格认定办法》。

招标代理机构应当在招标人委托的范围内承担招标事宜。招标代理机构可以在其资格等级范围内承担下列招标事宜：

（1）拟订招标方案，编制和出售招标文件、资格预审文件。

（2）审查投标人资格。

（3）编制标底。

（4）组织投标人踏勘现场。

（5）组织开标、评标，协助招标人定标。

（6）草拟合同。

（7）招标人委托的其他事项。

招标代理机构与行政机关和其他国家机关不得存在隶属关系或者其他利益关系，也不得无权代理、越权代理，不得明知委托事项违法而进行代理。招标代理机构不得接受同一招标项目的投标代理和投标咨询业务；未经招标人同意，不得转让招标代理业务。

3. 编制招标文件

《招标投标法》规定，招标人应当根据招标项目的特点和需要编制招标文件。招标文件应当包括招标项目的技术要求、对投标人资格审查的标准、投标报价要求和评标标准等所有实质性要求和条件以及拟签订合同的主要条款。国家对招标项目的技术、标准有规定的，招标人应当按照其规定在招标文件中提出相应要求。

《工程建设项目施工招标投标办法》进一步规定，招标文件一般包括下列内容：

（1）投标邀请书。

（2）投标人须知。

（3）合同主要条款。

（4）投标文件格式。

（5）采用工程量清单招标的，应当提供工程量清单。

（6）技术条款。

（7）设计图。

（8）评标标准和方法。

（9）投标辅助材料。招标人应当在招标文件中规定实质性要求和条件，并用醒目的方式标明。

《招标投标法》还规定，招标文件不得要求或者标明特定的生产供应者以及含有倾向或排斥潜在投标人的其他内容。招标人对已发出的招标文件进行必要的澄清或者修改的，应当在招标文件要求提交投标文件截止时间至少 15 日前，以书面形式通知所有招标文件收受人。该澄清或者修改的内容为招标文件的组成部分。

招标人应当确定投标人编制投标文件所需要的合理时间；但是，依法必须进行招标的项目，自招标文件开始发出之日起至投标人提交投标文件截止之日止，最短不得少于 20 日。

4. 发布招标公告或投标邀请书

《招标投标法》规定，招标人采用公开招标方式的，应当发布招标公告。招标公告应当载明招标人的名称和地址、招标项目的性质、数量、实施地点和时间以及获取招标文件的办法等事项。

招标人采用邀请招标方式的，应当向三个以上具备承担招标项目的能力、资信良好的特定的法人或者其他组织发出投标邀请书。投标邀请书也应当载明招标人的名称和地址、招标项目的性质、数量、实施地点和时间以及获取招标文件的办法等事项。

招标人可以根据招标项目本身的要求，在招标公告或者投标邀请书中，要求潜在投标人提供有关资质证明文件和业绩情况，并对潜在投标人进行资格审查。招标人不得以不合理的条件限制或者排斥潜在投标人，不得对潜在投标人实行歧视待遇。

招标人不得向他人透露已获取招标文件的潜在投标人的名称、数量以及可能影响公平竞争的有关招标投标的其他情况。招标人设有标底的，标底必须保密。招标人根据招标项目的具体情况，可以组织潜在投标人踏勘项目现场。

《建筑法》规定，建筑工程实行公开招标的，发包单位应当依照法定程序和方式发布招标公告，提供载有招标工程的主要技术要求、主要合同条款、评标的标准和方法以及开标、评标、定标的程序等内容的招标文件。

《工程建设项目施工招标投标办法》规定，招标人应当按招标公告或者投标邀请书规定的时间、地点出售招标文件。招标文件出售之日起至停止出售之日止，最短不得少于 5 个工作日。对招标文件的收费应当合理，不得以营利为目的。招标人在发布招标公告、发出投标邀请书后或者售出招标文件或资格预审文件后不得擅自终止招标。

5. 资格审查

《工程建设项目施工招标投标办法》规定，资格审查分为资格预审和资格后审。资格预审是指在投标前对潜在投标人进行的资格审查。资格后审是指在开标后对投标人进行的资格审查。进行资格预审的，一般不再进行资格后审，但招标文件另有规定的除外。

采取资格预审的，招标人可以发布资格预审公告，在资格预审文件中载明资格预审的条件、标准和方法；采取资格后审的，招标人应当在招标文件中载明对投标人资格要求的条件、标准和方法，招标人不得改变载明的资格条件或者以没有载明的资格条件对潜在投标人进行资格审查。

资格预审后，招标人应当向资格预审合格的潜在投标人发出资格预审合格通知书，告知获取招标文件的时间、地点和方法，并同时向资格预审不合格的潜在投标人告知资格预审结果。资格预审不合格的潜在投标人不得参加投标。经资格后审不合格的投标人的投标应作废标处理。

资格审查应主要审查潜在投标人或者投标人是否符合下列条件：

（1）具有独立订立合同的权利。

（2）具有履行合同的能力，包括专业、技术资格和能力，资金、设备和其他物质设施状况，管理能力，经验、信誉和相应的从业人员。

（3）没有处于被责令停业，投标资格被取消，财产被接管、冻结，破产状态。

（4）在最近 3 年内没有骗取中标和严重违约及重大工程质量问题。

（5）法律、行政法规规定的其他资格条件。

资格审查时，招标人不得以不合理的条件限制、排斥潜在投标人或者投标人，不得对潜在投标人或者投标人实行歧视待遇。任何单位和个人不得以行政手段或其他不合理方式限制投标人的数量。

6. 开标

《招标投标法》规定，开标应当在招标文件确定的提交投标文件截止时间的同一时间公开进行；开标地点应当为招标文件中预先确定的地点。

开标由招标人主持，邀请所有投标人参加。开标时，由投标人或者其推选的代表检查投标文件的密封情况，也可以由招标人委托的公证机构检查并公证；经确认无误后，由工作人员当众拆封，宣读投标人名称、投标价格和投标文件的其他主要内容。招标人在招标文件要求提交投标文件的截止时间前收到的所有投标文件，开标时都应当当众予以拆封、宣读。开标过程应当记录，并存档备查。

《工程建设项目施工招标投标办法》规定，投标文件有下列情形之一的，招标人不予受理：

（1）逾期送达的或未送达指定地点的。

（2）未按招标文件要求密封的。

7. 评标

《招标投标法》规定，评标由招标人依法组建的评标委员会负责。招标人应当采取必要的措施，保证评标在严格保密的情况下进行。任何单位和个人不得非法干预、影响评标的过程和结果。

依法必须进行招标的项目，其评标委员会由招标人的代表和有关技术、经济等方面的专家组成，成员人数为5人以上单数，其中技术、经济等方面的专家不得少于成员总数的2/3。与投标人有利害关系的人不得进入相关项目的评标委员会；已经进入的应当更换。评标委员会成员的名单在中标结果确定前应当保密。

评标委员会可以要求投标人对投标文件中含义不明确的内容作必要的澄清或者说明，但是澄清或者说明不得超出投标文件的范围或者改变投标文件的实质性内容。评标委员会应当按照招标文件确定的评标标准和方法，对投标文件进行评审和比较；设有标底的，应当参考标底。评标委员会完成评标后，应当向招标人提出书面评标报告，并推荐合格的中标候选人。评标委员会经评审，认为所有投标文件都不符合招标文件要求的，可以否决所有投标文件。依法必须进行招标的项目的所有投标文件被否决的，招标人应当依法重新招标。

《建筑法》规定，开标后应当按照招标文件规定的评标标准和程序对标书进行评价、比较，在具备相应资质条件的投标者中，择优选定中标者。

《工程建设项目施工招标投标办法》规定，投标文件有下列情形之一的，由评标委员会初审后按废标处理：

（1）无单位盖章并无法定代表人或法定代表人授权的代理人签字或盖章的。

（2）未按规定的格式填写，内容不全或关键字迹模糊、无法辨认的。

（3）投标人递交两份或多份内容不同的投标文件，或在一份投标文件中对同一招标项目报有两个或多个报价，且未声明哪一个有效，按招标文件规定提交备选投标方案的除外。

（4）投标人名称或组织结构与资格预审时不一致的。

（5）未按招标文件要求提交投标保证金的。

（6）联合体投标未附联合体各方共同投标协议的。

8. 中标

《招标投标法》规定，招标人根据评标委员会提出的书面评标报告和推荐的中标候选人确定中标人。招标人也可以授权评标委员会直接确定中标人。

中标人确定后，招标人应当向中标人发出中标通知书，并同时将中标结果通知所有未中标的投标人。中标通知书对招标人和中标人具有法律效力。中标通知书发出后，招标人改变中标结果的，或者中标人放弃中标项目的，应当依法承担法律责任。

《工程建设项目施工招标投标办法》还规定，招标人不得向中标人提出压低报价、增加工作量、缩短工期或其他违背中标人意愿的要求，以此作为发出中标通知书和签订合同的条件。

9. 签订合同

《招标投标法》规定，招标人和中标人应当自中标通知书发出之日起 30 日内，按照招标文件和中标人的投标文件订立书面合同。招标人和中标人不得再行订立背离合同实质性内容的其他协议。

为了防止出现“阴阳合同”，《房屋建筑和市政基础设施工程施工招标投标管理办法》中规定：“订立书面合同后 7 日内，中标人应当将合同送工程所在地的县级以上地方人民政府建设行政主管部门备案。”《最高人民法院关于审理建设程施工合同纠纷案件适用法律问题的解释》第 21 条规定：“当事人就同一建设工程另行订立的建设工程施工合同与经过备案的中标合同实质性内容不一致的，应当以备案的中标合同作为结算工程价款的根据。”招标人与中标人另行签订合同的行为属违法行为，所签订的合同是无效合同。

5.1.3　投标要求

1. 对投标人的资格要求

投标人应当具备承担招标项目的能力；国家有关规定对投标人资格条件或者招标文件对投标人资格条件有规定的，投标人应当具备相应规定的资格条件。

2. 对投标的文件要求

（1）投标文件的编制。根据《招标投标法》第 27 条的规定，投标人应当按照招标文件的要求编制投标文件。投标文件应当对招标文件的实质性要求作出响应。招标项目属于建设施工的，投标文件的内容应当包括拟派出的项目负责人与主要技术人员的简历、业绩和拟用于完成招标项目的机械设备等。

《工程建设项目施工招标投标办法》第 37 条规定，招标人可以在招标文件中要求投标人提交投标保证金。投标保证金除现金外，可以是银行出具的银行保函、保兑支票、银行汇票或现金支票。投标保证金一般不得超过投标总价的 2%，但最高不得超过 80 万元人民币。投标保证金有效期应当超出投标有效期 30 天。投标人应当按照招标文件要求的方式和金额，将投标保证金随投标文件提交给招标人。投标人不按招标文件要求提交投标保证金的，该投标文件将被拒绝，作废标处理。

（2）投标文件的提交。投标人应当在招标文件要求提交投标文件的截止时间前，将投标文件送达投标地点；在截止时间后送达的投标文件，招标人应当拒收。

招标人收到投标文件后，应当签收保存，不得开启。投标人少于三个的，招标人应当依法重新招标。

（3）投标文件的补充、修改、替代或撤回。投标人在招标文件要求提交投标文件的截止时间前，可以补充、修改或者撤回已提交的投标文件，并书面通知招标人。补充、修改的内容为投标文件的组成部分。

在提交投标文件截止时间后到招标文件规定的投标有效期终止之前，投标人不得补充、修改、替代或者撤回其投标文件。投标人补充、修改、替代投标文件的，招标人不予接受；投标人撤回投标文件的，其投标保证金将被没收。

5.1.4 联合体投标

1. 联合体投标的含义

联合体投标指的是某承包单位为了承揽不适于自己单独承包的工程项目而与其他单位联合，以一个投标人的身份去投标的建设行为。

《招标投标法》第31条规定，两个以上法人或者其他组织可以组成一个联合体，以一个投标人的身份共同投标。

2. 联合体各方资质条件

根据《招标投标法》第31条的规定，对联合体各方资质条件的要求如下。

（1）联合体各方均应当具备承担招标项目的相应能力。

（2）国家有关规定或者招标文件对投标人资格条件有规定的，联合体各方均应当具备规定的相应资格条件。

（3）由同一专业单位组成的联合体，按照资质等级较低的单位确定资质等级。

3. 联合体各方的共同投标协议

联合体各方应当签订共同投标协议，明确约定各方拟承担的工作和责任，并将共同投标协议连同投标文件一并提交招标人。

共同投标协议约定了组成联合体各成员单位在联合体中所承担的各自的工作范围，这个范围的确定也为建设单位判断该成员单位是否具备“相应的资格条件”提供了依据。共同投标协议也约定了组成联合体各成员单位在联合体中所承担的各自的责任，这也为将来可能引发的纠纷的解决提供了必要的依据。

所以，共同投标协议对于联合体投标这种投标的形式是非常必要的，也正是基于此，《工程建设项目施工招标投标办法》第50条规定将没有附有联合体各方共同投标协议的联合体投标确定为废标。

4. 联合体各方的责任

（1）履行共同投标协议中约定的责任。共同投标协议中约定了联合体中各方应该承担的责任，各成员单位必须按照该协议的约定认真履行自己的义务，否则将对对方承担违约责任。

同时，共同投标协议中约定的责任承担也是各成员单位最终的责任承担方式。

（2）就中标项目承担连带责任。如果联合体中的一个成员单位没能按照合同约定履行义务，则招标人可以要求联合体中任何一个成员单位承担不超过总任务的任何比例的债务，而该单位不得拒绝。该成员单位承担了被要求的责任后，有权向其他成员单位追偿其按照共同投标协议不应当承担的债务。

（3）不得重复投标。联合体各方签订共同投标协议后，不得再以自己的名义单独投标，也不得组成新的联合体或参加其他联合体在同一项目中投标。

（4）不得随意改变联合体的构成。联合体参加资格预审并获通过的，其组成的任何变化都必须在提交投标文件截止之日前征得招标人的同意。如果变化后的联合体削弱了竞争力，含有事先未经过资格预审或者资格预审不合格的法人或者其他组织，或者使联合体的资质降到资格预审文件中规定的最低标准以下，则招标人有权拒绝。

（5）必须有代表联合体的牵头人。联合体各方必须指定牵头人，授权其代表所有联合体成员负责投标和合同实施阶段的主办、协调工作，并应当向招标人提交由所有联合体成员法定代表人签署的授权书。

联合体投标的，应当以联合体各方或者联合体中牵头人的名义提交投标保证金。以联合体中牵头人名义提交的投标保证金，对联合体各成员都具有约束力。

5.1.5 法律禁止的不正当竞争行为

《中华人民共和国反不正当竞争法》（以下简称《反不正当竞争法》）规定："本法所称的不正当竞争，是指经营者违反本法规定，损害其他经营者的合法权益，扰乱社会经济秩序的行为。"

1. 投标人相互串通投标

《反不正当竞争法》规定，投标者不得串通投标，抬高标价或者压低标价。《招标投标法》也规定，投标人不得相互串通投标报价，不得排挤其他投标人的公平竞争，损害招标人或者其他投标人的合法权益。

《工程建设项目施工招标投标办法》进一步规定，下列行为均属投标人串通投标报价：

（1）投标人之间相互约定抬高或降低投标报价。

（2）投标人之间相互约定，在招标项目中分别以高、中、低价位报价。

（3）投标人之间先进行内部竞价，内定中标人，然后再参加投标。

（4）投标人之间其他串通投标报价的行为。

2. 投标人与招标人串通投标

《反不正当竞争法》规定，投标者和招标者不得相互勾结，以排挤竞争对手的公平竞争。《招标投标法》也规定，投标人不得与招标人串通投标，损害国家利益、社会公共利益或者他人的合法权益。

《工程建设项目施工招标投标办法》进一步规定，下列行为均属招标人与投标人串通投标：

（1）招标人在开标前开启投标文件，并将投标情况告知其他投标人，或者协助投标人撤换投标文件，更改报价。

（2）招标人向投标人泄露标底。

（3）招标人与投标人商定投标时压低或抬高标价，中标后再给投标人或招标人额外补偿。

（4）招标人预先内定中标人。

（5）其他串通投标行为。

3. 投标人以行贿手段谋取中标

《反不正当竞争法》规定，经营者不得采用财物或者其他手段进行贿赂以销售或者购买商品。在账外暗中给予对方单位或者个人回扣的，以行贿论处；对方单位或者个人在账外暗中收受回扣的，以受贿论处。《招标投标法》也规定，禁止投标人以向招标人或者评标委员会成员行贿的手段谋取中标。

投标人以行贿手段谋取中标是一种严重的违法行为，对其他参与竞争的投标人不公平，其法律后果是中标无效。同时，有关责任人和单位还要承担相应的行政责任或刑事责任；给他人造成损失的，还应当承担民事赔偿责任。

4. 投标人以低于成本的报价竞标

《反不正当竞争法》规定，经营者不得以排挤竞争对手为目的，以低于成本的价格销售商品。《招标投标法》规定，投标人不得以低于成本的报价竞标。

因为低于成本的报价竞标不仅是不正当竞争行为，还容易导致中标后的偷工减料，影响工程质量。

5. 投标人以他人名义投标或以其他方式弄虚作假骗取中标

《反不正当竞争法》规定，经营者不得采用下列不正当手段从事市场交易，损害竞争对手。

（1）假冒他人的注册商标。

（2）擅自使用知名商品特有的名称、包装、装潢，或者使用与知名商品近似的名称、包装、装潢，造成和他人的知名商品相混淆，使购买者误认为是该知名商品。

（3）擅自使用他人的企业名称或者姓名，引人误认为是他人的商品。

（4）在商品上伪造或者冒用认证标志、名优标志等质量标志，伪造产地，对商品质量作引人误解的虚假表示。

《招标投标法》规定，投标人“不得以他人名义投标或者以其他方式弄虚作假，骗取中标”。《工程建设项目施工招标投标办法》进一步规定，以他人名义投标是指投标人挂靠其他施工单位，或从其他单位通过转让或租借的方式获取资格或资质证书，或者由其他单位及其法定代表人在自己编制的投标文件上加盖印章和签字等行为。

5.2 开标、评标与中标的法律规定

5.2.1 开标

根据《招标投标法》及相关规定，开标应当遵守如下程序。

（1）开标应当在招标文件确定的提交投标文件截止时间的同一时间公开进行；开标地点应当为招标文件中预先确定的地点。

（2）开标由招标人主持，邀请所有投标人参加。

（3）开标时，由投标人或者其推选的代表检查投标文件的密封情况，也可以由招标人委托的公证机构检查并公证；经确认无误后，由工作人员当众拆封，宣读投标人名称、投标价格和投标的其他主要内容。

（4）开标过程应当记录，并存档备查。

投标文件有下列情形之一的，招标人不予受理：

（1）逾期送达的或者未送达指定地点的。

（2）未按招标文件要求密封的。

5.2.2 评标

1. 评标的标准和方法

招标人应当采取必要的措施，保证评标在严格保密的情况下进行。任何单位和个人不得非法干预、影响评标的过程和结果。评标委员会应当按照招标文件确定的评标标准和方法，对投标文件进行评审和比较；设有标底的，应当参考标底。

2. 按废标处理的情形

《工程建设项目施工招标投标办法》第50条规定，以下情形将被作为废标处理。

（1）无单位盖章并无法定代表人或法定代表人授权的代理人签字或盖章的。

（2）未按规定的格式填写，内容不全或关键字迹模糊、无法辨认的。

（3）投标人递交两份或多份内容不同的投标文件，或在一份投标文件中对同一招标项目报有两个或多个报价，且未声明哪一个有效（按招标文件规定提交备选投标方案的除外）。

（4）投标人名称或组织结构与资格预审时不一致的。

（5）未按招标文件要求提交投标保证金的。

（6）联合体投标未附联合体各方共同投标协议的。

2005年3月1日起施行的《工程建设项目货物招标投标办法》在《工程建设项目施工招标投标办法》的基础上进一步补充了应当作为废标的情形。

（1）无法定代表人出具的授权委托书的。

（2）投标人名称或组织结构与资格预审时不一致且未提供有效证明的。

（3）投标有效期不满足招标文件要求的。

《招标投标法》第42条规定，评标委员会可以否决全部投标。依法必须进行招标的项目的所有投标被否决的，招标人应当依法重新招标。

3. 投标文件的澄清、说明和修正

评标委员会可以要求投标人对投标文件中含义不明确的内容作必要的澄清或者说明，但是澄清或者说明不得超出投标文件的范围或者改变投标文件的实质性内容。

评标委员会在对实质上响应招标文件要求的投标进行报价评估时，除招标文件另有约定外，应当按下述原则进行修正：

（1）用数字表示的数额与用文字表示的数额不一致时，以文字数额为准。

（2）单价与工程量的乘积与总价之间不一致时，以单价为准。若单价有明显的小数点错位，则应以总价为准，并修改单价。

调整后的报价经投标人确认后产生约束力。

4. 评标报告和中标候选人

（1）评标报告。评标委员会完成评标工作后，应当向招标人提出书面评标报告，并抄送有关行政监督部门。

评标报告由评标委员会全体成员签字。对评标结论持有异议的评标委员会成员可以书面方式阐述其不同意见和理由。评标委员会成员拒绝在评标报告上签字且不陈述其不同意见和理由的，视为同意评标结论。评标委员会应当对此作出书面说明并记录在案。

（2）中标候选人。评标委员会推荐的中标候选人应当限定在 1～3 人，并表明排列顺序。

评标委员会经评审，认为所有投标都不符合招标文件要求的，可以否决所有投标。依法必须进行招标的项目的所有投标被否决的，招标人应当依法重新招标。

在确定中标人前，招标人不得与投标人就投标价格、投标方案等实质性内容进行谈判。

5.2.3 中标

1. 确定中标人

（1）中标人的确定范围。《招标投标法》规定，招标人根据评标委员会提出的书面评标报告和推荐的中标候选人确定中标人，招标人也可以授权评标委员会直接确定中标人。

《工程建设项目施工招标投标办法》进一步规定，招标人应当接受评标委员会推荐的中标候选人，不得在评标委员会推荐的中标候选人之外确定中标人。依法必须进行招标的项目，招标人应当确定排名第一的中标候选人为中标人。排名第一的中标候选人放弃中标、因不可抗力提出不能履行合同，或者招标文件规定应当提交履约保证金而在规定的期限内未能提交的，招标人可以确定排名第二的中标候选人为中标人。排名第二的中标候选人因前述规定的同样原因不能签订合同的，招标人可以确定排名第三的中标候选人为中标人。

（2）中标人的确定条件。《招标投标法》规定，中标人的投标应当符合下列条件之一。

1）能够最大限度地满足招标文件中规定的各项综合评价标准。

2）能够满足招标文件的实质性要求，并且经评审的投标价格最低，但是投标价格低于成本的除外。

对于投标价格低于成本的认定，《房屋建筑和市政基础设施工程施工招标投标管理办法》规定，有下列情形之一的，评标委员会可以要求投标人作出书面说明并提供相关材料。

1）设有标底的，投标报价低于标底合理幅度的。

2）不设标底的，投标报价明显低于其他投标报价，有可能低于其企业成本的。

该办法还规定，经评标委员会论证，认定该投标人的报价低于其企业成本的，不能推荐为中标候选人或者中标人。

（3）中标人的确定期限和中标候选人公示。《工程建设项目施工招标投标办法》规定，评标委员会提出书面评标报告后，招标人一般应当在 15 日内确定中标人，且最迟应当在投标有效期结束日 30 个工作日前确定。

为进一步规范施工招标投标活动，《关于加强房屋建筑和市政基础设施工程项目施工招标投标行政监督工作的若干意见》要求，各地应当建立中标候选人的公示制度。采用公开招标的，在中标通知书发出前，要将预中标人的情况在该工程项目招标公告发布的同一信息网络和建设工程交易中心予以公示，公示的时间最短应当不少于 2 个工作日。对于拖延确定中标人、随意更换中标人、向中标人提出额外要求甚至无正当理由拒不与中标人签署合同的招标人，要依法予以处理。

2. 报告招标投标情况

《招标投标法》规定，依法必须进行招标的项目，招标人应当在确定中标人之日起 15

日内，向有关行政监督部门提交招标投标情况的书面报告。

《工程建设项目施工招标投标办法》进一步规定，依法必须进行施工招标的项目，招标人应当自发出中标通知书之日起 15 日内，向有关行政监督部门提交招标投标情况的书面报告。书面报告至少应包括下列内容。

（1）招标范围。

（2）招标方式和发布招标公告的媒介。

（3）招标文件中投标人须知、技术条款、评标标准和方法、合同主要条款等内容。

（4）评标委员会的组成和评标报告。

（5）中标结果。

3. 履约保证金

《招标投标法》规定，招标文件要求中标人提交履约保证金的，中标人应当提交。《工程建设项目施工招标投标办法》进一步规定，招标文件要求中标人提交履约保证金或者其他形式履约担保的，中标人应当提交；拒绝提交的，视为放弃中标项目。

招标人要求中标人提供履约保证金或其他形式履约担保的，招标人应当同时向中标人提供工程款支付担保。招标人不得擅自提高履约保证金，不得强制要求中标人垫付中标项目建设资金。

5.3　招标投标活动的监督管理与法律责任

5.3.1　招标人违法行为应承担的法律责任

《招标投标法》规定，必须进行招标的项目而不招标的，将必须进行招标的项目化整为零或者以其他任何方式规避招标的，责令限期改正，可以处项目合同金额 5‰以上 10‰以下的罚款；对全部或者部分使用国有资金的项目，可以暂停项目执行或者暂停资金拨付；对单位直接负责的主管人员和其他直接责任人员依法给予处分。

招标人以不合理的条件限制或者排斥潜在投标人的，对潜在投标人实行歧视待遇的，强制要求投标人组成联合体共同投标的，或者限制投标人之间竞争的，责令改正，可以处 1 万元以上 5 万元以下的罚款。

依法必须进行招标的项目的招标人向他人透露已获取招标文件的潜在投标人的名称、数量或者可能影响公平竞争的有关招标投标的其他情况的，或者泄露标底的，给予警告，可以并处 1 万元以上 10 万元以下的罚款；对单位直接负责的主管人员和其他直接责任人员依法给予处分；构成犯罪的，依法追究刑事责任。影响中标结果的，中标无效。

依法必须进行招标的项目，招标人违反规定，与投标人就投标价格、投标方案等实质性内容进行谈判的，给予警告，对单位直接负责的主管人员和其他直接责任人员依法给予处分。影响中标结果的，中标无效。

招标人在评标委员会依法推荐的中标候选人以外确定中标人的，依法必须进行招标的项目在所有投标被评标委员会否决后自行确定中标人的，中标无效，责令改正，可以处中标项目金额 5‰以上 10‰以下的罚款；对单位直接负责的主管人员和其他直接责任人员依法给予处分。

招标人与中标人不按照招标文件和中标人的投标文件订立合同的，或者招标人、中标人订立背离合同实质性内容的协议的，责令改正；可以处中标项目金额5‰以上10‰以下的罚款。

《建设工程质量管理条例》规定，建设单位将建设工程肢解发包的，责令改正，处工程合同价款0.5%～1%的罚款；对全部或者部分使用国有资金的项目，还可以暂停项目执行或者暂停资金拨付。

《工程建设项目施工招标投标办法》规定，招标人在发布招标公告、发出投标邀请书或者售出招标文件或资格预审文件后终止招标的，除有正当理由外，有关行政监督部门给予警告，根据情节可处3万元以下的罚款；给潜在投标人或者投标人造成损失的，还应当赔偿损失。

招标人或者招标代理机构有下列情形之一的，有关行政监督部门责令其限期改正，根据情节可处3万元以下的罚款；情节严重的，招标无效。

（1）未在指定的媒介发布招标公告的。

（2）邀请招标不依法发出投标邀请书的。

（3）自招标文件或资格预审文件出售之日起至停止出售之日止，少于5个工作日的。

（4）依法必须招标的项目，自招标文件开始发出之日起至提交投标文件截止之日止，少于20日的。

（5）应当公开招标而不公开招标的。

（6）不具备招标条件而进行招标的。

（7）应当履行核准手续而未履行的。

（8）不按项目审批部门核准内容进行招标的。

（9）在提交投标文件截止时间后接收投标文件的。

（10）投标人数量不符合法定要求不重新招标的。被认定为招标无效的，应当重新招标。

招标人不按规定期限确定中标人的，或者中标通知书发出后，改变中标结果的，无正当理由不与中标人签订合同的，或者在签订合同时向中标人提出附加条件或者更改合同实质性内容的，有关行政监督部门给予警告，责令改正，根据情节可处3万元以下的罚款；造成中标人损失的，还应当赔偿损失。

招标人擅自提高履约保证金或强制要求中标人垫付中标项目建设资金的，有关行政监督部门责令改正；可以处中标项目金额5‰以上10‰以下的罚款。

招标人不履行与中标人订立的合同的，应当双倍返还中标人的履约保证金；给中标人造成的损失超过返还的履约保证金的，还应当对超过部分予以赔偿；没有提交履约保证金的，应当对中标人的损失承担赔偿责任。因不可抗力不能履行合同的，不适用此规定。

5.3.2 招标代理机构违法行为应承担的法律责任

《招标投标法》规定，招标代理机构违反规定，泄露应当保密的与招标投标活动有关的情况和资料的，或者与招标人、投标人串通损害国家利益、社会公共利益或者他人合法权益的，处5万元以上25万元以下的罚款，对代理机构直接负责的主管人员和其他直接责任人员处机构罚款数额 5% 以上 10% 以下的罚款；有违法所得的，并处没收违法所得；情节严重的，暂停直至取消招标代理资格；构成犯罪的，依法追究刑事责任。给他人造成损失的，依法承担赔偿责任。影响中标结果的，中标无效。

《工程建设项目招标代理机构资格认定办法》规定，未取得资格认定承担工程招标代理业务的，该工程招标代理无效，由招标工程所在地的建设行政主管部门处以 1 万元以上 3 万元以下的罚款。

工程招标代理机构超越规定范围承担工程招标代理业务的，由建设行政主管部门处以 1 万元以上 3 万元以下的罚款；情节严重的，收回其工程招标代理资格证书，并在 3 年内不受理其资格申请。

5.3.3 评标委员会成员违法行为应承担的法律责任

《招标投标法》规定，评标委员会成员收受投标人的财物或者其他好处的，评标委员会成员或者参加评标的有关工作人员向他人透露对投标文件的评审和比较、中标候选人的推荐以及与评标有关的其他情况的，给予警告，没收收受的财物，可以并处 3000 元以上 5 万元以下的罚款，对有所列违法行为的评标委员会成员取消担任评标委员会成员的资格，不得再参加任何依法必须进行招标的项目的评标；构成犯罪的，依法追究其刑事责任。

《工程建设项目施工招标投标办法》规定，评标委员会成员在评标过程中擅离职守，影响评标程序正常进行，或者在评标过程中不能客观公正地履行职责的，有关行政监督部门给予警告；情节严重的，取消担任评标委员会成员的资格，不得再参加任何招标项目的评标，并处 1 万元以下的罚款。

评标过程有下列情况之一的，评标无效，应当依法重新进行评标或者重新进行招标，有关行政监督部门可处 3 万元以下的罚款：

（1）使用招标文件没有确定的评标标准和方法的。

（2）评标标准和方法含有倾向或者排斥投标人的内容，妨碍或者限制投标人之间竞争，且影响评标结果的。

（3）应当回避担任评标委员会成员的人参与评标的。

（4）评标委员会的组建及人员组成不符合法定要求的。

（5）评标委员会及其成员在评标过程中有违法行为，且影响评标结果的。

《最高人民法院、最高人民检察院关于办理商业贿赂刑事案件适用法律若干问题的意见》第 6 条规定，依法组建的评标委员会的组成人员，在招标等事项的评标活动中，索取他人财物或者非法收受他人财物，为他人谋取利益，数额较大的，依照《刑法》第 163 条的规定，以非国家工作人员受贿罪定罪处罚。依法组建的评标委员会中国家机关或者其他国有单位的代表有以上行为的，依照《刑法》第 385 条的规定，以受贿罪定罪处罚。

5.3.4 投标人违法行为应承担的法律责任

《招标投标法》规定，投标人相互串通投标或者与招标人串通投标的，投标人以向招标人或者评标委员会成员行贿的手段谋取中标的，中标无效，处中标项目金额 5‰以上 10‰以下的罚款，对单位直接负责的主管人员和其他直接责任人员处单位罚款数额 5% 以上 10% 以下的罚款；有违法所得的，并处没收违法所得；情节严重的，取消其 1～2 年内参加依法必须进行招标的项目的投标资格并予以公告，直至由工商行政管理机关吊销营业执照；构成犯罪的，依法追究刑事责任。给他人造成损失的，依法承担赔偿责任。

投标人以他人名义投标或者以其他方式弄虚作假，骗取中标的，中标无效，给招标人造成损失的，依法承担赔偿责任；构成犯罪的，依法追究刑事责任，依法必须进行招标的项目的投标人有以上所列行为尚未构成犯罪的，处中标项目金额5‰以上10‰以下的罚款，对单位直接负责的主管人员和其他直接责任人员处单位罚款数额5%以上10%以下的罚款；有违法所得的，并处没收违法所得；情节严重的，取消其1～3年内参加依法必须进行招标的项目的投标资格并予以公告，直至由工商行政管理机关吊销营业执照。

5.3.5 中标人违法行为应承担的法律责任

《招标投标法》规定："中标人将中标项目转让给他人的，将中标项目肢解后分别转让给他人的，违反本法规定将中标项目的部分主体、关键性工作分包给他人的，或者分包人再次分包的，转让、分包无效，处转让、分包项目金额5‰以上10‰以下的罚款；有违法所得的，并处没收违法所得；可以责令停业整顿；情节严重的，由工商行政管理机关吊销营业执照。"

中标人不履行与招标人订立的合同的，履约保证金不予退还，给招标人造成的损失超过履约保证金数额的，还应当对超过部分予以赔偿；没有提交履约保证金的，应当对招标人的损失承担赔偿责任。中标人不按照与招标人订立的合同履行义务，情节严重的，取消其2～5年内参加依法必须进行招标的项目的投标资格并予以公告，直至由工商行政管理机关吊销营业执照。因不可抗力不能履行合同的，不适用以上规定。

《工程建设项目施工招标投标办法》规定，中标通知书发出后，中标人放弃中标项目的，无正当理由不与招标人签订合同的，在签订合同时向招标人提出附加条件或者更改合同实质性内容的，或者拒不提交所要求的履约保证金的，招标人可取消其中标资格，并没收其投标保证金；给招标人造成的损失超过投标保证金数额的，中标人应当对超过部分予以赔偿；没有提交投标保证金的，应当对招标人的损失承担赔偿责任。

5.3.6 国家机关工作人员违法行为应承担的法律责任

《招标投标法》规定，对招标投标活动依法负有行政监督职责的国家机关工作人员徇私舞弊、滥用职权或者玩忽职守，构成犯罪的，依法追究刑事责任；不构成犯罪的，依法给予行政处分。

5.3.7 其他法律责任

《招标投标法》规定，任何单位违反《招标投标法》规定，限制或者排斥本地区、本系统以外的法人或者其他组织参加投标的，为招标人指定招标代理机构的，强制招标人委托招标代理机构办理招标事宜的，或者以其他方式干涉招标投标活动的，责令改正；对单位直接责的人员和其他直接责任人员依法给予警告、记过、记大过的处分，情节较重的，依法给予降级、撤职、开除的处分。个人利用职权进行以上违法行为的，依照以上规定追究责任。

依法必须进行招标的项目违反《招标投标法》规定，中标无效的，应当依照《招标投标法》规定的中标条件从其余投标人中重新确定中标人或者依照《招标投标法》重新进行招标。

《工程建设项目施工招标投标办法》规定，中标无效的，发出的中标通知书和签订的合同自始没有法律约束力，但不影响合同中独立存在的有关解决争议方法的条款的效力。

本 章 小 结

本章介绍了建设工程招标投标活动的相关知识。招标投标制度全面保障了承发包双方利益，保证了竞争的公开、公平。从事招标投标工作要严格遵循招标投标的基本原则及范围要求。选择合适的招标方式及组织形式。按照国家相关法律确定招标程序。建设工程的投标活动要严格而规范。由于联合体投标既具有特异性，也具有广泛性，本章对此进行了具体的阐述。

复习思考题

【简答题】

1. 工程招标投标的原则是什么？
2. 工程招标投标的主要形式有哪些？
3. 联合体投标各方的责任有哪些？
4. 工程招标投标的基本程序是什么？

【选择题】

1. 某企业在一次大型工程项目的招标活动中，根据《招标投标法》的要求安排了以下招标程序：①成立招标组织；②签收投标文件；③编制招标文件和标底；④发布招标公告。下列排列顺序正确的是（　　）。

A. ①、②、③、④　　B. ①、②、④、③

C. ①、④、③、②　　D. ①、③、④、②

2. 招标人应当在资格预审文件中载明的内容不包括（　　）。

A. 资格条件　　B. 最低标准要求

C. 审查方法　　D. 审查目的

3. 招标人采取招标公告的方式对某工程进行施工招标，于 2007 年 3 月 3 日开始发售招标文件，3 月 6 日停售；招标文件规定投标保证金为 100 万元；3 月 22 日招标人对已发出的招标文件作了必要的澄清和修改，投标截止日期为同年 3 月 25 日。上述事实中错误有（　　）处。

A. 1　　B. 2　　C. 3　　D. 4

4. 下列选项中不属于招标代理机构的工作事项的是（　　）。

A. 审查投标人资格　　B. 编制标底　　C. 组织开标　　D. 进行评标

5. 评标委员会组建过程中，下列做法符合规定的是（　　）。

A. 评标委员会成员的名单仅在评标结束前保密

B. 评标委员会七个成员中，招标人的代表有三名

C. 项目评标专家从招标代理机构的专家库内的专家名单中随机抽取

D. 评标委员会成员由三人组成

6. 某投标人在提交投标文件时，挟带了一封修改投标报价的函件，但开标时该函件没有当众拆封宣读，只宣读了修改前的报价单上填报的投标价格，该投标人当时没有异议。这份修改投标报价的函件应视为（　　）。

A. 有效　　B. 无效

C. 经澄清说明后有效　　D. 在招标人同意接受的情况下有效

7. 根据《招标投标法》的规定，招标人、中标人订立背离合同实质性内容的协议的，（　　）。

A. 责令改正　　B. 罚款

C. 赔偿损失　　D. 依法给予行政处分

8. 根据《招标投标法》的规定，下列施工项目不属于必须招标范围的是（　　）。

A. 企业投资的体育场　　B. 企业投资的廉租住房

C. 企业投资的商品住房

D. 在资质等级许可范围内施工企业建设的自用办公楼

9. 建设工程项目招标中，中标人拒绝与招标人订立合同。中标人提交的投标保证金是2万元，拒签合同的行为给招标人造成2.5万元的损失。则招标人有权（　　）。

A. 没收投标保证金，但无权主张保证金以外的赔偿

B. 没收投标保证金，且有权主张再赔偿保证金以外的0.5万元损失

C. 没收投标保证金，且有权主张再赔偿保证金以外的2.5万元损失

D. 向法院诉讼要求赔偿，但不得自行没收投标保证金

10. 某施工项目招标，招标文件开始出售的时间为3月20日，停止出售的时间为3月30日，提交招标文件的截止时间为4月25日，评标结束的时间为4月30日，则投标有效期开始的时间为（　　）。

A. 3月20日　　B. 3月30日　　C. 4月25日　　D. 4月30日

11. 某必须招标的建设项目，共有三家单位投标，其中一家未按招标文件要求提交投标保证金，则关于对投标的处理是否重新发包，下列说法中，正确的是（　　）。

A. 评标委员会可以否决全部投标，招标人员应当重新招标

B. 评价委员会可以否决全部投标，招标人可以直接发包

C. 评价委员会必须否决全部投标，招标人应当重新招标

D. 评价委员会必须否决全部投标，招认人可以直接发包

12. 某建设项目招标，采用经评审的最低投标价法评标，经评审的投标价格最低的投标人报价1020万元，评标价1010万元，评标结束后，该投标人向招标人表示，可以再降低报价，报1000万元，与此对应的评标价为990万元，则双方订立的合同价应为（　　）。

A. 1020万元　　B. 1010万元　　C. 1000万元　　D. 990万元

13. 某项目2008年3月1日确定了中标入，2008年3月8日发出了中标通知书，2008年3月12日中标人收到了中标通知书，则签订合同的日期应该不迟于（　　）。

A. 2008年3月16日　　B. 2008年3月31日

C. 2008年4月7日　　D. 2008年4月11日

14. 某建设项目递交投标文件的截止时间为2008年3月1日上午9点，某投标人由于交

通拥堵于2008 年3 月1 日上午9 点5 分将投标文件送达，开标时的正确做法是（　　）。

A. 招标人不予受理，该投标文件作为无效标书处理

B. 经招标人审查批准后，该投标有效，可以进入开标程序

C. 经其他全部投标人过半数同意，该投标可以进入开标程序

D. 由评标委员会按废标处理

15. 根据《工程建设项目施工招标投标办法》，不属于施工招标文件内容的是（　　）。

A. 技术条款　　B. 投标人须知　　C. 施工组织设计　　D. 合同主要条款

【案例分析题】

1. 场景

某建设单位要建一幢18 层的办公楼，在招标发包时将主体工程的土建部分按楼层分为3 个标段（每6 层为1 个标段）进行招标，并将该办公楼的空调设备、电梯设备和消防设备的安装也分别进行招标发包。为此，部分投标单位认为是肢解发包，并向政府主管部门进行反映。

问题：

（1）该建设单位将主体工程的土建部分按楼层分为3 个标段进行招标，是否算肢解发包？

（2）该建设单位能否将该办公楼的空调设备、电梯设备和消防设备的安装分别招标发包？

2. 场景

某建设工程招标公告中，对投标人资格条件的要求为：①本次招标的资质要求是主项资质为房屋建筑工程施工总承包二级及以上资质；②有3 个及以上同类工程业绩，并在人员、设备、资金等方面具有相应的施工能力；③本次招标接受联合体投标。在招标公告发出后，一些建筑公司包括A、B 两家建筑公司都想参加此次投标。A 建筑公司具有房屋建筑工程施工总承包一级资质，且具有多个同类工程业绩；B 建筑公司具有房屋建筑工程施工总承包二级资质，但同类工程业绩较少。但A 建筑公司目前资金比较紧张，而B 建筑公司则担心由于自己的业绩一般，在投标中会处于劣势。因此，两公司协商组成联合体进行投标。在评标过程中，该联合体的资质等级被确定为房屋建筑工程施工总承包二级；评标办法中将资质等级列为一项计算得分的项目。根据评标办法中的计算方法，该联合体得分略低于另外一家一级资质投标人，遗憾地失去了中标机会，该联合体不服，就资质等级问题提出异议，特别是A 建筑公司认为中标的那家公司在以往业绩和业内影响等均不如本公司。

问题：

（1）什么是联合体投标？A、B 两家建筑公司组成的联合体双方的权利义务是什么？

（2）法律对联合体投标的资格有何规定？联合体的资质等级如何确定？

第6章　建设工程合同法律制度

✻ 学习目标：了解合同法原则及分类；熟悉合同的订立及形式；掌握合同履行及担保的规定，掌握各种合同的效力及变更转让，熟悉合同的权利义务解除、终止的情形；掌握违约责任的承担方式；了解建设工程合同的基本法律规定。

6.1　合同法原则及合同的分类

6.1.1　合同法原则

合同的订立，应当遵循平等原则、自愿原则、公平原则、诚实信用原则、合法原则等。

1. 平等原则

《合同法》规定，合同当事人的法律地位平等，一方不得将自己的意志强加给另一方。平等原则包括以下三方面的内容。

①合同当事人的法律地位一律平等，不论所有制性质、单位大小和经济实力强弱，其法律地位都是平等的；②合同中的权利义务对等，即享有权利的同时就应当承担义务，而且彼此的权利、义务是对等的；③合同当事人必须就合同条款充分协商，在互利互惠基础上取得一致，合同方能成立，任何一方都不得将自己的意志强加给另一方，更不得以强迫命令、胁迫等手段签订合同。

2. 自愿原则

《合同法》规定，当事人依法享有自愿订立合同的权利，任何单位和个人不得非法干预。自愿原则体现了民事活动的基本特征，是民事法律关系区别于行政法律关系、刑事法律关系的特有原则。自愿原则贯穿于合同活动的全过程，包括订不订立合同自愿，与谁订立合同自愿，合同内容由当事人在不违法的情况下自愿约定，在合同履行过程中当事人可以协议补充、协议变更有关内容，双方也可以协议解除合同，可以约定违约责任，以及自愿选择解决争议的方式。总之，只要不违背法律、行政法规强制性的规定，合同当事人有权自愿决定，任何单位和个人不得非法干预。

3. 公平原则

《合同法》规定，当事人应当遵循公平原则确定各方的权利和义务。公平原则主要包括：①订立合同时，要根据公平原则确定双方的权利和义务，不得欺诈，不得假借订立合同恶意进行磋商；②根据公平原则确定风险的合理分配；③根据公平原则确定违约责任。

公平原则作为合同当事人的行为准则，可以防止当事人滥用权利，保护当事人的合法权益，维护和平衡当事人之间的利益。

4. 诚实信用原则

《合同法》规定，当事人行使权利、履行义务应当遵循诚实信用原则。诚实信用原则主要包括：①订立合同时，不得有欺诈或其他违背诚实信用的行为；②履行合同义务时，当事人应当根据合同的性质、目的和交易习惯，履行及时通知、协助、提供必要条件、防止损失扩大、保密等义务；③合同终止后，当事人应当根据交易习惯，履行通知、协助、保密等义务，也称为后契约义务。

5. 合法原则

《合同法》规定，当事人订立、履行合同，应当遵守法律、行政法规，尊重社会公德，不得扰乱社会经济秩序，损害社会公共利益。一般来讲，合同的订立和履行，属于合同当事人之间的民事权利义务关系，只要当事人的意思不与法律规范、社会公共利益和社会公德相抵触，即承认合同的法律效力。但是，合同绝不仅仅是当事人之间的问题，有时可能会涉及社会公共利益、社会公德和经济秩序，为此，对于损害社会公共利益、扰乱社会经济秩序的行为，国家应当予以干预。当然，这种干预要依法进行，由法律、行政法规作出规定。

6.1.2　合同的分类

合同的分类是指按照一定的标准，将合同划分成不同的类型。合同的分类，有利于当事人找到能达到自己交易目的的合同类型，订立符合自己愿望的合同条款，便于合同的履行，也有助于司法机关在处理合同纠纷时准确地适用法律，正确处理合同纠纷。

1. 有名合同与无名合同

根据法律是否明文规定了一定合同的名称，可以将合同分为有名合同与无名合同。有名合同又称典型合同，是指法律上已经确定了一定的名称及具体规则的合同。《合同法》中所规定的 15 类合同，都属于有名合同，如建设工程合同等。

无名合同又称非典型合同，是指法律上尚未确定一定的名称与规则的合同。合同当事人可以自由决定合同的内容，即使当事人订立的合同不属于有名合同的范围，只要不违背法律的禁止性规定和社会公共利益，仍然是有效的。

有名合同与无名合同的区分意义，主要在于二者适用的法律规则不同。对于有名合同，应当直接适用《合同法》的相关规定，如建设工程合同直接适用《合同法》第 16 章的规定。对于无名合同，《合同法》规定："本法分则或其他法律没有明文规定的合同，适用本法总则的规定，并可以参照本法分则或者其他法律最相类似的规定。"因此，无名合同首先应当适用《合同法》的一般规则，然后可比照最相类似的有名合同的规则，确定合同效力、当事人权利义务等。

2. 双务合同与单务合同

根据合同当事人是否互相负有给付义务，可以将合同分为双务合同和单务合同。

双务合同是指当事人双方互负给付义务的合同，即双方当事人互享债权、互负债务，一方的合同权利正好是对方的合同义务，彼此形成对价关系。例如，建设工程施工合同中，承包人有获得工程价款的权利，而发包人则有按约支付工程价款的义务。大部分合同都是双务合同。

单务合同是指合同当事人中仅有一方负担义务，而另一方只享有合同权利的合同。例如，在赠与合同中，受赠人享有接受赠与物的权利，但不负担任何义务。无偿委托合同、无偿保管合同均属于单务合同。

3. 诺成合同与实践合同

根据合同的成立是否需要交付标的物，可以将合同分为诺成合同和实践合同。诺成合同又称不要物合同，是指当事人双方意思表示一致就可以成立的合同。大多数的合同都属于诺成合同，如建设工程合同、买卖合同、租赁合同等。

实践合同又称要物合同，是指除当事人双方意思表示一致以外，尚须交付标的物才能成立的合同，如保管合同。

4. 要式合同与不要式合同

根据法律对合同的形式是否有特定要求，可以将合同分为要式合同与不要式合同。要式合同是指根据法律规定必须采取特定形式的合同。例如，《合同法》规定，建设工程合同应当采用书面形式。不要式合同是指当事人订立的合同依法并不需要采取特定的形式，当事人可以采取口头方式，也可以采取书面形式或其他形式。

要式合同与不要式合同的区别，实际上是一个关于合同成立与生效的条件问题。如果法律规定某种合同必须经过批准或登记才能生效，则合同未经批准或登记便不生效；如果法律规定某种合同必须采用书面形式才成立，则当事人未采用书面形式时合同便不成立。

5. 有偿合同与无偿合同

根据合同当事人之间的权利义务是否存在对价关系，可以将合同分为有偿合同与无偿合同。有偿合同是指一方通过履行合同义务而给对方某种利益，对方要得到该利益必须支付相应代价的合同，如建设工程合同等。无偿合同是指一方给付对方某种利益，对方取得该利益时并不支付任何代价的合同，如赠与合同等。

6. 主合同与从合同

根据合同相互间的主从关系，可以将合同分为主合同与从合同。主合同是指能够独立存在的合同；依附于主合同方能存在的合同为从合同。例如，发包人与承包人签订的建设工程施工合同为主合同，为确保该主合同的履行，发包人与承包人签订的履约保证合同为从合同。

6.2 合同的订立及效力

6.2.1 合同的订立

合同的订立要经过两个必要的程序，即要约与承诺。作为一个完整、有效的合同，有其内在的要求和外在的要求。内在的要求表现为其要具备合同的一般条款，在一般条款之上，根据具体的合同标的增加相应的内容。外在的要求表现为合同要具备一定的形式，有的合同由于其不具备外在的形式要求而不能具有法律效力。所以，在订立合同的时候需要清楚地知道所签订的合同需要具备的一般条款，也需要清楚地知道所签订的合同需要具备的形式要求。

1. 要约

《合同法》规定，要约是希望和他人订立合同的意思表示。发出要约的人称为要约人，接受要约的人称为受要约人。要约是订立合同的必经阶段，不经过要约，合同是不可能成立的。

（1）要约的构成要件。要约是希望和他人订立合同的意思表示，该意思表示应当符合下列规定。

1）内容具体确定。所谓具体，是指要约的内容须具有足以使合同成立的主要条款。如果没有包含合同的主要条款，则受要约人难以作出承诺，即使作出了承诺，也会因为双方的这种合意不具备合同的主要条款而使合同不能成立。所谓确定，是指要约的内容须明确，不能含糊不清，否则无法承诺。

2）表明经受要约人承诺，要约人即受该意思表示约束。要约须具有订立合同的意图，表明一经受要约人承诺，要约人即受该意思表示的约束。要约作为表达希望与他人订立合同的一种意思表达，其内容已经包含了可以得到履行的合同成立所需要具备的基本条件。

（2）要约邀请。《合同法》规定，要约邀请是希望他人向自己发出要约的意思表示。寄送的价目表、拍卖公告、招标公告、招股说明书、商业广告等为要约邀请。

要约邀请可以是向特定人发出，也可以是向不特定的人发出。要约邀请只是邀请他人向自己发出要约，如自己承诺才能使合同成立。因此，要约邀请处于合同的准备阶段，没有法律约束力。

在建设工程招标投标活动中，招标文件是要约邀请，对招标人不具有法律约束力；投标文件是要约，应受自己作出的与他人订立合同的意思表示的约束。

（3）要约的法律效力。《合同法》规定，要约到达受要约人时生效。例如，投标人向招标人发出的投标文件，自到达招标人时起生效。

要约的有效期间由要约人在要约中规定。要约人如果在要约中定有存续期间，则受要约人必须在此期间内承诺，要约可以撤回，但撤回要约的通知应当在要约到达受要约人之前或者与要约同时到达受要约人。要约可以撤销，但撤销要约的通知应当在受要约人发出承诺通知之前到达受要约人。

有下列情形之一的，要约不得撤销：①要约人确定了承诺期限或者以其他形式明示要约不可撤销；②受要约人有理由认为要约是不可撤销的，并已经为履行合同做了准备工作。

2. 承诺

《合同法》规定，承诺是受要约人同意要约的意思表示。例如，招标人向投标人发出的中标通知书，就是承诺。

（1）承诺的方式。承诺应当以通知的方式作出，但根据交易习惯或者要约表明可以通过行为作出承诺的除外。这里的行为通常是履行行为，如预付价款、工地上开始工作等。

（2）承诺的生效。承诺通知到达要约人时生效。承诺不需要通知的，根据交易习惯或者要约的要求作出承诺的行为时生效。

（3）承诺的内容。承诺的内容应当与要约的内容一致。受要约人对要约的内容作出实质性变更的，为新要约。有关合同标的、数量、价款或者报酬、履行期限、履行地点和方式、违约责任和解决争议方法等的变更，是对要约内容的实质性变更。

6.2.2 合同的效力

1. 合同的成立和生效

（1）合同成立。合同成立是指当事人完成了签订合同过程，并就合同内容协商一致。

合同成立不同于合同生效。合同生效是法律认可合同效力，强调合同内容的合法性。因此，合同成立体现了当事人的意志，而合同生效体现了国家意志，合同成立是合同生效的前提条件，如果合同不成立，则不可能生效。但是合同成立并不意味着合同就生效了。

1）合同成立的一般要件

① 存在订约当事人。合同成立首先应具备双方或者多方订约当事人，只有一方当事人不可能成立合同。例如，某人以某公司的名义与某团体订立合同，若该公司根本不存在，则可认为只有一方当事人，合同不能成立。

② 订约当事人对主要条款达成一致。合同成立的根本标志是订约双方或者多方经协商，就合同主要条款达成一致意见。

③ 经历要约与承诺两个阶段。《合同法》第13条规定："当事人订立合同，采取要约、承诺方式。"缔约当事人就订立合同达成合意，一般应经过要约、承诺阶段。若只停留在要约阶段，则合同根本未成立。

2）合同成立时间。合同成立时间关系到当事人何时受合同关系约束，因此合同成立时间具有重要意义。确定合同成立时间，应遵守如下规则：

① 当事人采用合同书形式订立合同的，自双方当事人签字或者盖章时合同成立。各方当事人签字或者盖章的时间不在同一时间的，最后一方签字或者盖章时合同成立。

② 当事人采用信件、数据电文等形式订立合同的，可以在合同成立之前要求签订确认书。签订确认书时合同成立。此时，确认书具有最终正式承诺的意义。

3）合同成立地点。合同成立地点可能成为确定法院管辖的依据，因此具有重要意义。确定合同成立地点，应遵守如下规则：

① 承诺生效的地点为合同成立的地点。采用数据电文形式订立合同的，收件人的主营业地为合同成立的地点；没有主营业地的，其经常居住地为合同成立的地点。当事人另有约定的，按照其约定。

② 当事人采用合同书形式订立合同的，双方当事人签字或者盖章的地点为合同成立的地点。

（2）合同生效。合同生效是指法律按照一定标准对合同评价后而赋予强制力。已经成立的合同，必须具备一定的生效要件，才能产生法律约束力。合同生效要件是判断合同是否具有法律效力的评价标准。合同的生效要件如下。

1）订立合同的当事人必须具有相应的民事权利能力和民事行为能力。自然人的民事权利能力和民事行为能力参见公民的基本权利。经营范围是衡量法人权利能力与行为能力的重要标准。《最高人民法院关于适用〈中华人民共和国合同法〉若干问题的解释（一）》第10条规定："当事人超越经营范围订立合同，人民法院不因此认定合同无效。但违反国家限制经营、特许经营以及法律、行政法规禁止经营规定的除外。"

2）意思表示真实。所谓意思表示真实，是指表意人的表示行为真实地反映了其内心的效果意思，即表示行为应当与效果意思相一致。意思表示真实是合同生效的重要构成要件。在意思表示不真实的情况下，合同可能无效，如被欺诈、胁迫致使行为人表示于外的意思与其内心真意不符，且涉及国家利益受损的情况；合同也可能被撤销或者变更，如被欺诈、胁迫致使行为人表示于外的意思与其内心真意不符，但未违反法律和行政法规强制性规定及社会公共利益的情况。

3）不违反法律、行政法规的强制性规定，不损害社会公共利益。这里的“法律”是狭义的法律，即全国人民代表大会及其常务委员会依法通过的规范性文件。这里的“行政法规”是国务院依法制定的规范性文件。所谓强制性规定，是指当事人必须遵守的不得通过协议加以改变的规定。

有效合同不仅不得违反法律、行政法规的强制性规定，而且不得损害社会公共利益。社会公共利益是一个抽象的概念，内涵丰富、范围宽泛，包含了政治基础、社会秩序、社会公共道德要求，可以弥补法律、行政法规明文规定的不足。对于那些表面上虽未违反现行法律明文强制性规定但实质上违反社会公共利益的合同行为，具有重要的否定作用。

4）具备法律所要求的形式。这里的形式包括两层意思：订立合同的程序与合同的表现形式。这两方面都必须符合法律的规定，否则不能当然发生法律效力。例如，《合同法》第 44 条规定：“依法成立的合同，自成立时生效。法律、行政法规规定应当办理批准、登记等手续生效的，依照其规定。”如果符合此规定的合同没有进行登记、备案，则合同不能当然发生法律效力。

2. 无效合同

无效合同是指合同虽然已经成立，但因不符合法律要求的要件而不予承认和保护的合同。合同自始无效，自订立时起就不具有法律效力，而不是从合同无效原因发现之日或合同无效确认之日起，合同才失去效力。合同绝对无效，自订立时起就无效，当事人不能通过同意或追认使其生效。无论当事人是否知道其无效情况，无论当事人是否提出无效主张，法院或仲裁机构可以主动审查决定该合同无效。

合同无效可能是全部无效，也可能是部分无效，如果合同部分无效，不影响其他部分效力的，其他部分仍然有效。合同无效不影响合同中独立存在的有关解决争议方法的条款的效力。

（1）无效合同的原因

1）一方以欺诈手段订立合同，损害国家利益。所谓欺诈，是指一方当事人故意告知对方虚假情况，或者故意隐瞒真实情况，诱使对方当事人作出错误意思表示的行为。

其构成条件有：①欺诈方具有欺诈的故意；②欺诈方实施了欺诈行为；③被欺诈方因欺诈行为陷入错误的认识；④由于错误认识而作出了违反其真实意思表示的行为；⑤欺诈行为损害了国家利益。

需要注意，这里的“国家利益”应作严格解释，不应随意扩大化，不应当将民事交易中的国有企业利益随意上升为国家利益。国有企业作为独立经营的法人，有独立的企业利益，不应在法律上受到特别保护。在法律上，欺诈国有企业与欺诈其他合同当事人是一样的，而不能作为损害国家利益来对待。

2）一方以胁迫手段订立合同，损害国家利益。所谓胁迫，是指以给公民及其亲友的生命健康、荣誉、名誉、财产等造成损害或者以给法人的荣誉、名誉、财产等造成损害为要挟，迫使对方作出违背真实意思表示的行为。

其构成条件有：①胁迫人具有胁迫的故意；②胁迫人实施了胁迫行为；③胁迫行为是非法或不当的；④受胁迫者因胁迫而订立合同；⑤胁迫行为损害了国家利益。

3）恶意串通，损害国家、集体或第三人利益的合同。恶意串通的合同是指当事人同谋，共同订立某种合同，造成国家、集体或者第三人利益损害的合同。

其构成要件有：①主观上行为人明知或者应知某种行为将造成对国家、集体或者第三人的损害而故意为之；②当事人之间相互串通既可以表现为当事人事先达成的合谋，也可以表现为一方明确表示意思，另一方与其达成默契进行接受；③客观上损害国家、集体或第三人利益。

4）以合法形式掩盖非法目的。以合法形式掩盖非法目的是指当事人实施的行为在形式上是合法的，但在内容上或者目的上是非法的。以合法形式掩盖非法目的的合同并不要求造成损害后果，即无论造成损害与否，只要符合上述特征，即可构成。

5）损害社会公共利益。社会公共利益的内涵丰富、外延宽泛。相当一部分社会公共利益的保护，已经纳入法律、行政法规的规定，但是，仍有部分社会公共利益并未被法律、行政法规所规定，特别是涉及社会公共道德的部分。将损害社会公共利益的合同规定为无效合同，利用“社会公共利益”概念定义的弹性，有助于弥补现行法律、行政法规规定的缺失。

6）违反法律、行政法规的强制性规定。合同无效，应当以全国人民代表大会及其常务委员会制定的法律和国务院制定的行政法规为依据，不得以地方性法规、政府规章为依据。同时，必须是违反了法律、行政法规的强制性规范才导致合同无效，违反其中任意性规范并不导致合同无效。所谓任意性规范，是指当事人可以通过约定排除其适用的规范，即任意性规范赋予当事人依法进行意思自治的权利。

（2）无效的免责条款。免责条款，是当事人在合同中确立的排除或限制其未来责任的条款。合同中的下列免责条款无效：①造成对方人身伤害的，不允许当事人以免责条款的方式事先约定免除这种责任；②因故意或者重大过失造成对方财产损失的，不允许当事人预先约定免除一方故意或重大过失而给对方造成损失的责任，否则会给一方当事人提供滥用权利的机会。

（3）合同无效的法律后果。由于无效合同具有不得履行性，因此不发生当事人所期望的法律效果；但是，并非不产生任何法律效果，而是产生返还财产、损害赔偿以及其他法定效果。合同被确认为无效后，因该合同取得的财产，应当予以返还，不能返还或者没有必要返还的，应当折价补偿；也可以赔偿损失，赔偿损失以过错为要件，有过错的一方应当赔偿对方因此所受到的损失，双方都有过错的，应当各自承担相应的责任；也可以收归国家所有，当事人恶意串通，损害国家、集体或者第三人利益的，因此取得的财产收归国家所有或者返还集体、第三人。收归国有又称为追缴。追缴的财产包括已经取得的财产和约定取得的财产。对于施工合同而言违法分包或转包就属于恶意串通，损害国家、集体或者第三人利益的，人民法院可以根据《民法通则》收缴当事人已经取得的非法所得。

3. 可变更、可撤销合同

合同的变更、撤销是指因意思表示不真实，法律允许撤销权人通过行使撤销权，使已经生效的合同效力归于消灭或使合同内容变更。

可变更、可撤销合同与无效合同存在显著区别。无效合同是自始无效、当然无效，即从订立起就是无效的，且不必取决于当事人是否主张无效。但是，可变更、可撤销合同在被撤销之前存在效力，尤其是对无撤销权的一方具有完全约束力；而且，其效力取决于撤销权人是否向法院或者仲裁机构主张行使撤销权以及是否被支持。

（1）导致合同变更与撤销的原因

1）重大误解。所谓重大误解，是指合同当事人因自己的过错（如误认或者不知情等）

对合同的内容发生错误认识而订立了合同并造成了重大损失的情形。重大误解的构成条件如下。

① 表意人因为误解作出了意思表示，表意人对合同的相关内容产生了错误，并且基于这种错误认识进行了意思表示行为。即表意人的意思表示与其错误认识之间具有因果关系。

② 表意人的误解是重大的，一般的误解并不足以造成合同可撤销。对因误解导致合同可撤销是对误解者的保护，但是，该误解却是误解者自己的过错造成的，因此，若不对误解的程度加以限定，将对相对人不公平。鉴于此，只有因“重大”误解订立的合同才是可撤销的。当行为人因为对行为的性质、对方当事人、标的物的品种、质量、规格和数量等的错误认识，使行为的后果与自己的意思相悖，并造成较大损失的，可以认定为重大误解。

③ 误解是由表意人自己的过失造成的。通常情况下，误解由表意人自己的过失造成，如不注意、不谨慎，而不是受他人欺诈或者其他不正当影响。

④ 误解不应是表意人故意发生的，法律不允许当事人在故意发生错误的情况下，以重大误解为由，规避对其不利的后果。如果表意人在缔约时故意发生错误（如保留其真实意思），则表明其追求其意思表示产生的效果，不存在意思表示不真实的情况，不应按重大误解处理。

2）显失公平。显失公平是指一方当事人利用优势或利用对方没有经验，致使双方的权利、义务明显不对等，使对方遭受重大不利，而自己获得不平衡的重大利益。其构成要件如下：

① 合同在订立时就显失公平，可撤销的显失公平合同要求这种明显失衡的利益安排在合同订立时就已形成，而不是在合同订立后形成。如果在合同订立之后因为非当事人原因导致合同对一方当事人很不公平，则不应当按照显失公平合同来处理。

② 合同的内容在客观上利益严重失衡，当事人一方获得的利益超过法律允许的限度，而其他方获得的利益与其义务不相称。在我国法律实践中，就显失公平的判断，绝大多数情况下，并未规定具体的数量标准，而留待法院裁量。

③ 获得过高利益的当事人在主观上具有利用对方的故意。一般认为，在显失公平合同下，遭受不利后果的一方当事人存在轻率、无经验等不利因素，而受益一方故意利用了对方的这种轻率、无经验，或者利用了自身交易优势。

3）因欺诈、胁迫而订立的合同。前文已经述及，根据我国《合同法》，因欺诈、胁迫而订立的合同应区分为两类：一类是以欺诈、胁迫的手段订立合同而损害国家利益的，应作为无效合同对待；另一类是以欺诈、胁迫的手段订立合同但未损害国家利益的，应作为可撤销合同处理，即被欺诈人、被胁迫人有权将合同撤销。

《合同法》未将因欺诈、胁迫而订立的合同一律作无效处理，充分体现了民法的意思自治原则，充分尊重被欺诈人、被胁迫人的意愿，并对维护交易安全具有重要意义。

4）乘人之危而订立的未损害国家利益的合同。乘人之危是指一方当事人乘对方处于危难之机，为牟取不正当利益，迫使对方作出不真实的意思表示，从而严重损害对方利益的行为。其构成要件为：

① 不法行为人乘对方危难或者急迫之际逼迫对方。这里的危难，是指受害人出现了财产、生命、健康、名誉等方面的危机状况。这里的急迫，是指受害人出现生活、身体或者经济等方面的紧急需要。同时，行为人为订立不公平的合同而故意利用受害人的这种危难或者

急迫。

② 受害人因为自身危难或者急迫而订立合同。受害人明知该合同将使自身利益受到重大损害，但因陷于危难或者急迫而订立该合同。

③ 不法行为人所获得的利益超出了法律允许的程度。不法行为人通过利用对方危难或者急迫，获取了在正常情况下不可能获得的重大利益，明显违背了合同的公平原则。

（2）撤销权的行使。因重大误解订立的或者显失公平订立的合同行使撤销权的主体是任何一方当事人。任何一方当事人都可向法院或者仲裁机构提出变更或撤销的请求。但是以欺诈、胁迫或者乘人之危订立的合同，请求变更、撤销权只有受损害方才有。

对于可变更、可撤销合同还可以不行使撤销权，继续认可该合同效力。如果撤销权人请求变更的，法院或者仲裁机构不得撤销。当事人请求撤销的，人民法院可以变更。

《最高人民法院关于贯彻执行〈中华人民共和国民法通则〉若干问题的意见（试行）》第73条规定："对于重大误解或者显失公平的民事行为，当事人请求变更的，人民法院应当予以变更；当事人请求撤销的，人民法院可以酌情予以变更或者撤销。"从这条规定上，可以看到，如果当事人请求变更，是可以实现目的的。《合同法》第54条规定："当事人请求变更的，人民法院或者仲裁机构不得撤销。"但是如果请求撤销，就要看具体情况决定是否允许撤销了。因为，在不必要撤销的情况下撤销了合同，对另一方当事人也会造成损失。出于公平起见，需要对申请撤销的事由进行具体分析而作出是否允许当事人撤销的决定。

《合同法》第55条规定，有下列情形之一的，撤销权消灭：①具有撤销权的当事人自知道或者应当知道撤销事由之日起一年内没有行使撤销权；②具有撤销权的当事人知道撤销事由后明确表示或者以自己的行为放弃撤销权。

在可变更、可撤销合同被撤销之前，该合同具有效力。根据《合同法》第56条，在被撤销之后，该合同即不具有效力，且将溯及既往，即自合同成立之始就不具有效力，当事人不受该合同约束，不得基于该合同主张任何权利或承担任何义务。可变更、可撤销合同被撤销后，其法律后果与无效合同后果相同。

4. 效力待定合同

效力待定合同是指合同成立之后，是否具有效力还未确定，有待于其他行为或者事实使之确定的合同。

效力待定合同不同于无效合同。二者的主要区别在于：①无效合同具有违法性，其不具有效力是自始确定的，不会因其他行为而产生法律效力；②效力待定合同并无违法性，只是效力尚不确定，法律并不强行干预，而将选择合同效力的权利赋予相关当事人或者真正权利人。

效力待定合同不同于可撤销合同。二者的主要区别在于：①可撤销合同在未被撤销前是有效的，效力待定合同是欠缺某种生效要件，是否有效未确定；②可撤销合同只能通过法院或者仲裁机构进行撤销，效力待定合同不必通过法院或者仲裁机构，而是通过私人之间的行为（如追认、催告）或者一定事实来确定合同效力。

（1）限制民事行为能力人依法不能独立签订的合同。限制民事行为能力人未经其法定代理人事先同意，独立签订了其依法不能独立签订的合同，则构成效力待定合同，但是纯获利益的合同除外。

此类效力待定合同须经过限制民事行为能力人的法定代理人行使追认权予以追认后才

有效。相对人可以催告法定代理人在一个月内予以追认；法定代理人未作表示的，视为拒绝追认，合同没有效力。合同被追认之前，善意相对人有撤销的权利；撤销应当以通知的方式作出。

（2）无权代理人以被代理人名义订立的合同。行为人没有代理权、超越代理权或代理权终止后仍以被代理人的名义与相对人订立合同，未经被代理人追认的，对被代理人不发生效力，由行为人承担责任。

相对人可以催告被代理人在一个月内予以追认；被代理人未作表示的，视为拒绝追认，合同没有效力。合同被追认之前，善意相对人有撤销的权利，撤销应当以通知的方式作出。

《合同法》第 49 条规定："行为人没有代理权、超越代理权或者代理权终止后以被代理人名义订立合同，相对人有理由相信行为人有代理权的，该代理行为有效。"这就是表见代理在合同领域的具体规定。可见，表见代理无须被代理人追认，产生代理效力，即由被代理人对第三人承担授权责任。因表见代理订立的合同如无其他导致合同无效的原因，该合同有效。

（3）越权订立的合同。法人或者其他组织的法定代表人、负责人超越权限订立的合同，除相对人知道或者应当知道其超越权限的以外，该代表行为有效。

任何一个单位都有自己的组织结构，组织设计里面都包含组织权限分工。每个岗位都有自己的责任和权利。如果超越了自己的权利范围而为民事行为，其行为就不是必然有效的行为了。这种行为是否有效，需要结合其他因素确定。

超越权限订立的合同是否有效取决于相对人是否知道行为人超越权限。如果明知其超越权限还依然与之签订合同，则合同就是无效的；如果不知道其越权而与之签订合同，则合同就是有效的。

（4）无处分权人所订立的合同。所有权人或法律授权的人才能对财产行使处分权，如财产的转让、赠与等。无处分权人只能对财产享有占有、使用权。无处分权人处分他人财产与相对人订立的合同，经权利人追认或者无权处分权人订立合同后取得处分权的，该合同有效。无处分权人与相对人订立的合同，若未获追认或者无权处分人在订立合同后未获处分权，则该合同不生效。

6.3　合同的履行与担保

6.3.1　合同的履行

1. 合同履行的原则、抗辩权、代位权和撤销权

建设工程合同的履行是指工程建设项目的发包方和承包方根据合同规定的时间、地点、方式、内容及标准等要求，各自完成合同义务的行为。根据当事人履行合同义务的程度，可作以下分类：①按照合同的规定全部履行合同义务的，称为全部履行；②部分履行，部分未履行的，称为部分履行；③合同规定的义务均未履行的，称为没有履行合同。合同的履行是当事人订立合同的根本目的，是《合同法》的核心内容，也是合同具有法律约束力的首要表现。

（1）合同履行的原则。合同经一方提出要求，另一方承诺，即告成立。但合同成立只

是合同生效的前提，并非必然结果。合同义务是否应当履行，取决于合同是否合法有效。无效的建设工程合同从订立时起就没有法律约束力，不存在履行问题。

总的来说，发包方履行建设工程合同最主要的义务是按约定支付合同价款，承包方最主要的义务则是按约定交付工作成果，但双方的义务都不是单一的最后的交付行为，而是一系列义务的总和。例如，发包方不仅要求按时支付工程备料款、工程进度款，还要按约定提供由其自行采购的建材、设备，还要及时参加隐蔽工程的验收等；而承包方的义务多样性则表现为工程质量必须符合合同约定的等级、工期不能超过合同约定等。总之，建设工程合同的履行，其内容之丰富，经历时间之长，都是其他合同所无法比拟的，因此，对建设工程合同的履行，更应强调贯彻履行合同的基本原则。履行建设工程合同应当遵循的基本原则有。

1）实际履行原则。订立合同的目的是为了满足一定的经济利益目的，满足特定的生产经营活动的需要。根据实际履行原则，当事人应当按照合同规定的标的完成义务，不能用违约金或赔偿金来代替合同的标的；任何一方违约时也不能以支付违约金或赔偿损失的方式来代替合同的履行，守约一方要求继续履行的，应当继续履行。

2）全面适当履行原则。全面适当履行是指合同当事人双方应当按照合同约定全面履行自己的义务，即按合同约定的标的、数量、质量、价款、地点、期限、方式等履行各自的义务。按照约定履行自己的义务，既包括全面履行义务，也包括正确适当履行义务。

按照全面适当履行原则，当事人应对合同内容作出明确具体的约定。但是，如果合同生效后，双方当事人就质量、价款或者报酬、履行地点等内容没有约定或约定不明确的，可以协议补充，不能达成补充协议的，按照合同有关条款或者交易习惯确定。如果按此方法仍不能确定的，适用下列规定进行履行：①质量要求不明确的，按照国家标准、行业标准履行；没有国家标准、行业标准的，按照通用标准或者符合合同目的的特定标准履行。②价款或者报酬不明确的，按照订立合同时履行地的市场价格履行；依法应当执行政府定价或者政府指导价的，按照规定履行。③履行地点不明确，给付货币的，在接受货币一方所在地履行；交付不动产的，在不动产所在地履行；其他标的，在履行义务一方所在地履行。④履行期限不明确的，债务人可以随时履行，债权人也可以随时要求履行，但应当给对方必要的准备时间。⑤履行方式不明确的，按照有利于实现合同目的的方式履行。⑥履行费用的负担不明确的，由履行义务一方负担。

合同在履行中，既可能按市场行情约定价格，也可能执行政府定价或政府指导价。如果是按市场行情约定价格履行，则市场行情的波动不应影响合同价。如果执行政府定价或政府指导价，则在合同约定的交付期限内政府价格调整时，按照交付时的价格计价；逾期提取标的物或者逾期付款的，遇价格上涨时，按照新价格执行；价格下降时，按照原价格执行。

3）协作履行原则。协作履行原则是指合同各方在履行合同过程中，应当互谅、互助，尽可能为对方履行合同义务提供相应的便利条件。

贯彻协作履行原则对履行建设工程承包合同具有特别重要的意义。这是因为，履行建设工程承包合同是一个经历时间较长、涉及面较广，质量、技术要求高的复杂过程，一方履行合同义务的行为往往就是另一方履行合同义务的必要条件，只有贯彻协作履行的原则，才能达到双方预期的经济利益目的。根据这一原则，工程的承发包双方应当做到以下事项。

①严格按照合同的规定履行自己的每一项义务；②本着为了共同的经济利益目的，相互之间应进行必要的监督、检查，及时发现问题，平等协商解决，促使施工顺利进行；③当对

方遇到困难时，在自身能力许可且不违反法律和社会公共利益的前提下给予必要的帮助，共渡难关；④由于一方的过错而造成违约，给工程施工带来不利影响的，另一方应及时提出纠正意见，违约一方应当重视并及时进行补救；⑤发生争议时，双方应顾全大局，尽可能平等协商解决，解决问题的方式方法不要极端化；⑥不论是何种原因导致工程建设出现不尽如人意的情况，双方均应在各自的职责范围内采取必要的措施，防止或尽可能减少损失。

4）诚实信用原则。诚实信用原则是《合同法》的基本原则，履行合同特别是履行内容十分复杂的建设工程承包合同，贯彻该原则尤为重要。依照该原则，承发包双方在履行合同过程中应当实事求是，守信用，以善意的方式行使权利并履行义务；不得滥用权利、回避法律和歪曲合同条款。要正当竞争，反对垄断，尊重社会公共利益和交易习惯。

合同履行过程中，当事人应当遵循诚实信用原则，根据合同的性质、目的和交易习惯履行通知、协助、保密义务（即合同双方当事人必须履行的附随义务）。当事人双方应关心合同的履行情况，发现问题及时协商解决，并为对方履行创造条件。在合同履行过程中应信守商业道德，保守商业秘密。

（2）合同履行时的抗辩权。抗辩权是指当事人双方在合同履行过程中，都应履行自己的义务，一方当事人不履行或者有可能不履行时，另一方当事人可以据此不履行自己的义务。《合同法》规定了同时履行抗辩权、先履行抗辩权和不安抗辩权。

1）同时履行抗辩权。同时履行抗辩权是指当事人履行合同义务没有先后顺序，应当同时履行，当对方当事人未履行合同义务时，一方当事人有拒绝履行合同义务的权利。同时履行抗辩权包括两种情形：①一方在对方履行之前有权拒绝其履行要求；②一方在对方履行义务不符合约定时，有权拒绝其相应的履行要求。

2）先履行抗辩权。先履行抗辩权是指当事人双方在合同中约定了债务履行的先后顺序，当先履行的一方未按约定履行债务时；后履行的一方可拒绝履行其合同债务的权利。先履行抗辩权也包括两种情形：①当事人互负债务，有先后履行顺序，先履行一方未履行的，后履行一方有权拒绝其履行要求；②先履行一方履行债务不符合约定的，后履行一方有权拒绝其相应的履行要求。

3）不安抗辩权。不安抗辩权也称中止履行，是指当事人双方在合同中约定了履行的先后顺序，先履行债务的当事人掌握了后履行债务的当事人丧失或者可能丧失履行债务能力的确切证据时，暂时停止履行其到期债务的权利。设立不安抗辩权的目的在于，预防合同成立后情况发生变化而损害合同另一方的利益。

行使不安抗辩权，应当先履行合同的一方有确切证据证明对方当事人有下列情形之一的，可以中止履行：①经营状况严重恶化；②转移财产，抽逃资金，以逃避债务；③丧失商业信誉；④丧失或者可能丧失履行能力的其他情形。

当事人行使不安抗辩权，并不意味着合同终止，只是当事人暂时停止履行其到期债务。当事人中止履行合同的，应当及时通知对方。

对方提供适当的担保时应当恢复履行，对方在合理的期限内未恢复履行能力并且未提供适当的担保，中止履行一方可以解除合同。当事人如果没有确切证据就中止履行合同的，应承担违约责任。

（3）合同履行的代位权和撤销权。在合同履行过程中，为了保护债权人的合法权益，预防因债务人的财产不当减少，而危害债权人的债权，法律允许债权人为保全其债权的实现而采取法律保障措施。在法律上，此项法律保障措施包括代位权和撤销权。

1）债权人的代位权。债权人的代位权是指债权人为了保障其债权不受损害，而以自己的名义代替债务人行使债权的权利。

关于债权，债权人只能向债务人请求履行，原则上是不涉及第三人的。但是当债务人与第三人的行为危害到债权人的利益时，法律规定允许债权人对债务人与第三人的行为行使一定的权利，以便排除对其债权的危害。

《合同法》规定，因债务人怠于行使其到期债权，给债权人造成损害的，债权人可以向人民法院请求以自己的名义代位行使债务人的债权，但该债权专属于债务人自身的除外。代位权的行使范围以债权人的债权为限。债权人行使代位权的必要费用，由债务人负担。代位权的成立应具备以下法定要件：①债务人怠于行使到期债权；②债务人怠于行使权利的行为会对债权人造成损害；③债权人有保全债权的必要。

2）债权人的撤销权。债权人的撤销权是指债权人对于债务人危害其债权实现的不当行为，有请求人民法院予以撤销的权利。在合同履行过程中，当债权人发现债务人的行为将会危害自身的债权实现时，可以行使法定的撤销权，以保障合同中约定的合法权益。债权人行使撤销权应当具备以下要件：①在客观方面，必须是债务人实施了一定的危害债权人的行为，因此，债权人才能行使撤销权；②在主观方面，债权人行使撤销权一般要求债务人在实施危害债权的行为时其主观上具有恶意。

《合同法》规定，因债务人放弃其到期债权或无偿转让财产，对债权人造成损害，并且受让人知道该情形的，债权人可以请求人民法院撤销债务人的行为。撤销权的行使范围以债权人的债权为限。债权人行使撤销权的必要费用，由债务人承担。

《合同法》规定，撤销权自债权人知道或者应当知道撤销事由之日起 1 年内行使。自债务人的行为发生之日起 5 年内没有行使撤销权的，该撤销权消灭。

2. 建设工程施工合同的履行

建设工程施工合同是工程建设中最为重要的合同。我国法律、法规对建设工程施工合同有明确而严格的规定。这些法律、法规主要有《民法通则》《合同法》《建筑法》《招标投标法》，以及《建设工程施工合同（示范文本）》等。

（1）建设工程合同示范文本的使用与法律地位。根据《合同法》规定，当事人可以参照各类合同的示范文本订立合同。合同示范文本是指由规定的国家机关事先拟定的对当事人订立合同起示范作用的合同文本。多年的实践表明，如果缺乏合同示范文本，一些当事人签订的合同不规范，条款不完备，漏洞较多，将给合同履行带来很大困难，不仅影响合同履约率，还导致合同纠纷增多，解决纠纷的难度增大。

《国务院办公厅转发国家工商行政管理局关于在全国逐步推行经济合同示范文本制度请示的通知》中指出，在全国逐步推行经济合同示范文本制度，即对各类经济合同的主要条款、式样等制定出规范的、指导性的文本，在全国范围内积极提倡、宣传，逐步引导当事人在签订经济合同时采用，以实现经济合同签订的规范化。

推行这一制度，有助于当事人了解、掌握有关法律法规，使合同的签订合法规范，避免缺款少项和当事人意思表示不真实、不确切，防止出现显失公平和违法条款；也便于合同管理机关加强监督检查，有利于仲裁机构和人民法院及时解决合同纠纷，保护当事人合法权益，保障国家和社会公共利益。

国务院建设行政主管部门和国务院工商行政管理部门，相继制定了《建设工程勘察合同（示范文本）》《建设工程设计合同（示范文本）》《建设工程委托监理合同（示范文本）》《建设工程施工合同（示范文本）》《建设工程施工专业分包合同（示范文本）》《建设工程施工劳务分包合同（示范文本）》。《建设工程施工合同（示范文本）》由合同协议书、通用合同条款、专用合同条款三部分组成，并附有11个附件。

合同示范文本对当事人订立合同起参考作用，但不要求当事人必须采用合同示范文本，即合同的成立与生效同当事人是否采用合同示范文本无直接关系。合同示范文本具有引导性、参考性，并无法律强制性。

（2）建设工程施工合同双方当事人的义务

1）发包人的义务如下。

① 办理正式工程和临时设施范围内的土地征用、租用、拆迁补偿、平整施工场地等工作，使施工场地具备施工条件，并在开工后继续解决以上事项的遗留问题。开通施工场地与城乡公共道路的通道以及专用合同条款约定的施工场地内的主要交通干道，满足施工运输的需要，保证施工期间的畅通。

② 向承包人提供施工场地的工程地质和地下管线资料，确定建筑物（或构筑物）、道路、线路、上下水道的定位标桩、水准点和坐标控制点。办理施工许可证，办理临时用地、停水、停电、中断道路交通、爆破作业、临时铁道等可能损坏道路、管线、电力、通信等公共设施的法律、法规规定的申请批准手续。按双方商定的分工范围和要求，按时供应材料和设备。向经办银行提交拨款所需的文件（实行贷款或自筹的工程要保证资金供应），按时办理贷款和结算。

③ 组织技术部门审定施工图及技术资料，并按合同规定的时间和份数交付承包人。组织承包人和设计单位进行图纸会审和设计交底。处理施工现场周围地下管线和邻近建筑物、构筑物（包括文物）、古树名木的保护工作，并承担有关费用。派驻工地代表，对工程进度、工程质量进行监督，检验隐蔽工程，办理中间交工工程的验收手续，解决应由发包人解决的问题以及其他事宜。

④ 负责组织设计单位、施工单位共同商定施工组织设计、工程价款和竣工结算，负责组织竣工验收。按照合同规定的日期和方式，支付全部工程价款。发包人也可以将上述的部分工作委托承包人办理，具体内容由双方在专用合同条款内约定，其费用由发包人承担。

2）承包人的义务如下。

① 施工界区以内的施工场地平整，用水、用电、道路和临时设施的施工。编制施工组织设计（或施工方案），做好各项施工准备工作。按双方商定的分工范围提供原材料和设备，对发包人提供的原材料和设备进行验收，负责妥善管理，合理使用。及时向发包人提出开工通知书、施工进度表、施工平面布置图、隐蔽工程验收通知、竣工验收报告；提供月份施工作业计划。严格按照施工图与说明书进行施工，确保工程质量，按合同规定的时间如期完工。

② 施工过程中必须遵守法律法规和有关部门对施工场地交通、施工噪声、废气、废水、垃圾等的排放的管理规定，并按管理规定办理有关手续，以书面形式通知发包人，发包人承担由此发生的费用。如在交通线路施工，则必须按规定悬挂施工信号，并采取措施保护施工安全。

③ 施工中发现隐蔽的军事设施或国家放置的测绘标志、重要民用管道、线路时，应立即向发包人报告，并暂停施工。已竣工工程在未交付发包人之前，承包人应按专用条款的约定负责已完工程的成品保护工作。保证施工场地清洁符合环境卫生管理的有关规定。已完工的房屋、构筑物和安装的设备，在交工前应负责清理场地以达到专用条款约定的要求。按照有关规定提出竣工验收技术资料，办理工程竣工结算，参加竣工验收，按期完成工程的交付。在合同规定的保修期内，对属于承包人责任的工程质量问题，负责无偿修理。

3. 工程交付后的保修问题

建设安装工程交付后，承包人仍要承担为发包人保修的义务。根据《建设工程质量管理条例》规定，建设工程承包单位在向建设单位提交工程竣工验收报告时，应当向建设单位出具质量保修书。质量保修书中应当明确建设工程的保修范围、保修期限、保修责任等。建设工程在保修范围和保修期限内发生质量问题的，施工单位应当履行保修义务，并对造成的损失承担赔偿责任。

关于保修范围，根据《建筑法》第62条的规定，应当包括地基基础工程、主体结构工程、屋面防水工程和其他土建工程，以及电气管线、上下管线的安装工程、供冷、供热系统工程等项目。关于保修期限，应当按照不得违反法律规定的最低保修期限、保证建设物在合理寿命年限内正常使用、维护使用者合法权益的原则确定。

6.3.2 合同的担保

1. 担保与担保合同的规定

担保是指当事人根据法律规定或者双方约定，促使债务人履行债务实现债权人的权利的法律制度。《中华人民共和国担保法》（以下简称《担保法》）规定：“在借贷、买卖、货物运输、加工承揽等经济活动中，债权人需要以担保方式保障其债权实现的，可以依照本法规定设定担保。”

第三人为债务人向债权人提供担保时，可以要求债务人提供反担保。反担保适用《担保法》对于担保的规定。

担保合同是主合同的从合同，主合同无效，则担保合同无效。担保合同另有约定的，按其约定。担保合同被确认无效后，债务人、担保人、债权人有过错的，应当根据其过错各自承担相应的民事责任。

2. 建设工程保证担保的方式和责任

《担保法》规定，担保方式为保证、抵押、质押、留置和定金。

在建设工程活动中，保证是最为常用的一种担保方式。所谓保证，是指保证人和债权人约定，当债务人不履行债务时，保证人按照约定履行债务或者承担责任的行为。具有代为清偿债务能力的法人、其他组织或者公民，可以作为保证人。但在建设工程活动中，由于担保的标的额较大，保证人往往是银行，也有可能是信用较高的其他担保人，如担保公司。银行出具的保证通常称为保函，其他保证人出具的书面保证一般称为保证书。

保证人与债权人应当以书面形式订立保证合同。保证人与债权人可以就单个主合同分别订立保证合同，也可以协议在最高债权额限度内就一定期间连续发生的借款合同或者某项商品交易合同订立一个保证合同。

保证合同应当包括以下内容：①被保证的主债权种类、数额；②债务人履行债务的期限；③保证的方式；④保证担保的范围；⑤保证的期间；⑥双方认为需要约定的其他事项。保证合同不完全具备以上规定内容的，可以补正。

保证的方式有两种：一般保证和连带责任保证。当事人在保证合同中约定债务人不能履行债务时，由保证人承担保证责任的，为一般保证。当事人在保证合同中约定保证人与债务人对债务承担连带责任的，为连带责任保证。连带责任保证的债务人在主合同规定的债务履行期届满没有履行债务的，债权人可以要求债务人履行债务，也可以要求保证人在其保证范围内承担保证责任。当事人对保证方式没有约定或者约定不明确的，按照连带责任保证承担保证责任。

具有代为清偿债务能力的法人、其他组织或者公民，可以作为保证人。但是，以下组织不能作为保证人：①国家机关不得为保证人，但经国务院批准为使用外国政府或者国际经济组织贷款进行转贷的除外；②学校、幼儿园、医院等以公益为目的的事业单位、社会团体不得为保证人；③企业法人的分支机构、职能部门不得为保证人，企业法人的分支机构有法人书面授权的，可以在授权范围内提供保证。

任何单位和个人不得强令银行等金融机构或者企业为他人提供保证；银行等金融机构或者企业对强令其为他人提供保证的保证行为，有权拒绝。

保证合同生效后，保证人就应当在合同约定的保证范围和保证期间承担保证责任。保证担保的范围包括主债权及利息、违约金、损害赔偿金和实现债权的费用。保证合同另有规定的，按其规定。当事人对保证担保的范围没有约定或者约定不明确的，保证人应当对全部债务承担责任。

保证期间债权人依法将主债权转让给第三人的，保证人在原保证担保的范围内继续承担保证责任。保证合同另有约定的，按其约定。保证期间，债权人许可债务人转让债务的，应当取得保证人的书面同意，保证人对未经其同意转让的债务，不再承担保证责任。债权人与债务人协议变更主合同的，应当取得保证人的书面同意，未经保证人书面同意的，保证人不再承担保证责任。保证合同另有约定的，按其约定。

一般保证的保证人未约定保证期间的，保证期间为主债务履行期届满之日起 6 个月。连带责任保证的保证人与债权人未约定保证期间的，债权人有权自主债务履行期届满之日起 6 个月内要求保证人承担保证责任。

3. 建设工程施工常用的担保种类

（1）投标保证金。投标保证金是指投标人按照招标文件的要求向招标人出具的以一定金额表示的投标责任担保。其实质是为了避免因投标人在投标有效期内随意撤回、撤销投标或中标后不能提交履约保证金和签署合同等行为而给招标人造成损失。投标保证金除现金外，可以是银行出具的银行保函、保兑支票、银行汇票或现金支票。

（2）施工合同履约保证金。《招标投标法》规定，招标文件要求中标人提交履约保证金的，中标人应当提供。施工合同履约保证金，是为了保证施工合同的顺利履行而要求承包人提供的担保。施工合同履约保证金多为提供第三人的信用担保（保证），一般是由银行或者担保公司向招标人出具履约保函或者保证书。

（3）工程款支付担保。《工程建设项目施工招标投标办法》规定，招标人要求中标人提供履约保证金或其他形式履约担保的，招标人应当同时向中标人提供工程款支付担保。

工程款支付担保是发包人向承包人提交的、保证按照合同约定支付工程款的担保，通常采用由银行出具保函的方式。

4. 抵押权、质权、留置权、定金的规定

（1）抵押权。按照《担保法》《物权法》的规定，抵押是指债务人或者第三人不转移对财产的占有，将该财产作为债权的担保。债务人不履行债务时，债权人有权依照法律规定以该财产折价或者以拍卖、变卖该财产的价款优先受偿。其中，债务人或者第三人称为抵押人，债权人称为抵押权人。

1）抵押物。债务人或者第三人提供担保的财产为抵押物。由于抵押物是不转移其占有的，因此能够成为抵押物的财产必须具备一定的条件。这类财产轻易不会灭失，其所有权的转移应当经过一定的程序。

下列财产可以作为抵押物：①抵押人所有的房屋和其他地上定着物；②抵押人所有的机器、交通运输工具和其他财产；③抵押人依法有权处置的国有土地使用权、房屋和其他地上定着物；④抵押人依法有权处置的国有机器、交通运输工具和其他财产；⑤抵押人依法承包并经发包人同意抵押的荒山、荒沟、荒丘、荒滩等荒地的土地使用权；⑥依法可以抵押的其他财产。

下列财产不得抵押：①土地所有权；②耕地、宅基地、自留地、自留山等集体所有的土地使用权；③以招标、拍卖、公开协商等方式取得的荒地等土地承包经营权；④正在建造的建筑物。当事人以下列财产抵押的，抵押权自抵押合同生效时设立，未经登记，不得对抗善意第三人；办理抵押物登记，应当向登记部门提供主合同、抵押合同、抵押物的所有权或者使用权证书：①生产设备、原材料、半成品、产品；②交通运输工具。

2）抵押的效力。抵押担保的范围包括主债权及利息、违约金、损害赔偿金和实现抵押权的费用。当事人也可以在抵押合同中约定抵押担保的范围。

抵押人有义务妥善保管抵押物并保证其价值。抵押期间，抵押人转让已办理登记的抵押物，应当通知抵押权人并告知受让人转让物已经抵押的情况；否则，该转让行为无效。抵押人转让抵押物的价款，应当向抵押权人提前清偿所担保的债权或者向与抵押权人约定的第三人提存。超过债权的部分归抵押人所有，不足部分由债务人清偿。转让抵押物的价款不得明显低于其价值。抵押人的行为足以使抵押物价值减少的，抵押权人有权要求抵押人停止其行为。抵押权与其担保的债权同时存在。抵押权不得与债权分离而单独转让或者作为其他债权的担保。

3）抵押权的实现。债务履行期届满抵押权人未受清偿的，可以与抵押人协商以抵押物折价或者以拍卖、变卖抵押物所得的价款受偿；协商不成的，抵押权人可以向人民法院提起诉讼。抵押物折价或者拍卖、变卖后，其价款超过债权数额的部分归抵押人所有，不足部分由债务人清偿。

同一财产向两个以上债权人抵押的，拍卖、变卖抵押物所得的价款按照以下规定清偿：①抵押合同以登记生效的，按抵押物登记的先后顺序清偿，顺序相同的，按照债权比例清偿；②抵押合同签订之日起生效的，如果抵押物未登记的，按照合同生效的先后顺序清偿，顺序相同的，按照债权比例清偿；③抵押物已登记的先于未登记的受偿。

（2）质权。按照《担保法》《物权法》的规定，质押是指债务人或者第三人将其动产或权利移交债权人占有，将该动产或权利作为债权的担保。债务人不履行债务时，债权人有权依照法律规定以该动产或权利折价或者以拍卖、变卖该动产或权利的价款优先受偿。

质权是一种约定的担保物权，以转移占有为特征。债务人或者第三人为出质人，债权人为质权人，移交的动产或权利为质物。

质押分为动产质押和权利质押。动产质押是指债务人或者第三人将其动产移交债权人占有，将该动产作为债权的担保。能够用作质押的动产没有限制。

权利质押一般是指将权利凭证交付质押人的担保。可以质押的权利包括：①汇票、支票、本票、债券、存款单、仓单、提单；②依法可以转让的股份、股票；③依法可以转让的商标专用权、专利权、著作权中的财产权；④依法可以质押的其他权利。

（3）留置权。按照《担保法》《物权法》的规定，留置是指债权人按照合同约定占有债务人的动产，债务人不按照合同约定的期限履行债务的，债权人有权依照法律规定留置该财产，以该财产折价或者以拍卖、变卖该财产的价款优先受偿。

由于留置是一种比较强烈的担保方式，必须依法行使，不能通过合同约定产生留置权。《担保法》规定，因保管合同、运输合同、加工承揽合同发生的债权，债务人不履行债务的，债权人有留置权。法律规定可以留置的其他合同，适用以上规定。当事人可以在合同中约定不得留置的物。

留置权人负有妥善保管留置物的义务。因保管不善致使留置物灭失或者毁损的，留置权人应当承担民事责任。

（4）定金。《担保法》规定，当事人可以约定一方向对方给付定金作为债权的担保。债务人履行债务后，定金应当抵作价款或者收回。给付定金的一方不履行约定的债务的，无权要求返还定金；收受定金的一方不履行约定的债务的，应当双倍返还定金。

定金应当以书面形式约定，当事人在定金合同中应当约定交付定金的期限。定金合同从实际交付定金之日起生效。定金的数额由当事人约定，但不得超过主合同标的额的 20%。

6.4　合同的变更与转让

6.4.1　合同的变更

当事人协商一致，可以变更合同。法律、行政法规规定变更合同应当办理批准、登记等手续的，依照其规定。当事人对合同变更的内容约定不明确的，推定为未变更。

1. 合同的变更须经当事人双方协商一致

如果双方当事人就变更事项达成一致意见，则变更后的内容取代原合同的内容，当事人应当按照变更后的内容履行合同。如果一方当事人未经对方同意就改变合同的内容，则不仅变更的内容对另一方没有约束力，其做法还是一种违约行为，应当承担违约责任。

2. 合同变更须遵循法定的程序

法律、行政法规规定变更合同事项应当办理批准、登记手续的，应当依法办理相应手续。如果没有履行法定程序，即使当事人已协议变更了合同，其变更内容也不发生法律效力。

3. 对合同变更内容约定不明确的推定

合同变更的内容必须明确约定。如果当事人对于合同变更的内容约定不明确，则将被推定为未变更。任何一方不得要求对方履行约定不明确的变更内容。

6.4.2 合同的转让

1. 合同权利的转让

（1）合同权利的转让范围。根据《合同法》规定，债权人可以将合同的权利全部或者部分转让给第三人，但有下列情形之一的除外：①根据合同性质不得转让；②按照当事人约定不得转让；③依照法律规定不得转让。

1）根据合同性质不得转让的权利，主要是指合同是基于特定当事人的身份关系订立的，如果合同权利转让给第三人，会使合同的内容发生变化，违背当事人订立合同的目的，使当事人的合法利益得不到应有的保护。例如，当事人基于信任关系订立的委托代理合同等，便属于合同权利不得转让的合同。

2）按照当事人约定不得转让的权利。当事人订立合同时可以对权利的转让作出特别约定，禁止债权人将权利转让给第三人。这种约定只要是当事人的真实意思表示，同时不违反法律禁止性规定，即对当事人产生法律效力。债权人如果将权利转让给他人，其行为将构成违约。

3）依照法律规定不得转让的权利。我国一些法律中对某些权利的转让作出了禁止性规定。例如，《担保法》第61条规定，最高额抵押的主合同债权不得转让。对于这些规定，当事人应当严格遵守，不得擅自转让法律禁止转让的权利。

（2）合同权利的转让应当通知债务人。《合同法》规定，债权人转让权利的，应当通知债务人。未经通知，该转让对债务人不发生效力。债权人转让权利的通知不得撤销，但经受让人同意的除外。

需要说明的是，债权人转让权利应当通知债务人，未经通知的转让行为对债务人不发生效力，但债权人的转让无需得到债务人的同意。这一方面是尊重债权人对其权利的行使，另一方面也防止债权人滥用权利损害债务人的利益。当债务人接到权利转让的通知后，权利转让即行生效，原债权人被新的债权人替代，或者新债权人的加入使原债权人不再完全享有原债权。

（3）债务人对让与人的抗辩。《合同法》规定，债务人接到债权转让通知后，债务人对让与人的抗辩，可以向受让人主张。

抗辩权是指债权人行使债权时，债务人根据法定事由对抗债权人行使请求权的权利，债务人的抗辩权是其固有的一项权利，并不随权利的转让而消灭。所以，在权利转让的情况下，债务人可以向新债权人行使该权利。受让人不得以任何理由拒绝债务人权利的行使。

（4）从权利随同主权利转让。《合同法》规定，债权人转让权利的，受让人取得与债权有关的从权利，但该从权利专属于债权人自身的除外。

2. 合同义务的转让

《合同法》规定，债务人将合同的义务全部或者部分转移给第三人的，应当经债权人同意。

合同义务转移分为两种情况：一种是合同义务的全部转移，在这种情况下，新的债务人完全取代了旧的债务人，新的债务人负责全面履行合同义务；另一种是合同义务的部分转移，即新的债务人加入到原债务中，与原债务人一起向债权人履行义务。债务人不论转移的是全部义务还是部分义务，都需要征得债权人同意。未经债权人同意，债务人转移合同义务的行为对债权人不发生效力。

3. 合同中权利和义务的一并转让

《合同法》规定，当事人一方经对方同意，可以将自己在合同中的权利和义务一并转让给第三人。

权利和义务一并转让又称为概括转让，是指合同一方当事人将其权利和义务一并转移给第三人，由第三人全部地承受这些权利和义务。权利义务一并转让的后果，导致原合同关系的消灭，第三人取代了转让方的地位，产生出一种新的合同关系，只有经对方当事人同意，才能将合同的权利和义务一并转让。如果未经对方同意，一方当事人擅自一并转让权利和义务，则其转让行为无效，对方有权就转让行为对自己造成的损害，追究转让方的违约责任。

6.5　合同的权利义务终止

合同的终止是指依法生效的合同，因具备法定的或当事人约定的情形，合同的债权、债务归于消灭，债权人不再享有合同的权利，债务人也不必再履行合同的义务。

合同的权利义务终止是指由于一定的法律事实发生，使合同设定的权利义务归于消灭的法律现象。

《合同法》规定，有下列情形之一的，合同的权利义务终止：①债务已经按照约定履行；②合同解除；③债务相互抵消；④债务人依法将标的物提存；⑤债权人免除债务；⑥债权债务同归于一人；⑦法律规定或者当事人约定终止的其他情形。

1. 合同终止的分类

合同终止与债的消灭很近似。合同终止后，当事人就不需要再履行义务了。但是，合同终止与债的消灭并不等价，例如，合同终止后，负有违约责任的一方仍有可能承担赔偿损失或者支付违约金的义务。

合同终止的分类主要有：①合同因履行而终止；②合同因抵消而终止；③同因提存而终止；④合同因免除债务而终止；⑤合同因混同而终止。

2. 合同解除

（1）合同解除的分类。合同解除分为两类：约定解除与法定解除。

1）约定解除合同。《合同法》第 93 条规定，当事人协商一致，可以解除合同。当事人可以约定一方解除合同的条件。解除合同的条件成就时，解除权人可以解除合同。

2）法定解除合同。《合同法》第 94 条规定，有下列情形之一的，当事人可以解除合同：①因不可抗力致使不能实现合同目的；②在履行期限届满之前，当事人一方明确表示或者以自己的行为表明不履行主要债务；③当事人一方延迟履行主要债务，经催告后在合理期限内仍未履行；④当事人一方延迟履行债务或者有其他违约行为致使不能实现合同目的；⑤法律规定的其他情形。

法定解除与约定解除的区别在于：法定解除是法律直接规定解除合同的条件，当条件具备时，解除权人可直接行使解除权；约定解除则是双方的法律行为，单方行为不能导致合同的解除。《合同法》规定，当事人一方依照《合同法》第 93 条第 2 款、第 94 条的规定主张解除合同的，应当通知对方。合同自通知到达对方时解除。对方有异议的，可以请求人民法院或者仲裁机构确认解除合同的效力。法律、行政法规规定解除合同应当办理批准、登记等手续的，依照其规定。当事人对异议期限有约定的依照约定，没有约定的，最长期限为 3

个月。

（2）施工合同的解除

1）发包人解除施工合同。根据《最高人民法院关于审理建设工程施工合同纠纷案件适用法律问题的解释》规定，承包人具有下列情形之一，发包人请求解除建设工程施工合同的，应予支持：①明确表示或者以行为表明不履行合同主要义务的；②合同约定的期限内没有完工，且在发包人催告的合理期限内仍未完工的；③已经完成的建设工程质量不合格，并拒绝修复的；④将承包的建设工程非法转包、违法分包的。

2）承包人解除施工合同。根据《最高人民法院关于审理建设工程施工合同纠纷案件适用法律问题的解释》规定，发包人具有下列情形之一，致使承包人无法施工，且在催告的合理期限内仍未履行相应义务，承包人请求解除建设工程施工合同的，应予支持：①未按约定支付工程价款的；②提供的主要建筑材料、建筑构配件和设备不符合强制性标准的；③不履行合同约定的协助义务的。

3）施工合同解除的法律后果。根据《最高人民法院关于审理建设工程施工合同纠纷案件适用法律问题的解释》规定，建设工程施工合同解除后，已经完成的建设工程质量合格的，发包人应当按照约定支付相应的工程价款；已经完成的建设工程质量不合格的，参照《最高人民法院关于审理建设工程施工合同纠纷案件适用法律问题的解释》第 3 条规定处理。因一方违约导致合同解除的，违约方应当赔偿因此而给对方造成的损失。《最高人民法院关于审理建设工程施工合同纠纷案件适用法律问题的解释》第 3 条规定，建设工程施工合同无效，且建设工程经竣工验收不合格的，按照以下情形分别处理：①修复后的建设工程经竣工验收合格，发包人请求承包人承担修复费用的，应予支持；②修复后的建设工程经竣工验收不合格，承包人请求支付工程价款的，不予支持。

6.6 建设工程相关合同及违约责任

6.6.1 建设工程相关合同

同建设工程活动关系密切的相关合同，主要是建设工程合同、承揽合同、买卖合同、借款合同、租赁合同、融资租赁合同、运输合同、仓储合同、委托合同等。

1. 建设工程合同

建设工程合同是承包人进行工程建设，发包人支付价款的合同。

建设工程合同包括工程勘察、设计、施工合同。建设工程合同应当采用书面形式。发包人可以与总承包人订立建设工程合同，也可以分别与勘察人、设计人、施工人订立勘察、设计、施工承包合同。发包人不得将应当由一个承包人完成的建设工程肢解成若干部分发包给几个承包人。国家重大建设工程合同，应当按照国家规定的程序和国家批准的投资计划、可行性研究报告等文件订立。

总承包人或者勘察、设计、施工承包人经发包人同意，可以将自己承包的部分工作交由第三人完成。第三人就其完成的工作成果与总承包人或者勘察、设计、施工承包人向发包人承担连带责任。承包人不得将其承包的全部建设工程转包给第三人或者将其承包的全部建设工程肢解以后以分包的名义分别转包给第三人。

勘察、设计合同的内容包括提交有关基础资料和文件（包括概预算）的期限、质量要求、费用以及其他协作条件等条款。勘察、设计的质量不符合要求或者未按照期限提交勘察、设计文件拖延工期，造成发包人损失的，勘察人、设计人应当继续完善勘察、设计，减收或者免收勘察、设计费并赔偿损失。因发包人变更计划，提供的资料不准确，或者未按照期限提供必需的勘察、设计工作条件而造成勘察、设计的返工、停工或者修改设计，发包人应当按照勘察人、设计人实际消耗的工作量增付费用。

建设工程实行监理的，发包人应当与监理人采用书面形式订立委托监理合同。发包人与监理人的权利和义务以及法律责任，应当依照《合同法》中委托合同以及其他有关法律、行政法规的规定。

施工合同的内容包括工程范围、建设工期、中间交工工程的开工竣工时间、工程质量、工程造价、技术资料交付时间、材料和设备供应责任、拨款和结算、竣工验收、质量保修范围和质量保证期、双方相互协作等条款。

发包人在不妨碍承包人正常作业的情况下，可以随时对作业进度、质量进行检查。隐蔽工程在隐蔽以前，承包人应当通知发包人检查。发包人没有及时检查的，承包人可以顺延工程日期，并有权要求赔偿停工、窝工等损失。建设工程竣工后，发包人应当根据施工图及说明书、国家颁发的施工验收规范和质量检验标准及时进行验收。验收合格的，发包人应当按照约定支付价款，并接收该建设工程。建设工程竣工经验收合格后，方可交付使用；未经验收或者验收不合格的，不得交付使用。

因施工人的原因致使建设工程质量不符合约定的，发包人有权要求施工人在合理期限内无偿修理或者返工、改建。经过修理或者返工、改建后，造成逾期交付的，施工人应当承担违约责任。因承包人的原因致使建设工程在合理使用期限内造成人身和财产损害的，承包人应当承担损害赔偿责任。发包人未按照约定的时间和要求提供原材料、设备、场地、资金、技术资料的，承包人可以顺延工程日期，并有权要求赔偿停工、窝工等损失。因发包人的原因致使工程中途停建、缓建的，发包人应当采取措施弥补或者减少损失，赔偿承包人因此造成的停工、窝工、倒运、机械设备调迁、材料和构件积压等损失和实际费用。发包人未按照约定支付价款的，承包人可以催告发包人在合理期限内支付价款。发包人逾期不支付的，除按照建设工程的性质不宜折价、拍卖的以外，承包人可以与发包人协商将该工程折价，也可以申请人民法院将该工程依法拍卖。建设工程的价款就该工程折价或者拍卖的价款优先受偿。《合同法》第 16 章没有规定的，适用《合同法》中承揽合同的有关规定。

2. 承揽合同的法律规定

《合同法》规定，承揽合同是承揽人按照定作人的要求完成工作，交付工作成果，定作人给付报酬的合同。承揽包括加工、定作、修理、复制、测试、检验等工作。

（1）承揽合同的特征。在承揽合同中，提出工作要求，按约定接受工作成果并给付酬金的一方称为定作人；完成工作并交付工作成果，按约定获取报酬的一方称为承揽人。承揽合同具有以下法律特征。

1）承揽合同以完成一定的工作并交付工作成果为标的。在承揽合同中，承揽人必须按照定作人的要求完成一定的工作。定作人所关心的是工作成果的品质好坏，而非承揽人的工作过程。

2）承揽人须以自己的设备、技术和人力完成所承揽的工作。定作人将工作交给承揽人，其重要原因是定作人相信承揽人具有完成工作的条件和能力。因此，除当事人另有约定的外，承揽人应当以自己的设备、技术和人力完成主要工作。未经定作人的同意，承揽人将承揽的主要工作交由第三人完成的，定作人可以解除合同；经定作人同意的，承揽人也应就第三人完成的工作成果向定作人负责。

承揽人有权将其承揽的辅助工作交由第三人完成。承揽人将承揽的辅助工作交由第三人完成的，应当就第三人完成的工作成果向定作人负责。

3）承揽人的工作具有独立性。承揽人在完成工作过程中，不受定作人的指挥管理，独立承担完成合同约定的质量、数量、期限等责任。承揽人在工作期间，应当接受定作人必要的监督检验，但定作人不得因监督检验妨碍承揽人的正常工作。

（2）承揽合同当事人的权利义务。承揽合同属于双务合同。也就是说，合同当事人一方享有权利则意味着对方要承担相应的义务。

（3）承揽合同的解除。承揽合同是以当事人之间的信赖关系为基础的，所以在合同履行过程中，一旦这种信赖关系遭到破坏，法律允许当事人解除合同。

3. 买卖合同的法律规定

《合同法》规定，买卖合同是指出卖人转移标的物的所有权于买受人，买受人支付价款的合同。

在买卖合同中，取得标的物所有权的一方称为买受人，转移标的物并取得价款的一方称为出卖人。买卖合同具有以下法律特征。

（1）买卖合同是一种转移财产所有权的合同。买受人不但要取得合同涉及的财产，更以依法获得其所有权为根本目的。这也是区别于其他以行为、智力成果作为法律关系客体的合同的本质特征。

（2）买卖合同是有偿合同。买卖合同的实质是以等价有偿方式转让标的物的所有权，即出卖人移转标的物的所有权于买方，买方向出卖人支付价款。这是买卖合同的基本特征。

（3）买卖合同是双务合同。在买卖合同中，买方和卖方都享有一定的权利，承担一定的义务。而且，其权利和义务存在对应关系，即买方的权利就是卖方的义务，买方的义务就是卖方的权利。

（4）买卖合同是诺成合同。诺成合同自当事人双方意思表示一致时即可成立，不以一方交付标的物为合同的成立要件。当事人交付标的物属于履行合同，与合同的成立无关。买卖合同可以是书面的，也可以是口头的。但对于房屋买卖等标的额较大的财产买卖，应当签订书面合同。

买卖合同的内容由当事人约定，除一般合同所具有的当事人名称或者姓名和住所，标的、数量、质量，价款或者报酬，履行期限、地点和方式，违约责任及解决争议的方法等条款外，还可以包括包装方式、检验标准和方法、结算方式、合同使用的文字及其效力等条款。

4. 借款合同的法律规定

《合同法》规定，借款合同是借款人向贷款人借款，到期返还借款并支付利息的合同。借款合同的标的物是作为一般等价交换物的货币，属于特殊种类物。因此，原则上只发生履行迟延，不发生履行不能；借款合同一般为要式合同，借款合同采用书面形式，但自然人之间借款另有约定的除外。借款合同的内容包括借款种类、币种、用途、数额、利率、期限和还款方式等条款。借款合同原则上为有偿合同（有息借款），也可以是无偿合同（无息借款）。自然人之间的借款合同如果没有约定利息，贷款人主张利息的，人民法院不予支持。

借款合同一般为诺成合同。一般认为，金融机构借款合同属于诺成合同，自然人之间的借款合同则为实践合同。

借款合同的特殊规定：借款人可以在还款期限届满之前向贷款人申请展期。贷款人同意的，可以展期。办理贷款业务的金融机构贷款的利率，应当按照中国人民银行规定的贷款利率的上下限确定。自然人之间的借款合同，自贷款人提供借款时生效。自然人之间的借款合同对支付利息没有约定或者约定不明确的，视为不支付利息。自然人之间的借款合同约定支付利息的，借款的利率不得违反国家有关限制借款利率的规定。

最高人民法院《关于人民法院审理借贷案件的若干意见》规定，民间借贷的利率可以适当高于银行的利率，各地人民法院可根据本地区的实际情况具体掌握，但最高不得超过银行同类贷款利率的 4 倍（包含利率本数）。超出此限度的，超出部分的利息不予保护。出借人不得将利息计入本金谋取高利，审理中发现债权人将利息计入本金计算复利的，其利率超出银行同类贷款利率的 4 倍（包含利率本数）时，超出部分的利息不予保护。

5. 租赁合同的法律规定

《合同法》规定，租赁合同是出租人将租赁物交付承租人使用、收益，承租人支付租金的合同。

租赁合同是转移租赁物使用收益权的合同。在租赁合同中，承租人的目的是取得租赁物的使用收益权。出租人也只转让租赁物的使用收益权，而不转让其所有权；租赁合同终止时，承租人须返还租赁物。这是租赁合同区别于买卖合同的根本特征。租赁合同是诺成合同，租赁合同的成立不以租赁物的交付为要件，当事人只要依法达成协议，合同即告成立。租赁合同是双务、有偿合同。在租赁合同中，双方当事人互享权利、互负义务，一方权利的实现有赖于对方履行约定及法定的义务。同时，承租人须向出租人支付租金。

租赁合同的内容包括租赁物的名称、数量、用途、租赁期限、租金及其支付期限和方式、租赁物维修等条款。

租赁合同根据租赁标的物不同，可分为动产租赁和不动产租赁，此外，根据是否约定租赁期限，还可分为定期租赁和不定期租赁。租赁合同可以约定租赁期限，但租赁期限不得超过 20 年。超过 20 年的，超过部分无效。租赁期间届满，当事人可以续订租赁合同，但约定的租赁期限自续订之日起不得超过 20 年。租赁期限 6 个月以上的，应当采用书面形式。当事人未采用书面形式的，视为不定期租赁。

不定期租赁分为两种情形：一种是当事人没有约定租赁期限；另一种是定期租赁合同期限届满，承租人继续使用租赁物，出租人没有提出异议的，原租赁合同继续有效，但租赁期限为不定期。

此外，当事人对租赁期限没有约定或者约定不明确的，可以协议补充；不能达成补充协议的，按照合同有关条款或者交易习惯确定。对于不能达成补充协议，也不能按照合同有关条款或者交易习惯确定的，视为不定期租赁。当事人可以随时解除合同，但出租人解除合同应当在合理期限之前通知承租人。

在租赁期间因占有、使用租赁物获得的收益，归承租人所有，但当事人另有约定的除外。因不可归责于承租人的事由，致使租赁物部分或者全部毁损、灭失的，承租人可以要求减少租金或者不支付租金；因租赁物部分或者全部毁损、灭失，致使不能实现合同目的的，承租人可以解除合同。

6. 融资租赁合同的相关规定

《合同法》规定，融资租赁合同是出租人根据承租人对出卖人、租赁物的选择，向出卖人购买租赁物，提供给承租人使用，承租人支付租金的合同。

融资租赁是将融资与融物结合在一起的特殊交易方式。融资租赁合同涉及出租人、出卖人和承租人三方主体。通常的做法是，承租人要求出租人为其融资购买所需的租赁物，由出租人向出卖人支付价款，并由出卖人向承租人交付租赁物及承担瑕疵担保义务，而承租人仅向出租人支付租金而无需向出卖人承担义务。

融资租赁合同是由出卖人与买受人（租赁合同的出租人）之间的买卖合同和出租人与承租人之间的租赁合同构成的，但其法律效力又不是买卖和租赁两个合同效力的简单相加。其法律特征如下：

（1）出租人的身份具有双重性，出租人是租赁行为的出租方，但在承租人选择承租物和出卖人后，出租人与出卖人之间构成了法律上的买卖关系，因而又是买受人。

（2）出卖人的权利与义务相对人具有差异性，融资租赁合同不同于买卖合同。在融资租赁合同中，出卖人是向承租人履行交付标的物和瑕疵担保义务，而不是向买受人（出租人）履行义务，即承租人享有买受人的权利但不承担买受人的义务。融资租赁合同也不同于租赁合同。融资租赁合同的出租人不负担租赁物的维修与瑕疵担保义务，但承租人须向出租人履行交付租金义务。

（3）融资租赁合同是要式合同，融资租赁是三方主体参与的经济活动。为明确各自的权利和义务，《合同法》规定，融资租赁合同应当采用书面形式。

（4）融资租赁合同的内容，包括租赁物名称、数量、规格、技术性能、检验方法、租赁期限、租金构成及其支付期限和方式、币种、租赁期间届满租赁物的归属等条款。

（5）融资租赁合同当事人具有特定的权利义务。出租人有向出卖人支付价金的义务。出租人应当保证承租人对租赁物的占有和使用。《合同法》规定，出租人把租赁物的所有权转让给第三人时，融资租赁合同对第三人仍然有效。出租人、出卖人、承租人可以约定，出卖人不履行买卖合同义务的，由承租人行使索赔的权利。承租人行使索赔权利的，出租人应当协助。出租人根据承租人对出卖人、租赁物的选择订立的买卖合同，未经承租人同意，出租人不得变更与承租人相关的合同内容。

（6）出卖人应当按照约定向承租人交付标的物。

（7）根据融资租赁合同，虽然出卖人是向出租人主张价金，但却需按照约定向承租人交付标的物。承租人享有与受领标的物有关的买受人的权利。同时，出卖人应向承租人履行标的物的瑕疵担保义务。承租人应当按照约定支付租金。承租人应当妥善保管、使用租赁物。承租人应当履行占有租赁物期间的维修义务。承租人占有租赁物期间，因租赁物造成第三人人身伤害或者财产损害的，出租人不承担责任。承租人破产的，租赁物不属于破产财产。

7. 运输合同的法律规定

《合同法》规定，运输合同是承运人将旅客或者货物从起运地点运输到约定地点，旅客、托运人或者收货人支付票款或者运输费用的合同。运输合同可分为客运合同和货运合同。

货运合同是双务、有偿合同。承运人有义务安全、准时地将货物运抵约定地点，并有权取得托运人支付的费用，而托运人或收货人有义务支付运输费用。货运合同一般以托运人提出运输货物的请求为要约，承运人同意运输为承诺，合同即告成立。货运合同的收货人和托运人可以是同一人，但在大多数情况下不是同一人。在第三人为收货人的情况下，收货人虽不是订立合同的当事人，但却是合同的利害关系人。

承运人应当在约定期间或者合理期间内，按照约定的或者通常的运输路线，将货物安全运输到约定地点。承运人未按照约定路线或者通常路线运输增加运输费用的，托运人或者收货人可以拒绝支付增加部分的运输费用。承运人还有及时通知提领货物的义务和按指示运输的义务。

承运人对运输过程中货物的毁损、灭失承担损害赔偿责任，但承运人证明货物的毁损、灭失是因不可抗力、货物本身的自然性质或者合理损耗以及托运人、收货人的过错造成的，则不承担损害赔偿责任。

在承运人将货物交付收货人之前，托运人可以要求承运人中止运输、返还货物、变更到达地或者将货物交给其他收货人，但应当赔偿承运人因此受到的损失。

托运人或者收货人应当支付运输费用。托运人或者收货人不支付运费、保管费以及其他运输费用的，承运人对相应的运输货物享有留置权，但当事人另有约定的除外。

托运人办理货物运输，应当向承运人准确表明收货人的名称或者姓名，货物的名称、性质、重量、数量，收货地点等有关货物运输的必要情况。因托运人申报不实或者遗漏重要情况，造成承运人损失的，托运人应当承担损害赔偿责任，货物运输需要办理审批、检验等手续的，托运人应当将办理完有关手续的文件提交承运人。托运人违反有关包装的规定的，承运人可以拒绝运输。

收货人应当及时提货。收货人逾期提货的，应当向承运人支付保管费等费用。收货人提货时应当按照约定的期限检验货物。对检验货物的期限没有约定或约定不明确的，可以协议补充；不能达成补充协议的，按照合同有关条款或者交易习惯确定。对于不能达成补充协议，也不能按照合同有关条款或者交易习惯确定的，应当在合理期限内检验货物。收货人在约定的期限或者合理期限内对货物的数量、毁损等未提出异议的，视为承运人已经按照运输单证的记载交付的初步证据。一般情况下，运费由托运人在发站向承运人支付。但如果合同约定由收货人在到站支付或者托运人未支付的，收货人应支付。在运输中发生的其他费用，应由收货人支付的，收货人也必须支付。

8. 仓储合同的法律规定

《合同法》规定，仓储合同是保管人储存存货人交付的仓储物，存货人支付仓储费的合同。仓储合同是一种特殊的保管合同，仓储合同自成立时生效，不以仓储物是否交付为要件。这是区别于保管合同的显著特征。

仓储合同保管的对象必须是动产，不动产不能作为仓储合同的保管对象。这是区别于保管合同的又一显著特征。仓储合同为双务、有偿合同。

保管人应当按照约定对入库仓储物进行验收。保管人验收时发现入库仓储物与约定不符合的，应当及时通知存货人。保管人验收后，发生仓储物的品种、数量、质量不符合约定的，保管人应当承担损害赔偿责任。

存货人交付仓储物的，保管人应当给付仓单，并在仓单上签字或者盖章。仓单是提取仓储物的凭证。存货人或者仓单持有人在仓单上背书并经保管人签字或者盖章的，可以转让提取仓储物的权利。保管人根据存货人或者仓单持有人的要求，应当同意其检查仓储物或者提取样品。且对入库仓储物发现有变质或者其他损坏的，应当及时通知存货人或者仓单持有人。

保管人对入库仓储物发现有变质或者其他损坏，危及其他仓储物的安全和正常保管的，应当催告存货人或者仓单持有人作出必要的处置。因情况紧急，保管人可以作出必要的处置，但事后应当将该情况及时通知存货人或者仓单持有人。

储存期间，因保管人保管不善造成仓储物毁损、灭失的，保管人应当承担损害赔偿责任；因仓储物的性质、包装不符合约定或者超过有效储存期造成仓储物变质、损坏的，保管人不承担损害赔偿责任。

储存易燃、易爆、有毒、有腐蚀性、有放射性等危险物品或者易变质物品，存货人应当说明该物品的性质，提供有关资料。存货人违反以上规定的，保管人可以拒收仓储物，也可以采取相应措施以避免损失的发生，因此产生的费用由存货人承担。

储存期间届满，存货人或者仓单持有人应当凭仓单提取仓储物，存货人或者仓单持有人逾期提取的，应当加收仓储费；提前提取的，不减收仓储费。存货人或者仓单持有人不提取仓储物的，保管人可以催告其在合理期限内提取，逾期不提取的，保管人可以提存仓储物。

当事人对储存期间没有约定或者约定不明确的，存货人或者仓单持有人可以随时提取仓储物，保管人也可以随时要求存货人或者仓单持有人提取仓储物，但应当给予必要的准备时间。

9. 委托合同的法律规定

委托合同是委托人和受托人约定，由受托人处理委托人事务的合同。委托人可特别委托受托人处理一项或数项事务，也可概括委托处理一切事务。委托合同是典型的提供劳务合同。受托人在权限内实施的行为等同于委托人的行为；委托事务可以是法律行为或者事实行为。这不同于民事代理，后者委托的只能是法律行为。它也不同于行纪合同，后者委托的仅是商事贸易行为。委托合同的订立以互信为前提，在合同成立并生效后，如一方不信任对方，可随时终止合同。

委托合同可以是有偿合同，也可以是无偿合同。如果是有偿的，则委托人应当预付处理委托事务的费用。受托人为处理委托事务垫付的必要费用，委托人应当偿还该费用及其利息。无论委托合同是否有偿，委托人都有义务提供或偿还委托事务的必要费用。

受托人完成委托事务的，委托人应当向其支付报酬。因不可归责于受托人的事由，委托合同解除或者委托事务不能完成的，委托人应当向受托人支付相应的报酬。当事人另有约定的，按照其约定。经受托人同意，可以在受托人之外委托第三人处理委托事务。因此给受托人造成损失的，受托人可以向委托人要求赔偿损失。处理委托事务时，因不可归责于自己的事由受到损失的，可以向委托人要求赔偿损失。

受托人应当按照委托人的指示处理委托事务。需要变更委托人指示的，应当经委托人同意；因情况紧急，难以和委托人取得联系的，受托人应当妥善处理委托事务，但事后应当将该情况及时报告委托人。

受托人应当亲自处理委托事务。经委托人同意，受托人可以转委托。转委托经同意的，委托人可以就委托事务直接指示转委托的第三人，受托人仅就第三人的选任及其对第三人的指示承担责任。转委托未经同意的，受托人应当对转委托的第三人的行为承担责任，但在紧急情况下受托人为维护委托人的利益需要转委托的除外。受托人应当按照委托人的要求，报告委托事务的处理情况，委托合同终止时，受托人应当报告委托事务的结果。受托人处理委托事务取得的财产，应当转交给委托人。

受托人以自己的名义与第三人订立合同时，第三人不知道受托人与委托人之间的代理关系，受托人因第三人的原因对委托人不履行义务的，受托人应当向委托人披露第三人，委托人因此可以行使受托人对第三人的权利，但第三人与受托人订立合同时如果知道该委托人就不会订立合同的除外。

受托人因委托人的原因对第三人不履行义务的，受托人应当向第三人披露委托人，第三人 因此可以选择受托人或者委托人作为相对人主张其权利，但第三人不得变更选定的相对人。

因受托人的过错给委托人造成损失的，委托人可以要求赔偿损失。无偿的委托合同，因受托人的故意或者重大过失给委托人造成损失的，委托人可以要求赔偿损失。受托人超越权限给委托人造成损失的，应当赔偿损失。

委托人或者受托人可以随时解除委托合同。因解除合同给对方造成损失的，除不可归责于该当事人的事由外，应当赔偿损失。委托人或者受托人死亡、丧失民事行为能力或者破产的，委托合同终止，但当事人另有约定或若根据委托事务的性质不宜终止的除外。因委托人死亡、丧失民事行为能力或者破产，致使委托合同终止将损害委托人利益的，在委托人的继承人、法定代理人或者清算组织承受委托事务之前，受托人应当继续处理委托事务。因受托人死亡、丧失民事行为能力或者破产，致使委托合同终止的，受托人的继承人、法定代理人或者清算组织应当及时通知委托人，委托合同终止将损害委托人利益的，在委托人作出善后处理之前，受托人的继承人、法定代理人或者清算组织应当采取必要措施。

6.6.2　违约责任

1. 违约责任的含义

违约责任又称违反合同的民事责任，是指合同当事人因违反合同义务所承担的责任。当事人一方不履行合同义务或者履行合同义务不符合约定的，应当承担继续履行、采取补救措施或者赔偿损失等违约责任。

违约责任具有如下特征：①违约责任的产生是以合同当事人不履行合同义务为条件的；②违约责任具有相对性；③违约责任主要具有补偿性，旨在弥补或补偿因违约行为造成的损害后果；④违约责任可以由合同当事人约定，但约定不符合法律要求的，将会被宣告无效或被撤销；⑤违约责任是民事责任的一种形式。

《合同法》规定，当事人一方明确表示或者以自己的行为表明不履行合同义务的，对方可以在履行期限届满之前要求其承担违约责任。承担违约责任，首先是合同当事人发生了违约行为，即有违反合同义务的行为；其次，非违约方只需证明违约方的行为不符合合同约定，便可以要求其承担违约责任，而不需要证明其主观上是否具有过错；最后，违约方若想免于承担违约责任，必须举证证明其存在法定的或约定的免责事由，而法定免责事由主要限于不可抗力，约定的免责事由主要是合同中的免责条款。违约责任在一定条件下可以被免除。这些条件可以是约定的，也可以是法定的。

违约责任的构成要件包括主观要件和客观要件。主观要件是指作为合同当事人，在履行合同中不论主观上是否有过错，即主观上的故意或过失，只要造成违约的事实均应承担违约的法律责任。客观要件是指合同依法成立、生效后，合同当事人一方或者双方未按照法定或约定全面地履行应尽的义务，即出现了客观地违约事实，就应承担违约的法律责任。违约责任实行严格责任原则。严格责任原则是指有违约行为即构成违约责任，只有存在免责事由的时候才可以免除违约责任。

违约责任源于违约行为。违约行为是指合同当事人不履行合同义务或者履行合同义务不符合约定条件的行为。根据不同标准，可以将违约行为作以下分类：①单方违约与双方违约；②预期违约与实际违约。违约责任是财产责任。这种财产责任表现为支付违约金、定金、赔偿损失、继续履行、采取补救措施等。尽管违约责任含有制裁性，但是，违约责任的本质不完全在于对违约方的制裁，也在于对被违约方的补偿，即表现为补偿性。

2. 承担违约责任的基本形式

《合同法》第 107 条规定：“当事人一方不履行合同义务或者履行合同义务不符合约定的，应当承担继续履行、采取补救措施或者赔偿损失等违约责任。”

（1）继续履行。继续履行必须建立在能够并应该实际履行的基础上。《合同法》第 110 条规定，当事人一方不履行非金钱债务或者履行非金钱债务不符合约定的，对方可以要求履行，但有下列情形之一的除外：①法律上或者事实上不能履行；②债务的标的不适于强制履行或者履行费用过高；③债务人在合理期限内未要求履行。

实际履行是指在某合同当事人违反合同后，非违约方有权要求其依照合同约定继续履行合同，也称强制实际履行。《合同法》第 109 条规定：“当事人一方未支付价款或者报酬的，对方可以要求其支付价款或者报酬。”这就是关于实际履行的法律规定。

（2）采取补救措施。违约方采取补救措施可以减少非违约方所受的损失。根据《合同法》第 111 条，质量不符合约定的，应当按照当事人的约定承担违约责任。对违约责任没有约定或者约定不明确，或不能确定的，受损害方根据标的的性质以及损失的大小，可以合理选择要求对方承担修理、更换、重作、退货、减少价款或者报酬等违约责任。

（3）赔偿损失。根据《合同法》，当事人一方不履行合同义务或者履行合同义务不符合约定的，在履行义务或者采取补救措施后，对方还有其他损失的，应当赔偿损失。

当事人一方不履行合同义务或者履行合同义务不符合约定，给对方造成损失的，损失赔偿额应当相当于因违约所造成的损失，包括合同履行后可以获得的利益，但不得超过违反合同一方订立合同时预见到或者应当预见到的因违反合同可能造成的损失。

3. 违约金与定金

违约金是指当事人在合同中或合同订立后约定因一方违约而应向另一方支付一定数额的金钱。违约金可分为约定违约金和法定违约金。当事人可以约定一方违约时应当根据违约情况向对方支付一定数额的违约金，也可以约定因违约产生的损失赔偿额的计算方法。约定的违约金低于造成的损失的，当事人可以请求人民法院或者仲裁机构予以增加；约定的违约金过分高于造成的损失的，当事人可以请求人民法院或者仲裁机构予以适当减少。当事人就迟延履行约定违约金的，违约方支付违约金后，还应当履行债务。

定金是合同当事人一方预先支付给对方的款项，其目的在于担保合同债权的实现。定金是债权担保的一种形式，定金之债是从债务，因此，合同当事人对定金的约定是一种从属于被担保债权所依附的合同的从合同。当事人可以依照《担保法》约定一方向对方给付定金作为债权的担保。债务人履行债务后，定金应当抵作价款或者收回。给付定金的一方不履行约定的债务的，无权要求返还定金；收受定金的一方不履行约定的债务的，应当双倍返还定金。

违约金与定金的选择：违约金存在于主合同之中，定金存在于从合同之中。它们可能单独存在，也可能同时存在。当事人既约定违约金，又约定定金的，一方违约时，对方可以选择适用违约金或者定金条款。

4. 承担违约责任的特殊情形

（1）先期违约也称预期违约，是指当事人一方在合同约定的期限届满之前，明示或默示其将来不能履行合同。《合同法》规定："当事人一方明确表示或者以自己的行为表明不履行合同义务的，对方可以在履行期限届满之前要求其承担违约责任。"先期违约的构成要件有：①违约的时间必须在合同有效成立后至合同履行期限截止前；②违约必须是对根本性合同义务的违反，即导致合同目的落空。

（2）当事人双方都违约的情形。《合同法》第 120 条规定："当事人双方都违反合同的，应当各自承担相应的责任。"当事人双方违约是指当事人双方分别违反了自身的义务。依照法律规定，双方违约责任承担的方式是由违约方分别各自承担相应的违约责任，即由违约方向非违约方各自独立地承担自己的违约责任。

（3）因第三人原因违约的情形。当事人一方因第三人的原因造成违约的，应当向对方承担违约责任。当事人一方和第三人之间的纠纷，依照法律规定或者按照约定解决。

（4）违约与侵权竞合的情形。因当事人一方的违约行为，侵害对方人身、财产权益的，受损害方有权选择依照《合同法》要求其承担违约责任或者依照其他法律要求其承担侵权责任。

5. 不可抗力及违约责任的免除

（1）不可抗力是指不能预见、不能避免并不能克服的客观情况。不可抗力包括如下情况：①自然事件，如地震、洪水、火山爆发、海啸等；②社会事件，如战争、暴乱、骚乱、特定的政府行为等。根据《合同法》，当事人一方因不可抗力不能履行合同的，应当及时通知对方，以减轻可能给对方造成的损失，并应当在合理期限内提供证明。当事人一方违约后，对方应当采取适当措施防止损失的扩大；没有采取适当措施致使损失扩大的，不得就扩大的损失要求赔偿。当事人因防止损失扩大而支出的合理费用，由违约方承担。

（2）违约责任的免除是指在履行合同的过程中，因出现法定免责条件或者合同约定的免责事由导致合同不履行的，合同债务人将被免除合同履行义务。

约定的免责是指合同中可以约定在一方违约的情况下免除其责任的条件，这个条款称为免责条款。免责条款并非全部有效，《合同法》第 53 条规定，合同中的下列免责条款无效：①造成对方人身伤害的；②因故意或者重大过失造成对方财产损失的。

造成对方人身伤害侵犯了对方的人身权，造成对方财产损失侵犯了对方的财产权，均属于违法行为，因而这样的免责条款是无效的。

法定的免责是指出现了法律规定的特定情形，即使当事人违约也可以免除违约责任。

《合同法》第117条规定："因不可抗力不能履行合同的，根据不可抗力的影响，部分或者全部免除责任，但法律另有规定的除外。当事人迟延履行后发生不可抗力的，不能免除责任。"

本章小结

本章围绕建设工程合同的相关法律制度进行阐述，建设工程合同要严格遵守《合同法》的原则规定，从合同的订立到合同的履行及终止都不能违反国家对建设工程及建设工程合同的管理规定。本章讲述了合同的订立、履行、变更、转让、担保、终止、撤销等法律知识，重点分析了合同违约的责任承担方式。

复习思考题

【简答题】

1. 说明诚实信用原则在合同订立、履行、终止后对合同双方当事人的义务要求。
2. 诺成合同与实践合同有什么区别？
3. 合同的担保方式怎样适用于不同的施工活动中？
4. 合同终止有哪几种方式？
5. 建设工程合同违约责任如何承担？

【选择题】

1. 下列合同中，受《合同法》调整的是（　　）。

A. 婚姻　　B. 收养　　C. 买卖　　D. 行政

2. 在《合同法》中，要约生效的时间为（　　）。

A. 要约人发出要约时　　B. 要约达到受要约人时

C. 受要约人作出承诺时　　D. 受要约人承诺到达时

3. 在建设工程招标投标中，投标的法律性质是（　　）。

A. 要约　　B. 要约邀请　　C. 反要约　　D. 承诺

4. 受要约人超过承诺期发出的承诺，若要约人未作出认可该承诺的通知，则该承诺视为（　　）。

A. 承诺超时　　B. 承诺延误　　C. 新承诺　　D. 新要约

5. 在《合同法》中，以下情形属于无效合同的是（　　）。

A. 当事人无履约能力　　B. 当事人对合同有重大误解

C. 违反法律的强制性规定　　D. 违反法定形式

6. 可撤销合同中，撤销权自债权人知道或应当知道撤销事由之日起（　　）内行使。

A. 1个月　　B. 3个月　　C. 6个月　　D. 1年

7. 关于待定合同的说法，正确的是（　　）。

A. 善意相对人不享有撤销的权利

B. 效力待定合同的相对人拥有催告权

C. 待定合同是生效合同

D. 待定合同是无效合同

8. 甲欠乙 50 万元工程款，乙欠丙 20 万元货款，因乙怠于行使到期债权，又不能偿还丙的欠款，为此丙起诉甲支付欠款，下列说法正确的是（　　）。

A. 丙不能以自己的名义起诉甲　　B. 丙起诉甲是在行使代位权

C. 丙起诉甲以 50 万元为限　　D. 丙的起诉费用由自己支付

9. 下列情形中，债权人不能行使法定撤销权的是（　　）。

A. 受让人明知债务人以不合理低价转让财产　　B. 债务人放弃到期的债权

C. 债务人将巨额财产赠与他人　　D. 债务人将其全部财产转让

10. 甲、乙公司签订了建筑材料买卖合同，经当事人双方协商一致才能变更的情形是（　　）。

A. 甲公司名称变更　　B. 乙公司的法定代表人变更

C. 合同签约人变更　　D. 买卖数量变更

11. 某项目设计费用为 100 万元，合同约定违约金为 15%，发包方支付了 15 万元定金后，设计方未开展设计工作，导致发包方损失 12 万元，发包方最多可获得支持的价款为（　　）万元。

A. 24　　B. 27　　C. 30　　D. 42

12. 关于担保的说法，正确的是（　　）。

A. 质押不转移对质押财产的占有

B. 建筑物占用范围内的建设用地使用权可以单独作为抵押的对象

C. 债务履行期届满质权人未受清偿的，只能与债务人协议，以将质押财产拍卖的方式来清偿债务

D. 以汇票作为质押财产的权利质押合同，自权利凭证交付之日起生效

13. 施工企业要求建设单位出具银行保函作为工程款支付担保，则保证人应为（　　）。

A. 监理单位　　B. 银行　　C. 建设单位　　D. 施工企业

14. 定金合同以（　　）之时生效。

A. 当事人签字　　B. 合同备案　　C. 定金实际交付

D. 主合同成立

【案例分析题】

1. 场景

A 公司与 B 公司共同出资设立了注册资本为 80 万元人民币的 C 公司。A 公司的协议出资额为 70 万元，但未到位；B 公司的出资额为 10 万元人民币，已经到位。C 公司成立后与 D 银行订立了一个借款合同，借款额为 50 万元人民币，期限为 1 年，利息 5 万元，该借款合同由 E 公司作为担保人，E 公司将其一处评估价为 80 万元的土地使用权抵押给了 D 银行。C 公司在经营中亏损，借款到期后无力还款。

问题：

（1）D 银行能否要求 A 公司承担还款责任，为什么？

（2）D 银行能否要求 B 公司承担还款责任，为什么？

（3）D 银行能否要求 C 公司承担还款责任，为什么？

（4）D 银行能否要求 E 公司承担还款责任，为什么？

2. 场景

甲建筑公司（以下简称甲公司）拟向乙建材公司（以下简称乙公司）购买一批钢材。双方经过口头协商，约定购买钢材100t，单价为3 500元/t，并拟订了准备签字盖章的买卖合同文本。乙公司签字盖章后，交给甲公司准备签字盖章。由于施工进度紧张，在甲公司催促下，乙公司在未收到甲公司签字盖章的合同文本的情形下，将100t钢材送到甲公司工地现场。甲公司接收了并投入工程使用。后因拖欠货款，双方产生了纠纷。

问题：

（1）甲、乙公司的买卖合同是否成立？

（2）合同成立和合同生效有什么区别？

第7章　建设工程安全生产管理制度

✲ 学习目标：掌握施工单位安全生产的保障措施，熟悉从业人员的安全生产的权利和义务；了解安全生产监管部门的职责，掌握工程安全生产管理制度；掌握建设单位、施工单位、监理单位等的安全责任，熟悉事故的应急求援和调查处理规定，了解安全生产许可制度。

7.1　安全生产法规概述

建设工程施工多为露天、高处作业，施工环境和作业条件较差，不安全因素较多，历来属高风险和事故多发行业之一。建设工程安全生产还直接关系到公众生命财产安全，关系到社会稳定和谐发展。因此，建设工程安全生产必须贯彻“安全第一、预防为主”的方针，依法建立和落实安全生产责任制，加强安全生产教育培训和施工现场安全防护，并建立施工安全事故的应急救援机制。

7.1.1　安全生产法规总则

安全生产法律法规是指国家关于改善劳动条件，实现安全生产，为保护劳动者在生产过程中的安全和健康而制定的各种法律、法规、部门规章和规范性文件的总称。

1. 法律

安全生产法律是由全国人民代表大会及其常务委员会制定，经国家主席签署主席令予以公布，由国家政权保证执行的行为规范。安全生产法律是制定安全生产行政法规、标准及地方性法规的依据。它规定了我国的安全生产方针、安全生产保障、从业人员的权利和义务、安全生产监督管理及事故应急救援与调查处理原则，规定了女职工劳动保护、未成年工劳动保护、工作时间、休假制度、工伤事故报告及处理、职业病预防、劳动安全卫生及安全生产监督等内容。

2. 行政法规

行政法规是指由国务院制定和发布的各类条例、办法、规定、实施细则、决定等。安全生产行政法规的作用是将劳动安全生产法律的原则性规定具体化。

典型的安全生产行政法规有《建设工程安全生产管理条例》《安全生产许可证条例》《建设项目环境保护管理条例》《特种设备安全监察条例》《国务院关于特大安全事故行政责任追究的规定》等。

3. 地方性法规

地方性法规由具有立法权的地方人民代表大会及其常务委员会制定和发布。它是在原则上与法律和行政法规保持高度一致的前提下，根据安全生产工作的需要，与地方实际情况相结合而制定的更具可操作性的详细规定。地方性法规在所属地区内适用。

4. 部门规章

部门规章（含规定、办法、规则等）由国务院所属各部委制定，部委行政首长签署命令予以公布。它是在原则上与法律和行政法规保持高度一致的前提下，根据安全生产工作的需要，为控制易发多发事故和预防职业病而制定的更具有可操作性的详细规定。部门规章在全国范围内适用。

5. 标准规范

以国家标准名义发布的安全生产标准（规程、规范），是为了适应法律和行政法规而建立的技术性规范。根据《安全生产法》《劳动法》的规定，安全技术标准属于强制性标准，且有相应的法律地位和法律效力。到目前为止，我国与安全生产有关的技术标准已达400多项。

典型的关于安全生产的标准规范有《建设工程施工现场供用电安全规范》（GB 50194—93）、《建筑施工安全检查标准》（JGJ 59—2011）等。

6. 规范性文件

规范性文件是指由国务院所属各部委制定，或由各省、自治区、直辖市政府以及各厅（局）、委员会等政府管理部门制定，对某方面或某项工作进行规范的文件，一般以“通知”“规定”“决定”等文件形式出现，并且一般不在媒体上公开发布。

典型的关于安全生产的规范性文件有：《国务院关于进一步加强安全生产工作的决定》《四川省人民政府办公厅关于贯彻实施国务院 <安全生产许可证条例有关问题> 的通知》等。

行政法规、地方性法规、部门规章以及规范性文件都是法律的具体化或必要补充。

此外，经我国政府批准生效的国际公约，如《建筑业安全卫生公约》，也应视作我国法规形式的组成部分。

7.1.2 建设工程安全生产主要管理制度

2003年11月24日《建设工程安全生产管理条例》颁布实施，该条例依据《建筑法》和《安全生产法》的规定进一步明确了建设工程安全生产管理基本制度。

1. 安全生产责任制度

安全生产责任制度是建筑生产中最基本的安全管理制度，是所有安全规章制度的核心。安全生产责任制度是指将各种不同的安全责任落实到负有安全管理责任的人员和具体岗位人员身上的一种制度。这一制度是“安全第一、预防为主”方针的具体体现，是建筑安全生产的基本制度。在建筑活动中，只有明确安全责任，分工负责，才能形成完整有效的安全管理体系，激发每个人的安全责任感，严格执行建筑工程安全的法律、法规和安全规程、技术规范，防患于未然，减少和杜绝建筑工程事故，为建筑工程的生产创造一个良好的环境。

2. 群防群治制度

群防群治制度是职工群众进行预防和治理安全的一种制度。这一制度也是“安全第一、预防为主”的具体体现，同时也是群众路线在安全工作中的具体体现，是企业进行民主管理的重要内容。这一制度要求建筑企业职工在施工中应当遵守有关生产的法律、法规和建筑行业安全规章、规程，不得违章作业；对于危及生命安全和身体健康的行为有权提出批评、检举和控告。

3. 安全生产教育培训制度

安全生产教育培训制度是对广大建筑干部职工进行安全教育培训，提高安全意识，增加安全知识和技能的制度。安全生产，人人有责。只有通过对广大职工进行安全教育、培训，才能使广大职工真正认识到安全生产的重要性、必要性，才能使广大职工掌握更多更有效的安全生产的科学技术知识，牢固树立安全第一的思想，自觉遵守各项安全生产和规章制度。分析许多建筑安全事故，一个重要的原因就是有关人员安全意识不强，安全技能不够，这些都是没有搞好安全生产教育培训工作的后果。

4. 安全生产检查制度

安全生产检查制度是上级管理部门或企业自身对安全生产状况进行定期或不定期检查的制度。通过检查可以发现问题，查出隐患，从而采取有效措施，堵塞漏洞，把事故消灭在发生之前，做到防患于未然，是“预防为主”的具体体现。通过检查，还可以总结出好的经验加以推广，为进一步搞好安全工作打下基础。安全生产检查制度是安全生产的保障。

5. 伤亡事故处理报告制度

伤亡事故处理报告制度是施工中发生事故时，建筑企业应当采取紧急措施减少人员伤亡和事故损失，并按照国家有关规定及时向有关部门报告的制度。事故处理必须遵循一定的程序，做到三不放过（事故原因不清不放过、事故责任者和群众没有受到教育不放过、没有防范措施不放过）。通过对事故的严格处理，可以总结出教训，为制定规程、规章提供第一手素材，做到亡羊补牢。

6. 安全责任追究制度

建设单位、设计单位、施工单位、监理单位，由于没有履行职责造成人员伤亡和事故损失的，视情节给予相应处理；情节严重的，责令停业整顿，降低资质等级或吊销资质证书；构成犯罪的，依法追究刑事责任。

7.2 工程建设相关主体安全生产责任

7.2.1 工程安全生产责任概述

《建筑法》规定，建筑工程安全生产管理必须坚持“安全第一、预防为主”的方针，建立健全安全生产责任制度和群防群治制度。建筑施工企业应当建立健全安全生产教育培训制度，加强对职工安全生产的教育培训；未经安全生产教育培训的人员，不得上岗作业。

《建设工程安全生产管理条例》进一步规定，施工单位应当建立健全安全生产责任制度和安全生产教育培训制度，制定安全生产规章制度和操作规程，保证本单位安全生产条件所需资金的投入，对所承担的建设工程进行定期和专项安全检查，并做好安全检查记录；施工安全生产责任制度和安全生产教育培训制度，是建设工程施工活动应该贯彻始终的法定基本制度。

7.2.2 工程建设相关主体的安全生产责任

1. 施工单位的安全生产责任

（1）施工安全生产管理的基本方针。“安全第一、预防为主”方针，是《建筑法》《安全生产法》《建设工程安全生产管理条例》都明确规定的建设工程安全生产管理的基本方针，必须在实践中认真贯彻执行。

“安全第一”，是从保护和发展生产力的角度，表明在生产范围内的安全和生产之间的关系，突出了安全在建设工程活动中的首要位置和重要性；“预防为主”，是在建设工程施工活动中，针对其特点，对施工生产要素采取管理措施，有效地控制不安全因素的发生与扩大，把可能发生的事故消灭在萌芽状态，以保证施工生产活动中人的安全与健康。

“安全第一、预防为主”的方针，体现了国家对施工安全生产过程中“以人为本”、保护劳动者权利和保护社会生产力的高度重视。

（2）施工单位的安全生产责任制度。《建筑法》规定，建筑施工企业必须依法加强对建筑安全生产的管理，执行安全生产责任制度，采取有效措施，防止伤亡和其他安全生产事故的发生。

安全生产责任制度是施工单位最基本的安全管理制度，是施工单位安全生产的核心和中心环节。

1）施工单位主要负责人对安全生产工作全面负责。《建筑法》规定，建筑施工企业的法定代表人对本企业的安全生产负责。《建设工程安全生产管理条例》也规定，施工单位主要负责人依法对本单位的安全生产工作全面负责。

明确施工单位主要负责人的安全生产责任，是贯彻“安全第一、预防为主”方针的基本要求，也是被实践证明行之有效的“管生产必须同时管安全”原则的具体体现。不少施工安全事故都表明，如果施工单位主要负责人忽视安全生产，缺乏保证生产安全的有效措施，就会给企业职工的生命安全和身体健康带来威胁，给国家和人民的财产带来损失，企业的经济效益也得不到保障。因此，施工单位主要负责人要摆正安全与生产的关系，做到不安全不生产，生产必须安全，把安全与生产真正统一起来，切实克服生产、安全“两张皮”，重生产、轻安全的现象。

对于主要负责人的理解，应当依据施工单位的性质，以及不同施工单位的实际情况确定。总的原则是，对施工单位全面负责、有生产经营决策权的人，即为主要负责人。也就是说，施工单位主要负责人可以是董事长，也可以是总经理或总裁等。

2）施工单位安全生产管理机构和专职安全生产管理人员的责任。《建设工程安全生产管理条例》规定，施工单位应当设立安全生产管理机构，配备专职安全生产管理人员。专职安全生产管理人员负责对安全生产进行现场监督检查。发现安全事故隐患，应当及时向项目负责人和安全生产管理机构报告；对违章指挥、违章操作，应当立即制止。

安全生产管理机构是指施工单位设置的负责安全生产管理工作的独立职能部门。专职安全生产管理人员是指经建设主管部门或者其他有关部门安全生产考核合格取得安全生产考核合格证书，并在施工单位及其项目从事安全生产管理工作的专职人员。

施工单位应当依法设置安全生产管理机构，在企业主要负责人的领导下开展本单位的安全生产管理工作。其主要职责如下：①宣传和贯彻国家有关安全生产法律法规和标准；②编制并适时更新安全生产管理制度并监督实施；③组织或参与企业生产安全事故应急救援预案的编制及演练；④组织开展安全生产教育培训与交流；⑤协调配备项目专职安全生产管理人员；⑥制订企业安全生产检查计划并组织实施；⑦监督在建项目安全生产费用的使用；⑧参与危险性较大工程安全专项施工方案专家论证会；⑨通报在建项目违规违章查处情况；⑩

组织开展安全生产评优评先表彰工作；⑪建立企业在建项目安全生产管理档案；⑫考核评价分包企业安全生产业绩及项目安全生产管理情况；⑬参加生产安全事故的调查和处理工作；⑭企业规定的其他安全生产管理职责。

专职安全生产管理人员在施工现场检查过程中有以下职责：①查阅在建项目安全生产有关资料，核实有关情况；②检查危险性较大工程安全专项施工方案的落实情况；③监督项目专职安全生产管理人员的履职情况；④监督作业人员安全防护用品的配备及使用情况；⑤对发现的安全生产违章违规行为或安全隐患，有权当场予以纠正或作出处理决定；⑥对不符合安全生产条件的设施、设备、器材，有权当场作出查封的处理决定；⑦对施工现场存在的重大安全隐患有权越级报告或直接向建设主管部门报告；⑧企业规定的其他安全生产管理职责。

《建筑施工企业安全生产管理机构设置及专职安全生产管理人员配备办法》规定，建筑施工企业安全生产管理机构专职安全生产管理人员的配备应满足下列要求，并应根据企业经营规模、设备管理和生产需要予以增加：①建筑施工总承包资质序列企业：特级资质企业不少于 6 人；一级资质企业不少于 4 人；二级和二级以下资质企业不少于 3 人。②建筑施工专业承包资质序列企业：一级资质企业不少于 3 人；二级和二级以下资质企业不少于 2 人。③建筑施工劳务分包资质序列企业：不少于 2 人。④建筑施工企业的分公司、区域公司等较大的分支机构应依据实际生产情况配备专职安全生产管理人员不少于 2 人。

3）制定安全生产规章制度和操作规程。严格的规章制度和操作规程是安全生产的重要保障，只有通过规章制度和操作规程，才能将安全生产责任落实到基层，落实到每个岗位和每个职工。因此，施工单位应当根据本单位的实际情况，按照法律、法规、规章和工程建设标准强制性规范的要求，制定有关施工安全生产的具体规章制度，如安全生产责任制度、安全技术措施制度、安全检查制度等，并针对每一个具体工艺、工种和岗位制定具体的操作规程，形成有效的督促、检查和贯彻落实机制。

施工单位对所承担的建设工程要进行定期和专项安全检查，并做好安全检查记录。

4）保证本单位安全生产条件所需资金的投入。《建设工程安全生产管理条例》规定，施工单位对列入建设工程概算的安全作业环境及安全施工措施所需费用，应当用于施工安全防护用具及设施的采购和更新、安全施工措施的落实、安全生产条件的改善，不得挪作他用。

为了保证安全生产所需资金的投入和使用，施工单位应当制订资金使用计划，并加强对资金使用情况的监督检查，防止资金被挪用，以确保安全生产费用的有效使用。

（3）建立健全群防群治制度。搞好安全生产，必须充分发挥广大职工的积极性，加强群众性的监督检查工作。群防群治制度是职工群众参与预防和治理不安全因素的一种制度，是群众路线在安全生产工作中的具体体现，也是企业进行民主管理的重要内容。这一制度要求职工群众在施工中应当遵守有关安全生产的法律、法规和规章制度，不得违章作业；对于危及生命安全和身体健康的行为有权提出批评、检举和控告。

2. 施工项目负责人的安全生产责任

《建设工程安全生产管理条例》规定，施工单位的项目负责人应当由取得相应执业资格的人员担任，对建设工程项目的安全施工负责，落实安全生产责任制度、安全生产规章制度和操作规程，确保安全生产费用的有效使用，并根据工程的特点组织制定安全施工措施，消除安全事故隐患，及时、如实报告生产安全事故。

施工单位不同于一般的生产经营单位，通常会同时承揽若干项建设工程，而且异地施工的情况很普遍。针对这种特殊性，为了加强施工现场管理，施工单位都要对每个建设工程项目委派一名项目负责人即项目经理，由他对该项目的施工过程全面负责。项目负责人经施工单位法定代表人授权，选调技术、生产、材料、成本等管理人员组成项目管理班子，代表施工单位在本工程项目上履行管理职责。由于项目负责人在该项目的施工组织管理中居于核心地位，因而必须对施工安全负起责任。同时，为了加强对项目负责人的管理，提高其管理水平，项目负责人还应当依法由取得相应执业资格的人员担任。按照《建造师执业资格制度暂行规定》的规定，建造师经注册后，有权以建造师名义担任建设工程项目施工的项目经理及从事其他施工活动的管理。

项目负责人的安全生产责任主要有以下几点。

（1）对建设工程项目的安全施工负责。

（2）落实安全生产责任制度、安全生产规章制度和操作规程。

（3）确保安全生产费用的有效使用。

（4）根据工程的特点组织制定安全施工措施，消除安全事故隐患。

（5）及时、如实报告生产安全事故情况。

此外，《建设工程安全生产管理条例》还规定，建设工程施工前，施工单位负责项目管理的技术人员应当对有关安全施工的技术要求向施工作业班组、作业人员作出详细说明，并由双方签字确认。

这就是通常所说的交底制度。在施工前，施工单位负责项目管理的技术负责人要将工程概况、施工方法、安全技术措施等向作业班组、作业人员进行详细讲解和说明。这有助于作业班组和作业人员尽快了解将要进行施工的具体情况，掌握有关操作方法和注意事项，保护作业人员的人身安全，减少因伤亡事故而导致的经济损失。

3. 施工总承包和分包单位的安全生产责任

《建筑法》规定，施工现场安全由建筑施工企业负责。实行施工总承包的，由总承包单位负责。分包单位向总承包单位负责，服从总承包单位对施工现场的安全生产管理。

（1）总承包单位应当承担的法定安全生产责任。建设工程实行施工总承包的，由总承包单位对施工现场的安全生产负总责。由于施工总承包是由一个施工单位对建设工程的施工全面负责，因此总承包单位不仅要负责建设工程质量、建设工期、造价控制，还要对施工现场的施工组织和安全生产进行统一管理和全面负责。

1）分包合同应当明确总分包双方的安全生产责任。《建设工程安全生产管理条例》规定，总承包单位依法将建设工程分包给其他单位的，分包合同中应当明确各自在安全生产方面的权利、义务。

施工总承包单位与分包单位的安全生产责任，可以分为法定责任和约定责任两种表现形式。所谓法定的安全生产责任，即法律、法规中明确规定的总承包单位、分包单位各自的安全生产责任。所谓约定的安全生产责任，即总承包单位与分包单位在分包合同中通过协商，约定各自应当承担的安全生产责任。但是，这种约定不能违反法律、法规的强制性规定。

2）统一组织编制建设工程生产安全应急救援预案。《建设工程安全生产管理条例》规定，施工单位应当根据建设工程施工的特点、范围，对施工现场易发生重大事故的部位、环节进行监控，制定施工现场生产安全事故应急救援预案。实行施工总承包的，由总承包单位统一组织编制建设工程生产安全事故应急救援预案，工程总承包单位和分包单位按照应急救援预案，各自建立应急救援组织或者配备应急救援人员，配备救援器材、设备，并定期组织演练。

建设工程施工属于高风险工作，在施工现场很容易发生事故。因此，高度重视并认真编制好安全事故应急救援预案，有助于加强对突发事故的处理，提高应急救援快速反应能力。因为，建设工程实行施工总承包的，由总承包单位对施工现场的安全生产负总责。所以，总承包单位要统一组织编制建设工程生产安全事故应急救援预案。

3）负责向有关部门上报生产安全事故。《建设工程安全生产管理条例》规定，实行施工总承包的建设工程由总承包单位负责上报事故。

据此，一旦发生施工安全事故，施工总承包单位应当依法担负起及时报告的义务。

4）自行完成建设工程主体结构的施工。为了防止因转包和违法分包等行为导致安全事故的发生，真正落实施工总承包单位的安全生产责任，《建设工程安全生产管理条例》在"施工单位的安全责任"中特别规定，总承包单位应当自行完成建设工程主体结构的施工。

5）承担连带责任。《建设工程安全生产管理条例》规定，总承包单位和分包单位对分包工程的安全生产承担连带责任。

这样规定，一方面强化了总承包单位和分包单位的安全责任意识，另一方面也有利于保护受害者的合法权益。

（2）分包单位应当承担的法定安全生产责任。《建筑法》规定，分包单位向总承包单位负责，服从总承包单位对施工现场的安全生产管理。《建设工程安全生产管理条例》进一步规定，分包单位应当服从总承包单位的安全生产管理，分包单位不服从管理导致生产安全事故的，由分包单位承担主要责任。

总承包单位依法对施工现场的安全生产负总责，这就要求分包单位必须服从总承包单位的安全生产管理。由于施工现场的情况较复杂，往往一个工地会有若干不同的分包单位在施工，如果缺乏统一的组织和要求，极易发生安全事故。因此，分包单位要服从总承包单位对施工现场的安全生产管理，包括遵守安全生产责任制度及相关规章制度、岗位操作要求等。如果分包单位不服从总承包单位的管理，一旦发生事故，分包单位就要承担主要责任。

7.2.3　其他单位的主要安全生产责任

《建设工程安全生产管理条例》规定，建设单位、勘察单位、设计单位、施工单位、工程监理单位及其他与建设工程安全生产有关的单位，必须遵守安全生产法律、法规的规定，保证建设工程安全生产，依法承担建设工程安全生产责任。

这是因为，建设工程安全生产的重点是施工现场，其主要责任单位是施工单位，但与施工活动密切相关单位的活动也都影响着施工安全。因此，有必要对所有与建设工程施工活动有关的单位的安全责任作出明确规定。

1. 建设单位的安全责任

建设单位是建设工程项目的投资方或建设方，在整个工程建设中居于主导地位。但长期以来，对建设单位的监督管理不够重视，对其安全责任也没有明确规定，由于建设单位的行为不规范，直接或者间接导致安全事故的发生是有着不少惨痛教训的。因此，《建设工程安全生产管理条例》中明确规定，建设单位必须遵守安全生产法律、法规的规定，保证建设工程安全生产，依法承担建设工程安全生产责任。

（1）依法办理有关批准手续。《建筑法》规定，有下列情形之一的，建设单位应当按照国家有关规定办理申请批准手续：

1）需要临时占用规划批准范围以外场地的。

2）可能损坏道路、管线、电力、邮电通信等公共设施的。

3）需要临时停水、停电、中断道路交通的。

4）需要进行爆破作业的。

5）法律、法规规定需要办理报批手续的其他情形。

这是因为上述活动不仅涉及工程建设的顺利进行和施工现场作业人员的安全，也会影响到周边区域人们的安全或正常的生活工作，还需要有关方面给予支持和配合。因此，为了保证因工程建设活动所涉及的有关重要设施的安全，避免因建设工程施工影响正常的社会生活秩序，建设单位应当向有关部门申请办理批准手续。

（2）向施工单位提供真实、准确和完整的有关资料。《建筑法》规定，建设单位应当向建筑施工企业提供与施工现场相关的地下管线资料，建筑施工企业应当采取措施加以保护。

《建设工程安全生产管理条例》进一步规定，建设单位应当向施工单位提供施工现场及毗邻区域内供水、排水、供电、供气、供热、通信、广播电视等地下管线资料，气象和水文观测资料，相邻建筑物和构筑物、地下工程的有关资料，并保证资料的真实、准确、完整。

建设工程施工前，施工单位必须搞清楚施工现场及毗邻区域内地下管线的详细情况，否则因施工造成地下管线的破坏，不仅会导致人员伤亡和经济损失，还会影响周边地区单位和居民的工作与生活。地下管线资料应包括线路管道在地下的走向及其地下埋设深度等数据。如果建设单位缺少这些资料，可以向有关部门或者单位查询，有关部门或者单位应当依法及时提供。同时，建设单位还应当提供气象和水文观测资料。这主要是考虑到施工周期比较长，大部分时间又是露天作业，受气候条件的影响相当大。在不同的季节、天气和水文条件下，采取的施工安全技术措施和费用是不同的。对于相邻的建筑物、构筑物和地下工程，如果缺乏有关资料，在施工中也有可能会对其造成损坏，乃至发生安全事故。

建设单位必须保证所提供资料的真实、准确、完整，不能伪造或篡改，并应能满足施工安全作业的需要。

（3）不得提出违法要求和随意压缩合同工期。《建设工程安全生产管理条例》规定，建设单位不得对勘察、设计、施工、工程监理等单位提出不符合建设工程安全生产法律、法规和强制性标准规定的要求，不得压缩合同约定的工期。

建设单位在整个建设工程活动中居于主导地位，但并不意味着建设单位可以想怎么干就怎么干。它必须遵守国家有关的法律、法规和强制性标准。由于市场竞争相当激烈，一些勘察、设计、施工、工程监理单位为了承揽到业务，往往对建设单位提出的要求尽量满足，这就造成某些建设单位为了追求利益最大化而提出一些非法要求。在工程的勘察、设计、施工、监理过程中，建设单位也会提出一些要求，包括明示或者暗示相关单位进行不符合法律、法规和强制性标准的活动。而有些单位为了自身利益也存在着侥幸心理，会采取诸如挤压工程中一些“软性费用”等办法来应对，而安全生产费用是最容易被挤掉的。建设工程安全生产的强制性标准比较多，如《建筑施工安全检查标准》（JGJ 59—2011）、《施工现场临时用电安全技术规范》（JGJ 46—2005）、《建筑施工高处作业安全技术规范》（JGJ 80—91）等。对于这些标准，参与建设工程活动的各方都必须严格执行。

合理工期是指在正常建设条件下，采取科学合理的施工工艺和管理方法，以现行国家颁布的工期定额为基础，结合项目建设的具体情况而确定的使投资方与各参建单位均能获得满意的经济效益的工期。合理工期要以工期定额为基础，但不要求与工期定额完全一致。可以根据施工条件、技术水平等作适当调整，例如，不同的季节、不同的地区、不同的结构、不同的设计要求、不同的施工方法等，都会对施工工期产生影响。合同约定的工期是建设单位与施工单位在工期定额的基础上，经过双方平等协商而共同约定的工期。建设单位不能仅为了早日发挥项目的效益，迫使施工单位大量增加人力、物力投入，或是简化施工程序，随意压缩合同约定的工期。任何违背科学和客观规律的行为，都是生产安全事故隐患，最终将会导致生产安全事故的发生。当然，在符合有关法律、法规和强制性标准的规定，并编制了赶工技术措施等前提下，建设单位与施工单位就提前工期的技术措施费和提前工期奖等协商一致后，是可以对合同工期进行适当调整的。

（4）编制工程概算时应当确定建设工程安全费用。建设单位在编制工程概算时，应当确定建设工程安全作业环境及安全施工措施所需费用。

多年的实践表明，忽略安全投入成本、淡化安全经济观是导致建设工程安全生产事故的重要原因之一。一些地方政府和建设单位、施工单位没有充分认识到安全投入成本与经济效益之间的关系，单纯追求经济效益，置安全生产于不顾。由于事先不重视对安全生产的投入，不把安全事故和职业危害消灭在萌芽状态，一旦发生事故就要花费高额的资金进行补救，而且将造成恶劣的社会影响，甚至会毁掉企业。有研究成果显示，安全保障措施的预防性投入效果与事故整改效果的关系比是 1∶5 的关系。安全就是效益，这是所有企业管理者都应该建立的安全经济观。

工程概算是指在初步设计阶段，根据初步设计的图纸、概算定额或概算指标、费用定额及其他有关文件，概略计算的拟建工程费用。建设单位在编制工程概算时，应当确定建设工程安全作业环境及安全施工措施所需费用，并向施工单位提供相应的费用。

（5）不得要求购买、租赁和使用不符合安全施工要求的用具设备等。建设单位不得明示或者暗示施工单位购买、租赁、使用不符合安全施工要求的安全防护用具、机械设备、施工机具及配件、消防设施和器材。

由于建设工程的投资、投资效益以及工程质量后果等都是由建设单位承担或最终承担，建设单位对工程建设的各个环节都非常关心，包括对材料设备的采购、租赁等，建设单位或多或少都要对施工单位产生影响。这就要求建设单位与施工单位在合同中应当明确约定双方的权利义务，包括采用哪种供货方式等。无论施工单位是在购买、租赁还是在使用有关安全生产的材料设备，建设单位都不得采用明示或者暗示的手段对施工单位施加影响，提出不符合安全施工条件的要求。

（6）申领施工许可证时应当提供有关安全施工措施的资料。按照《建筑法》的规定，申请领取施工许可证应当具备的条件之一就是“有保证工程质量和安全的具体措施”。

《建设工程安全生产管理条例》进一步规定，建设单位在领取施工许可证时，应当提供建设工程有关安全施工措施的资料。依法批准开工报告的建设工程，建设单位应当自开工报告批准之日起 15 日内，将保证安全施工的措施报送建设工程所在地的县级以上地方人民政府建设行政主管部门或者其他有关部门备案。

建设单位在申请领取施工许可证时，应当提供的建设工程有关安全施工措施资料，一般包括：工程中标通知书，工程施工合同，施工现场总平面布置图，临时设施规划方案和已搭建情况，施工现场安全防护设施搭设（设置）计划，施工进度计划，安全措施费用计划，专项安全施工组织设计（方案、措施），拟进入施工现场使用的施工起重机械设备（塔式起重机、物料提升机、外用电梯）的型号、数量，工程项目负责人、安全管理人员及特种作业人员持证上岗情况，建设单位安全监督人员名册，工程监理单位人员名册，以及其他应提交的材料。

（7）依法实施装修工程和拆除工程。《建筑法》规定，涉及建筑主体和承重结构变动的装修工程，建设单位应当在施工前委托原设计单位或者具有相应资质条件的设计单位提出设计方案；没有设计方案的，不得施工。《建筑法》还规定，房屋拆除应当由具备保证安全条件的建筑施工单位承担。

《建设工程安全生产管理条例》进一步规定，建设单位应当将拆除工程发包给具有相应资质等级的施工单位。建设单位应当在拆除工程施工 15 日前，将下列资料报送建设工程所在地的县级以上地方人民政府建设行政主管部门或者其他有关部门备案：①施工单位资质等级证明；②拟拆除建筑物、构筑物及可能危及毗邻建筑的说明；③拆除施工组织方案；④堆放清除废弃物的措施。

实施爆破作业的，应当遵守国家有关民用爆炸物品管理的规定。

（8）建设单位违法行为应承担的法律责任。《建设工程安全生产管理条例》规定，建设单位未提供建设工程安全生产作业环境及安全施工措施所需费用的，责令限期改正；逾期未改正的，责令该建设工程停止施工。

建设单位未将保证安全施工的措施或者拆除工程的有关资料报送有关部门备案的，责令限期改正，给予警告。

建设单位有下列行为之一的，责令限期改正，处 20 万元以上 50 万元以下的罚款；造成重大安全事故，构成犯罪的，对直接责任人员，依照《刑法》有关规定追究刑事责任；造成损失的，依法承担赔偿责任。

1）对勘察、设计、施工、工程监理等单位提出不符合安全生产法律、法规和强制性标准规定的要求的。

2）要求施工单位压缩合同约定的工期的。

3）将拆除工程发包给不具有相应资质等级的施工单位的。

2. 勘察及设计单位相关的安全责任

建设工程安全生产是一个系统工程。工程勘察、设计作为工程建设的重要环节，对于保障安全施工有着重要影响。

（1）勘察单位的安全责任。《建设工程安全生产管理条例》规定，勘察单位应当按照法律、法规和工程建设强制性标准进行勘察，提供的勘察文件应当真实、准确，满足建设工程安全生产的需要。勘察单位在勘察作业时，应当严格执行操作规程，采取措施保证各类管线、设施和周边建筑物、构筑物的安全。

工程勘察是工程建设的先行者。工程勘察成果是建设工程项目规划、选址、设计的重要依据，也是保证施工安全的重要因素和前提条件。因此，勘察单位必须按照法律、法规的规定以及工程建设强制性标准的要求进行勘察，并提供真实、准确的勘察文件，不能弄虚作假。

勘察单位在进行勘察作业时，也易发生安全事故。为了保证勘察作业人员的安全，要求勘察人员必须严格执行操作规程。同时，还应当采取措施保证各类管线、设施和周边建筑物、构筑物的安全，这也是保证施工作业人员和相关人员安全的需要。

（2）设计单位的安全责任。工程设计是工程建设的灵魂。在建设工程项目确定后，工程设计就成为工程建设中最重要最关键的环节，对安全施工有着重要影响。

1）按照法律、法规和工程建设强制性标准进行设计。《建设工程安全生产管理条例》规定，设计单位应当按照法律、法规和工程建设强制性标准进行设计，防止因设计不合理导致生产安全事故的发生。

工程建设强制性标准是工程建设技术和经验的总结与积累，对保证建设工程质量和安全起着至关重要的作用。从对一些生产安全事故的原因分析来看，涉及设计单位责任的，主要是没有按照强制性标准进行设计，由于设计的不合理导致施工过程中发生了安全事故。因此，设计单位在设计过程中必须考虑施工生产安全，严格执行强制性标准。

2）提出防范生产安全事故的指导意见和措施建议。设计单位应当考虑施工安全操作和防护的需要，对涉及施工安全的重点部位和环节在设计文件中注明，并对防范生产安全事故提出指导意见。采用新结构、新材料、新工艺的建设工程与特殊结构的建设工程，设计单位应当在设计中提出保障施工作业人员安全和预防生产安全事故的措施建议。

设计单位的工程设计文件对保证建设工程结构安全非常重要。同时，设计单位在编制设计文件时，还应当结合建设工程的具体特点和实际情况，考虑施工安全作业和安全防护的需要，为施工单位制定安全防护措施提供技术保障。特别是对采用新结构、新材料、新工艺的建设工程和特殊结构的建设工程，设计单位应当在设计中提出保障施工作业人员安全和预防生产安全事故的措施建议。在施工单位作业前，设计单位还应当就设计意图、设计文件向施工单位作出说明和技术交底，并对防范生产安全事故提出指导意见。

3）对设计成果承担责任。设计单位和注册建筑师等注册执业人员应当对其设计负责。

“谁设计，谁负责”是国际通行做法。如果由于设计责任造成事故，则设计单位要承担法律责任，还要对造成的损失进行赔偿。注册建筑师、结构工程师等注册执业人员应当在设计文件上签字盖章，对设计文件负责，也要承担相应的法律责任。

（3）勘察及设计单位应承担的法律责任。《建设工程安全生产管理条例》规定，勘察单位、设计单位有下列行为之一的，责令限期改正，处 10 万元以上 30 万元以下的罚款；情节严重的，责令停业整顿，降低资质等级，直至吊销资质证书；造成重大安全事故，构成犯罪的，对直接责任人员，依照《刑法》有关规定追究刑事责任。造成损失的，依法承担赔偿责任。

1）未按照法律、法规和工程建设强制性标准进行勘察、设计的。

2）采用新结构、新材料、新工艺的建设工程和特殊结构的建设工程，设计单位未在设计中提出保障施工作业人员安全和预防生产安全事故的措施建议的。

注册执业人员未执行法律、法规和工程建设强制性标准的，责令停止执业 3 个月以上 1 年以下；情节严重的，吊销执业资格证书，5 年内不予注册；造成重大安全事故的，终身不予注册；构成犯罪的，依照《刑法》有关规定追究刑事责任。

3. 工程监理单位的安全责任

工程监理是监理单位受建设单位的委托，依照法律、法规和建设工程监理规范的规定，对工程建设实施的监督管理。监理单位在施工合同签订前，主要是协助建设单位做好施工招标准备各项工作；在施工合同签订后，监理单位则在建设单位的委托和授权范围内，以施工承包合同为依据，对工程的施工进行全面的监督和管理。但在实践中，一些监理单位只关注对施工质量进度和投资的监控，不重视对施工安全的监督管理，往往不配备安全生产专业人员，只是由监控质量的工程师代管。这就使得施工现场因违章指挥、违章作业而发生的伤亡事故局面未能得到有效控制。因此，需要依法加强施工安全监理工作，进一步提高工程监理的水平。

（1）对安全技术措施或专项施工方案进行审查。《建设工程安全生产管理条例》规定，工程监理单位应当审查施工组织设计中的安全技术措施或者专项施工方案是否符合工程建设强制性标准。

施工组织设计中须包含安全技术措施和施工现场临时用电方案，对基坑支护与降水工程、土方开挖工程、模板工程、起重吊装工程、脚手架工程、拆除工程、爆破工程等达到一定规模的危险性较大的分部分项工程，还应当编制专项施工方案。工程监理单位要对这些安全技术措施和专项施工方案进行审查，审查的重点在于是否符合工程建设强制性标准；对于达不到强制性标准的，应当要求施工单位进行补充完善。

（2）对施工安全事故隐患进行处理。工程监理单位在实施监理过程中，发现存在安全事故隐患的，应当要求施工单位整改；发生情况的，应当要求施工单位暂时停止施工，并及时报告建设单位。施工单位拒不整改或者停止施工的，工程监理单位应当及时向有关主管部门报告。

工程监理单位受建设单位的委托，作为公正的第三方，有权要求施工单位对存在的安全事故隐患进行整改，有权要求施工单位暂时停止施工，并依法向建设单位和有关主管部门报告。

（3）对建设工程安全生产承担监理责任。工程监理单位和监理工程师应当按照法律、法规和工程建设强制性标准实施监理，并对建设工程安全生产承担监理责任。

工程监理单位有下列行为之一的，责令限期改正；逾期未改正的，责令停业整顿，并处10万元以上30万元以下的罚款；情节严重的，降低资质等级，直至吊销资质证书；造成重大事故，构成犯罪的，对直接责任人员依照《刑法》有关规定追究刑事责任；造成损失的，依法承担赔偿责任：①未对施工组织设计中的安全技术措施或者专项施工方案进行审查的；②发现安全事故隐患未及时要求施工单位整改或者暂时停止施工的；③施工单位拒不整改或者不停止施工，未及时向有关主管部门报告的；④未依照法律、法规和工程建设强制性标准实施监理的。

4. 设备检验检测单位的安全责任

检验检测机构对检测合格的施工起重机械和整体提升脚手架、模板等自升式架设设施，应当出具安全合格证明文件，并对检测结果负责。

（1）设备检验检测单位的职责。《特种设备安全监察条例》规定，特种设备的监督检验、定期检验、型式试验和无损检测应当由特种设备检验检测机构进行。

特种设备检验检测机构，应当依照规定进行检验检测工作，对其检验检测结果、鉴定结论承担法律责任。

特种设备检验检测机构进行特种设备检验检测，发现严重事故隐患或者能耗严重超标的，应当及时告知特种设备使用单位，并立即向特种设备安全监督管理部门报告。

（2）设备检验检测单位违法行为应承担的法律责任。特种设备检验检测机构，有下列情形之一的，由特种设备安全监督管理部门处 2 万元以上 10 万元以下的罚款；情节严重的，撤销其检验检测资格：①聘用未经特种设备安全监督管理部门组织考核合格并取得检验检测人员证书的人员，从事相关检验检测工作的；②在进行特种设备检验检测中，发现严重事故隐患或者能耗严重超标，未及时告知特种设备使用单位，并立即向特种设备安全监督管理部门报告的。

特种设备检验检测机构和检验检测人员，出具虚假的检验检测结果、鉴定结论或者检验检测结果、鉴定结论严重失实的，由特种设备安全监督管理部门对检验检测机构没收违法所得，处 5 万元以上 20 万元以下的罚款，情节严重的，撤销其检验检测资格；对检验检测人员处 5 000 元以上 5 万元以下的罚款，情节严重的，撤销其检验检测资格，触犯刑律的，依照《刑法》关于中介组织人员提供虚假证明文件罪、中介组织人员出具证明文件重大过失罪或者其他罪的规定，依法追究刑事责任。

特种设备检验检测机构和检验检测人员，出具虚假的检验检测结果、鉴定结论或者检验检测结果、鉴定结论严重失实，造成损害的，应当承担赔偿责任。

特种设备检验检测机构和检验检测人员利用检验检测工作故意刁难特种设备生产、使用单位的，由特种设备安全监督管理部门责令改正；拒不改正的，撤销其检验检测资格。

5. 机械设备等单位的安全责任

（1）提供机械设备和配件单位的安全责任。《建设工程安全生产管理条例》规定，为建设工程提供机械设备和配件的单位，应当按照安全施工的要求配备齐全有效的保险、限位等安全设施和装置。

施工机械设备是施工现场的重要设备。随着工程规模的扩大和施工工艺的提高，其在施工中的地位和作用越来越突出。但是，施工现场所使用的机械设备产品质量不容乐观，有的安全保险和限位装置不齐全或是失灵，有的在设计和制造上存在重大质量缺陷，导致施工安全事故时有发生。为此，为建设工程提供施工机械设备和配件的单位，应当配齐有效的保险、限位等安全设施和装置，并保证灵敏可靠，以保障施工机械设备的安全使用，减少施工机械设备事故的发生。

（2）出租机械设备和施工机具及配件单位的安全责任。出租的机械设备和施工机具及配件，应当具有生产（制造）许可证、产品合格证。出租单位应当对出租的机械设备和施工机具及配件的安全性能进行检测，在签订租赁协议时，应当出具检测合格证明。禁止出租检测不合格的机械设备和施工机具及配件。

近年来，我国的机械设备租赁市场发展很快，越来越多的施工单位通过租赁方式获取所需的机械设备和施二机具及配件。这对于降低施工成本、提高机械设备的使用率是有着积极作用的。但也存在着出租的机械设备等安全责任不明确，造成生产安全事故无法追究有关单位责任的问题。因此，必须明确出租单位的安全责任。出租单位必须出租合格产品，还应当对出租的机械设备和施工机具及配件的安全性能进行检测，签订租赁协议时，应当出具检测合格证明。这对于保障出租产品的安全性能，以及发生生产安全事故的责任追究，都是至关重要的。

(3) 施工起重机械和自升式架设设施安装、拆卸单位的安全责任。施工起重机械是指施工中用于垂直升降或者垂直升降并水平移动重物的机械设备，如塔式起重机、施工外用电梯、物料提升机等自升式架设设施。自升式架设设施是指通过自有装置可将自身升高的架设设施，如整体提升脚手架、模板等。

1）安装、拆卸施工起重机械和自升式架设设施必须具备相应的资质。《建设工程安全生产管理条例》规定，在施工现场安装、拆卸施工起重机械和整体提升脚手架、模板等自升式架设设施，必须由具有相应资质的单位承担。

施工起重机械和自升式架设设施等的安装、拆卸是特殊专业施工，具有高度的危险性，与相关分部分项工程的施工安全具有较大关系，稍有不慎极易造成群死群伤的重大安全事故。因此，按照《建筑业企业资质管理规定》和《建筑业企业资质等级标准》的规定，从事起重设备安装、拆卸升降脚手架等施工活动的单位，应当按照资质条件申请资质。经审查合格，取得专业承包资质证书后，方可在其资质等级许可的范围内从事安装、拆卸活动。

2）编制拆装方案、制定安全措施和现场监督。《建设工程安全生产管理条例》规定，安装、拆卸施工起重机械和整体提升脚手架、模板等自升式架设设施，应当编制拆装方案、制定安全施工措施，并由专业技术人员现场监督。

施工起重机械的安装单位在进行安装、拆卸作业前，应当根据施工起重机械的安全技术标准、使用说明书、施工现场环境、辅助起重机械设备条件等，制定施工方案和安全技术措施。脚手架工程属高处作业，制定施工方案时必须有完善的安全防护措施，要按规定设置安全网、安全护栏、安全挡板，操作人员上下架子要有保证安全的扶梯、爬梯或斜道，并须有良好的防电、避雷等安全措施。在制定模板工程的安全施工措施时，应当根据不同材质模板和不同形式模板的特殊要求，严格执行有关的技术规范，并要求作业人员按照施工方案进行作业。

起重机械和自升式架设设施施工方案应当在安装拆卸前向全体作业人员按照施工方案要求进行安全技术交底。安装、拆卸单位专业技术人员应按照自己的职责，在作业现场实行全过程监控。

3）出具自检合格证明、进行安全使用说明、办理验收手续的责任。施工起重机械和整体提升脚手架、模板等自升式架设设施安装完毕后，安装单位应当自检，出具自检合格证明，并向施工单位进行安全使用说明，办理验收手续并签字。

施工起重机械和自升式架设设施安装单位在安装完毕后，应当对零部件、构件、总成、安全保护装置等按照安全技术规范进行严格的自检。自检应当有记录，填写检验记录表。自检合格后应当向施工单位出具检验合格证明，并以书面形式将有关安全性能和使用过程中应注意的安全事项向施工单位作出说明，填写安全技术交底书。安装单位和施工单位应当按照国家有关标准、规程所规定的检验项目进行双方验收，做好验收记录，并由双方负责人签字。

4）依法对施工起重机械和自升式架设设施进行检测。施工起重机械和整体提升脚手架、模板等自升式架设设施的使用达到国家规定的检验检测期限的，必须经具有专业资质的检验检测机构检测。经检测不合格的，不得继续使用。

(4) 机械设备等单位违法行为应承担的法律责任。《建设工程安全生产管理条例》规定，为建设工程提供机械设备和配件的单位，未按照安全施工的要求配备齐全有效的保险、限位等安全设施和装置的，责令限期改正，处合同价款 1 倍以上 3 倍以下的罚款；造成损失的，依法承担赔偿责任。

出租单位出租未经安全性能检测或者经检测不合格的机械设备和施工机具及配件的，责令停业整顿，并处 5 万元以上 10 万元以下的罚款；造成损失的，依法承担赔偿责任。

施工起重机械和整体提升脚手架、模板等自升式架设设施安装、拆卸单位有下列行为之一的，责令限期改正，处 5 万元以上 10 万元以下的罚款；情节严重的，责令停业整顿，降低资质等级，直至吊销资质证书；造成损失的，依法承担赔偿责任：①未编制拆装方案、制定安全施工措施的；②未由专业技术人员现场监督的；③未出具自检合格证明或者出具虚假证明的；④未向施工单位进行安全使用说明，办理移交手续的。

7.2.4　从业人员安全生产权利和义务

生产经营单位的从业人员是指该单位从事生产经营活动各项工作的所有人员，包括管理人员、技术人员和各岗位的工人，也包括生产经营单位临时聘用的人员。他们在从业过程中依法享有权利、承担义务。

1. 安全生产从业人员的权利

（1）知情权。生产经营单位的从业人员有权了解其作业场所和工作岗位存在的危险因素、防范措施及事故应急措施，有权对本单位的安全生产工作提出建议。

（2）批评权和检举、控告权。从业人员有权对本单位安全生产工作中存在的问题提出批评、检举、控告。

（3）拒绝权。从业人员有权拒绝违章指挥和强令冒险作业。生产经营单位不得因从业人员对本单位安全生产工作提出批评、检举、控告或者拒绝违章指挥、强令冒险作业而降低其工资、福利等待遇或者解除与其订立的劳动合同。

（4）紧急避险权。从业人员发现直接危及人身安全的紧急情况时，有权停止作业或者在采取可能的应急措施后撤离作业场所。

生产经营单位不得因从业人员在上述紧急情况下停止作业或者采取紧急撤离措施而降低其工资、福利等待遇或者解除与其订立的劳动合同。

（5）请求赔偿权。因生产安全事故受到损害的从业人员，除依法享有工伤社会保险外，依照有关民事法律规定还有获得赔偿的权利的，有权向本单位提出赔偿要求。

依法为从业人员缴纳工伤社会保险费和给予民事赔偿，是生产经营单位的法定义务。生产经营单位必须依法参加工伤社会保险，为从业人员缴纳保险费；生产经营单位与从业人员订立的劳动合同，应当载明依法为从业人员办理工伤社会保险的事项。

发生安全事故后，受到损害的从业人员首先按照劳动合同和工伤社会保险合同的约定，享有请求相应赔偿的权利。如果工伤保险赔偿金不足以补偿受害人的损失，受害人还可以依照有关民事法律的规定，向其所在的生产经营单位提出赔偿要求。为了切实保护从业人员的该项权利，《安全生产法》第 44 条第 2 款还规定："生产经营单位不得以任何形式与从业人员订立协议，免除或者减轻其对从业人员因生产安全事故伤亡依法应承担的责任。"

（6）获得劳动防护用品的权利。生产经营单位必须为从业人员提供符合国家标准或者行业标准的劳动防护用品，并监督、教育从业人员按照使用规则佩戴、使用。

（7）获得安全生产教育和培训的权利。生产经营单位应当对从业人员进行安全生产教育和培训，保证从业人员具备必要的安全生产知识，熟悉有关的安全生产规章制度和安全操作规程，掌握本岗位的安全操作技能。

2. 安全生产从业人员的义务

按照《建筑法》《安全生产法》《建设工程安全生产管理条例》等法律、行政法规的规定，施工作业人员主要应当履行如下安全生产义务。

（1）守法遵章和正确使用安全防护用具等的义务。《建筑法》规定，建筑施工企业和作业人员在施工过程中，应当遵守有关安全生产的法律、法规和建筑行业安全规章、规程，不得违章指挥或者违章作业。《安全生产法》规定，从业人员在作业过程中，应当遵守本单位的安全生产规章制度和操作规程，服从管理，正确佩戴和使用劳动防护用品，《建设工程安全生产管理条例》进一步规定，作业人员应当遵守安全施工的强制性标准、规章制度和操作规程，正确使用安全防护用具、机械设备等。

施工单位要保障作业人员的安全，作业人员也必须遵守有关的规章制度，做到不违章作业。从已发生的施工生产安全事故分析来看，很多事故是不执行安全生产的规章制度和操作规程导致的。实践证明，作业人员严格遵守规章制度和操作规程，能够大大减少事故隐患，降低事故的发生率；而如果作业人员无视这些规章制度和操作规程，就会导致安全事故的发生，造成人员伤亡和财产损失。

（2）接受安全生产教育培训的义务。《安全生产法》规定，从业人员应当接受安全生产教育和培训，掌握本职工作所需的安全生产知识，提高安全生产技能，增强事故预防和应急处理能力。《建设工程安全生产管理条例》也规定，作业人员进入新的岗位或新的施工现场前，应当接受安全生产教育培训。未经教育培训或者教育培训考核不合格的人员，不得上岗作业。

施工单位加强安全生产教育培训，提高从业人员素质，是控制和减少安全事故的关键措施。通过安全生产教育培训，必须使作业人员具备必要的安全生产知识，熟悉有关的安全生产规章制度和安全操作规程，掌握本岗位的安全操作技能。

（3）安全事故隐患报告的义务。《安全生产法》规定，从业人员发现事故隐患或者其他不安全因素，应当立即向现场安全生产管理人员或者本单位负责人报告；接到报告的人员应当及时予以处理。

安全事故的发生通常都是由事故隐患或者其他不安全因素所酿成的。所以，作业人员一旦发现事故隐患或者其他不安全因素，应当立即报告，以便及时采取措施，防患于未然。

7.3 生产安全事故的应急救援和调查处理

施工现场一旦发生生产安全事故，应当立即实施抢险救援，特别是抢救人员，迅速控制事态，防止事故进一步扩大，并依法向有关部门报告事故。事故调查处理应当坚持实事求是、尊重科学的原则，及时、准确地查清事故经过、事故原因和事故损失，查明事故性质，认定事故责任，总结事故教训，提出整改措施，并对事故责任者依法追究责任。

7.3.1 生产安全事故的应急救援

《建设工程安全生产管理条例》规定，施工单位应当制定本单位生产安全事故应急救援预案，建立应急救援组织或者配备应急救援人员，配备必要的应急救援器材、设备，并定期组织演练。

施工单位应当根据建设工程施工的特点、范围，对施工现场易发生重大事故的部位、环节进行监控，制定施工现场生产安全事故应急救援预案。实行施工总承包的，由总承包单位统一组织编制建设工程生产安全事故应急救援预案，工程总承包单位和分包单位按照应急救援预案，各自建立应急救援组织或者配备应急救援人员，配备救援器材设备，定期组织演练。

1. 制定施工生产安全事故应急救援预案的基本要求

施工生产安全事故多具有突发性、紧迫性的特点，如果事先做好充分的应急准备工作，就可以在短时间内组织起有效抢救，防止事故扩大，减少人员伤亡和财产损失。

（1）施工生产安全事故应急救援预案的主要作用。施工生产安全事故应急救援预案是指施工单位根据本单位的实际情况，针对可能发生的事故类别、性质、特点和范围等，制定的事故发生时的组织技术措施和其他应急措施。施工生产安全事故应急救援预案的作用如下。

1）事故预防。通过危险辨识、事故后果分析，采用技术和管理手段降低事故发生的可能性，使可能发生的事故控制在局部，防止事故蔓延。

2）应急处理。一旦发生事故，有应急处理程序和方法，能快速反应处理故障或将事故消除在萌芽状态。

3）抢险救援。采用预定的现场抢险和抢救方式，控制或减少事故造成的损失。

（2）施工生产安全事故应急救援预案的类型。施工生产安全事故应急救援预案分为施工单位的生产安全事故应急救援预案和施工现场的生产安全事故应急救援预案两大类。《中华人民共和国突发事件应对法》（以下简称《突发事件应对法》）还规定，建筑施工单位应当制定具体应急预案，并对生产经营场所、有危险物品的建筑物、构筑物及周边环境开展隐患排查，及时采取措施消除隐患，防止发生突发事件。

（3）应急救援组织和应急救援器材、设备。施工单位应当建立应急救援组织或者配备应急救援人员，配备必要的应急救援器材、设备，进行经常性维护、保养，保证正常运转，定期组织演练。

（4）总分包单位的职责分工。实行施工总承包的，由总承包单位统一组织编制建设工程生产安全事故应急救援预案，工程总承包单位和分包单位按照应急救援预案，各自建立应急救援组织或者配备应急救援人员，配备救援器材、设备，并定期组织演练。

《安全生产法》还规定，生产经营单位的主要负责人具有组织制定并实施本单位的生产安全事故应急救援预案的职责。

2. 生产安全事故应急救援预案的编制、评审

《突发事件应对法》规定："应急预案应当根据本法和其他有关法律、法规的规定，针对突发事件的性质、特点和可能造成的社会危害，具体规定突发事件应急管理工作的组织指挥体系与职责和突发事件的预防与预警机制、处置程序、应急保障措施以及事后恢复与重建措施等内容。”

（1）应急预案的编制。《生产安全事故应急预案管理办法》规定，生产经营单位应当根据有关法律、法规和《生产经营单位安全生产事故应急预案编制导则》（AQ/T 9002—2006），结合本单位的危险源状况、危险性分析情况和可能发生的事故特点，制定相应的应急预案。

生产经营单位的应急预案针对情况的不同，分为综合应急预案、专项应急预案和现场处置方案。生产经营单位编制的综合应急预案、专项应急预案和现场处置方案之间应当相互衔接，并与所涉及的其他单位的应急预案相互衔接。

综合应急预案，应当包括本单位的应急组织机构及其职责、预案体系及响应程序、事故预防及应急保障、应急培训及预案演练等主要内容；专项应急预案，应当包括危险性分析、可能发生的事故特征、应急组织机构与职责、预防措施、应急处置程序和应急保障等内容；现场处置方案，应当包括危险性分析、可能发生的事故特征、应急处置程序、应急处置要点和注意事项等内容。

应急预案的编制应当符合下列基本要求：①符合有关法律、法规、规章和标准的规定；②结合本地区、本部门、本单位的安全生产实际情况；③结合本地区、本部门、本单位的危险性分析情况；④应急组织和人员的职责分工明确，并有具体的落实措施；⑤有明确、具体的事故预防措施和应急程序，并与其应急能力相适应；⑥有明确的应急保障措施，并能满足本地区、本部门、本单位的应急工作要求；⑦预案要齐全、完整，预案附件提供的信息准确；⑧预案内容与相关应急预案相互衔接；⑨应急预案应当包括应急组织机构和人员的联系方式、应急物资储备清单等附件信息。

此外，《消防法》规定，企业应当履行落实消防安全责任制，制定本单位的消防安全制度、消防安全操作规程，制定灭火和应急疏散预案的消防安全职责。《职业病防治法》规定，用人单位应当建立健全职业病危害事故应急救援预案。《特种设备安全监察条例》规定，特种设备使用单位应当制定事故应急专项预案，并定期进行事故应急演练。《使用有毒物品作业场所劳动保护条例》规定，从事使用高毒物品作业的用人单位，应当配备应急救援人员和必要的应急救援器材、设备，制定事故应急救援预案，并根据实际情况变化对应急救援预案适时进行修订，定期组织演练。

（2）应急预案的评审。《生产安全事故应急预案管理办法》规定，建筑施工单位应当组织专家对本单位编制的应急预案进行评审。评审应当形成书面纪要并附有专家名单。

应急预案的评审应当注重应急预案的实用性、基本要素的完整性、预防措施的针对性、组织体系的科学性、响应程序的操作性、应急保障措施的可行性、应急预案的衔接性等内容。施工单位的应急预案经评审后，由施工单位主要负责人签署公布。

（3）应急预案的备案。中央管理的总公司（总厂、集团公司、上市公司）的综合应急预案和专项应急预案，报国务院国有资产监督管理部门、国务院安全生产监督管理部门和国务院有关主管部门备案；其所属单位的应急预案分别抄送所在地的省、自治区、直辖市或者设区的市人民政府安全生产监督管理部门和有关主管部门备案。

其他生产经营单位中涉及实行安全生产许可的，其综合应急预案和专项应急预案，按照隶属关系报所在地县级以上地方人民政府安全生产监督管理部门和有关主管部门备案。生产经营单位申请应急预案备案，应当提交以下材料：①应急预案备案申请表；②应急预案评审或者论证意见；③应急预案文本及电子文档。

对于实行安全生产许可的生产经营单位，已经进行应急预案备案登记的，在申请安全生产许可证时，可以不提供相应的应急预案，仅提供应急预案备案登记表。

（4）应急预案的培训。生产经营单位应当采取多种形式开展应急预案的宣传教育，普及生产安全事故预防、避险、自救和互救知识，提高从业人员安全意识和应急处置技能。

生产经营单位应当组织开展本单位的应急预案培训活动，使有关人员了解应急预案内容，熟悉应急职责、应急程序和岗位应急处置方案。应急预案的要点和程序应当张贴在应急地点和应急指挥场所，并设有明显的标志。

（5）应急预案的演练。生产经营单位应当制定本单位的应急预案演练计划，根据本单位的事故预防重点，每年至少组织一次综合应急预案演练或者专项应急预案演练，每半年至少组织一次现场处置方案演练。

应急预案演练结束后，应急预案演练组织单位应当对应急预案演练效果进行评估，撰写应急预案演练评估报告，分析存在的问题，并对应急预案提出修订意见。

（6）应急预案的修订。生产经营单位制定的应急预案应当至少每 3 年修订一次，预案修订情况应有记录并归档。

有下列情形之一的，应急预案应当及时修订：①生产经营单位因兼并、重组、转制等导致隶属关系、经营方式、法定代表人发生变化的；②生产经营单位生产工艺和技术发生变化的；③周围环境发生变化，形成新的重大危险源的；④应急组织指挥体系或者职责已经调整的；⑤依据的法律、法规、规章和标准发生变化的；⑥应急预案演练评估报告要求修订的；⑦应急预案管理部门要求修订的。

生产经营单位应当及时向有关部门或者单位报告应急预案的修订情况，并按照有关应急预案报备程序重新备案。生产经营单位应当按照应急预案的要求配备相应的应急物资及装备，建立使用状况档案，定期检测和维护，使其处于良好状态。

7.3.2　生产安全事故的调查处理

《建筑法》规定，施工中发生事故时，建筑施工企业应当采取紧急措施减少人员伤亡和事故损失，并按照国家有关规定及时向有关部门报告。

《建设工程安全生产管理条例》进一步规定，施工单位发生生产安全事故，应当按照国家有关伤亡事故报告和调查处理的规定，及时、如实地向负责安全生产监督管理的部门、建设行政主管部门或者其他有关部门报告；特种设备发生事故的，还应当同时向特种设备安全监督管理部门报告。实行施工总承包的建设工程，由总承包单位负责上报事故。

1. 事故报告的基本要求

《安全生产法》规定，生产经营单位发生生产安全事故后，事故现场有关人员应当立即报告本单位负责人。单位负责人接到事故报告后，应当迅速采取有效措施，组织抢救，防止事故扩大，减少人员伤亡和财产损失，并按照国家有关规定立即如实报告当地负有安全生产监督管理职责的部门，不得隐瞒不报、谎报或者拖延不报，不得故意破坏事故现场、毁灭有关证据。

（1）事故报告的时间要求。《生产安全事故报告和调查处理条例》规定，事故发生后，事故现场有关人员应当立即向本单位负责人报告；单位负责人接到报告后，应当于1小时内向事故发生地县级以上人民政府安全生产监督管理部门和负有安全生产监督管理职责的有关部门报告。情况紧急时，事故现场有关人员可以直接向事故发生地县级以上人民政府安全生产监督管理部门和负有安全生产监督管理职责的有关部门报告。

所谓事故现场，是指事故具体发生地点及事故能够影响和波及的区域，以及该区域内的物品、痕迹等所处的状态。所谓有关人员，主要是指事故发生单位在事故现场的有关工作人员，可以是事故的负伤者，或是在事故现场的其他工作人员；当发生人员死亡或重伤无法报告，且事故现场又没有其他工作人员时，任何首先发现事故的人都负有立即报告事故的义务。所谓立即报告，是指在事故发生后的第一时间用最快捷的报告方式进行报告。所谓单位负责人，可以是事故发生单位的主要负责人，也可以是事故发生单位主要负责人以外的其他分管安全生产工作的副职领导或其他负责人。

在一般情况下，事故现场有关人员应当先向本单位负责人报告事故，这符合企业内部管理的规章制度，也有利于企业应急救援工作的快速启动。但是，事故是人命关天的大事，在情况紧急时允许事故现场有关人员直接向安全生产监督管理部门和负有安全生产监督管理职责的有关部门报告。

事故报告应当及时、准确、完整，任何单位和个人对事故不得迟报、漏报、谎报或者瞒报。

（2）事故报告的内容要求。报告事故应当包括下列内容：①事故发生单位概况；②事故发生的时间、地点以及事故现场情况；③事故的简要经过；④事故已经造成或者可能造成的伤亡人数（包括下落不明的人数）和初步估计的直接经济损失；⑤已经采取的措施；⑥其他应当报告的情况。

事故发生单位概况，应当包括单位的全称、所处地理位置、所有制形式和隶属关系、生产经营范围和规模、持有各类证照情况、单位负责人基本情况以及近期生产经营状况等，该部分内容应以全面、简洁为原则。

报告事故发生的时间应当具体。报告事故发生的地点要准确，除事故发生的中心地点外，还应当报告事故所波及的区域。报告事故现场的情况应当全面，不仅应当报告现场的总体情况，还应当报告现场的人员伤亡情况、设备设施的毁损情况；不仅应当报告事故发生后的现场情况，还应当尽量报告事故发生前的现场情况，便于前后比较，分析事故原因。

对于人员伤亡情况的报告，应当遵守实事求是的原则，不作无根据的猜测，更不能隐瞒实际伤亡人数。对直接经济损失的初步估算，主要是指事故所导致的建筑物毁损、生产设备设施和仪器仪表损坏等。人员伤亡情况和经济损失情况直接影响事故等级的划分，并决定事故的调查处理等后续重大问题，因此报告时应当谨慎细致，力求准确。

已经采取的措施，主要是指事故现场有关人员、事故单位负责人以及已经接到事故报告的安全生产管理部门等，为减少损失、防止事故扩大和便于事故调查所采取的应急救援和现场保护等具体措施。

对于其他应当报告的情况，则应根据实际情况而定。如较大以上事故，还应当报告事故所造成的社会影响、政府有关领导和部门现场指挥等有关情况。

（3）事故补报的要求。事故报告后出现新情况的，应当及时补报。自事故发生之日起30日内，事故造成的伤亡人数发生变化的，应当及时补报。道路交通事故、火灾事故自发生之日起 7 日内，事故造成的伤亡人数发生变化的，应当及时补报。

2. 发生事故后应采取的相应措施

《建设工程安全生产管理条例》规定，发生生产安全事故后，施工单位应当采取措施防止事故扩大，保护事故现场。需要移动现场物品时，应当作出标记和书面记录，妥善保管有关证物。

（1）组织应急抢救工作。《生产安全事故报告和调查处理条例》规定，事故发生单位负责人接到事故报告后，应当立即启动事故相应应急预案，或者采取有效措施，组织抢救，防止事故扩大，减少人员伤亡和财产损失。

事故发生后，生产经营单位应当立即启动相关应急预案，采取有效处置措施，组织开展先期应急工作，控制事态发展。对危险化学品泄漏等可能对周边群众和环境产生危害的事故，生产经营单位应当在向地方政府及有关部门进行报告的同时，及时向可能受到影响的单位、职工、群众发出预警信息，标明危险区域，组织、协助应急救援队伍和工作人员救助受害人员，疏散、撤离、安置受到威胁的人员，并采取必要措施防止发生次生、衍生事故。应急处置工作结束后，各企业应尽快组织恢复生产、生活秩序，配合事故调查组进行调查。

（2）妥善保护事故现场。事故发生后，有关单位和人员应当妥善保护事故现场以及相关证据，任何单位和个人不得破坏事故现场、毁灭相关证据。因抢救人员、防止事故扩大以及疏通交通等原因，需要移动事故现场物件的，应当作出标记，绘制现场简图并作出书面记录，妥善保存现场重要痕迹、物证。

事故现场追溯是判断发生事故原因和事故责任人责任的客观物质基础。从事故发生到事故调查组赶赴现场，往往需要一段时间，而在这段时间里，许多外界因素，如对伤员救护、险情控制、周围群众围观等都会给事故现场造成不同程度的破坏，甚至还有故意破坏事故现场的情况。事故现场保护的好坏，将直接决定和影响事故现场勘查。如果事故现场保护不好，一些与事故有关的证据就难于找到，不便于查明事故的原因，从而影响事故调查处理的进度和质量。

事故现场保护的主要任务就是要在现场勘查之前，维持现场的原始状态，既不能减少任何痕迹、物品，也不能增加任何痕迹、物品，任何单位和个人，都不得破坏事故现场，毁灭相关证据。

保护事故现场，应当根据事故现场的具体情况和周围环境，划定保护区范围，布置警戒，必要时将事故现场封锁起来，禁止一切人进入保护区。即使是保护现场的人员，也不要无故进入，更不能擅自进行勘查，或者随意触摸、移动事故现场的任何物品。

因特殊情况需要移动事故现场物件的，必须同时满足以下条件：①移动物件的目的是出于抢救人员、防止事故扩大以及疏通交通的需要；②移动物件必须经过事故单位负责人或者组织事故调查的安全生产监督管理部门和负有安全生产监督管理职责的有关部门的同意；③移动物件应当作出标志，绘制现场简图，拍摄现场照片，对被移动物件应当贴上标签，并作出书面记录；④移动物件应当尽量使现场少受破坏。

3. 事故的调查

《安全生产法》规定，事故调查处理应当按照实事求是、尊重科学的原则，及时、准确地查清事故原因，查明事故性质和责任，总结事故教训，提出整改措施，并对事故责任者提出处理意见。

（1）事故调查的管辖。《生产安全事故报告和调查处理条例》规定，特别重大事故由国务院或者国务院授权有关部门组织事故调查组进行调查。

重大事故、较大事故、一般事故分别由事故发生地省级人民政府、设区的市级人民政府、县级人民政府负责调查。省级人民政府、设区的市级人民政府、县级人民政府可以直接组织事故调查组进行调查，也可以授权或者委托有关部门组织事故调查组进行调查。未造成人员伤亡的一般事故，县级人民政府也可以委托事故发生单位组织事故调查组进行调查。

上级人民政府认为必要时，可以调查由下级人民政府负责调查的事故。自事故发生之日起 30 日内（道路交通事故、火灾事故自发生之日起 7 日内），因事故伤亡人数变化导致事故等级发生变化，依照规定应当由上级人民政府负责调查的，上级人民政府可以另行组织事故调查组进行调查。

特别重大事故以下等级事故，事故发生地与事故发生单位不在同一个县级以上行政区域的，由事故发生地人民政府负责调查，事故发生单位所在地人民政府应当派人参加。

（2）事故调查组的组成与职责。根据事故的具体情况，事故调查组由有关人民政府、安全生产监督管理部门、负有安全生产监督管理职责的有关部门、监察机关、公安机关以及工会派人组成，并应当邀请人民检察院派人参加。事故调查组可以聘请有关专家参与调查。

事故调查组成员应当具有事故调查所需要的知识和专长，并与所调查的事故没有直接利害关系。事故调查组组长由负责事故调查的人民政府指定。事故调查组组长主持事故调查组的工作。

事故调查组履行下列职责：①查明事故发生的经过、原因、人员伤亡情况及直接经济损失；②认定事故的性质和事故责任；③提出对事故责任者的处理建议；④总结事故教训，提出防范和整改措施；⑤提交事故调查报告。

（3）事故调查组的权利与纪律。事故调查组有权向有关单位和个人了解与事故有关的情况，并要求其提供相关文件、资料，有关单位和个人不得拒绝。事故发生单位的负责人和有关人员在事故调查期间不得擅离职守，并应当随时接受事故调查组的询问，如实提供有关情况。事故调查中发现涉嫌犯罪的，事故调查组应当及时将有关材料或者其复印件移交司法机关处理。

事故调查中需要进行技术鉴定的，事故调查组应当委托具有国家规定资质的单位进行技术鉴定，必要时，事故调查组可以直接组织专家进行技术鉴定。技术鉴定所需时间不计入事故调查期限。

事故调查组成员在事故调查工作中应当诚信公正、恪尽职守，遵守事故调查组的纪律，保守事故调查的秘密。未经事故调查组组长允许，事故调查组成员不得擅自发布有关事故的信息。

（4）事故调查报告的期限与内容。事故调查组应当自事故发生之日起 60 日内提交事故调查报告；特殊情况下，经负责事故调查的人民政府批准，提交事故调查报告的期限可以适当延长，但延长的期限最长不超过 60 日。

事故调查报告应当包括下列内容：①事故发生单位概况；②事故发生经过和事故救援情况；③事故造成的人员伤亡和直接经济损失；④事故发生的原因和事故性质；⑤事故责任的认定以及对事故责任者的处理建议；⑥事故防范和整改措施。

事故调查报告应当附具有关证据材料，事故调查组成员应当在事故调查报告上签名。查清事故发生的经过和事故原因，是事故调查的首要任务。事故原因有可能是自然原因，即所谓“天灾”，也有可能是人为原因，即所谓“人祸”，更多情况下则是自然原因和人为原因共同造成的。事故性质则是指事故是人为事故还是自然事故，是意外事故还是责任事故。如果纯属自然事故或者意外事故，则不需要认定事故责任。如果是人为事故和责任事故，就应当查明哪些人员对事故负有责任，并确定其责任程度。事故责任分为直接责任、间接责任以及主要责任、次要责任。

4. 事故的处理

（1）事故处理时限。《生产安全事故报告和调查处理条例》规定，重大事故、较大事故、一般事故，负责事故调查的人民政府应当自收到事故调查报告之日起15日内作出批复；特别重大事故，30日内作出批复，特殊情况下，批复时间可以适当延长，但延长的时间最长不超过30日。

（2）对事故调查报告批复的落实。有关机关应当按照人民政府的批复，依照法律、行政法规规定的权限和程序，对事故发生单位和有关人员进行行政处罚，对负有事故责任的国家工作人员进行处分。

事故发生单位应当按照负责事故调查的人民政府的批复，对本单位负有事故责任的人员进行处理。负有事故责任的人员涉嫌犯罪的，依法追究刑事责任。

需要强调的是，事故发生单位负责处理的对象是本单位对事故发生负有责任的人员。这种处理是根据本单位的规章制度所做的内部处理，包括两种情况：一种是本单位有关人员对事故发生负有责任，但其行为尚未构成犯罪，也不属于法律、行政法规规定的应当给予行政处罚或者处分的行为，事故发生单位可以根据本单位有关规章制度对负有事故责任的人员进行相应处理；另一种是对事故发生负有责任的人员已经涉嫌犯罪，或者依照法律、行政法规应当由有关机关给予行政处罚或处分的，事故发生单位也可以根据本单位的规章制度作出相应处理。

（3）事故发生单位落实防范和整改措施。事故发生单位应当认真吸取事故教训，落实防范和整改措施，防止事故再次发生。防范和整改措施的落实情况应当接受工会和职工的监督。

安全生产监督管理部门和负有安全生产监督管理职责的有关部门应当对事故发生单位落实防范和整改措施的情况进行监督检查。

事故调查处理的最终目的是为了预防和减少事故。应该说，事故的调查不是为了调查事故而调查事故，事敁的处理也不是为了追究责任而追究责任，其实质是要在查明事故原因、认定事故责任的基础上，提出防范和整改措施，进而防止事故的再次发生，因此，事故发生单位应当认真吸取事故教训，落实防范和整改措施，防止事故再次发生。

（4）处理结果的公布。事故处理的情况由负责事故调查的人民政府或者其授权的有关部门、机构向社会公布，依法应当保密的除外。

多年的实践表明，事故调查处理的“四不放过”原则是行之有效的，即事故原因未查清不放过，事故责任若未受到处理不放过，事故责任人和周围群众未受到教育不放过，防范措施未落实不放过。“四不放过”原则应当继续在实践中贯彻。

7.4 安全生产监督管理

7.4.1 政府对安全生产的监督管理

1. 安全生产监督管理部门

根据《安全生产法》和《建设工程安全生产管理条例》的有关规定，国务院负责安全生产监督管理的部门，对全国建设工程安全生产实施监督管理。国务院建设行政主管部门对全国建设工程安全生产进行监督管理。国务院铁路、交通、水利等有关部门按照国务院的职责分工，负责有关专业建设工程安全生产的监督管理。

根据《建设工程安全生产管理条例》第44条的规定，建设行政主管部门或者其他有关部门可以将施工现场的监督检查委托给建设工程安全监督机构具体实施。

2. 安全生产监督管理措施

对安全生产负有监督管理职责的部门（以下统称负有安全生产监督管理职责的部门）依照有关法律、法规的规定，对涉及安全生产的事项需要审查批准（包括批准、核准、许可、注册、认证、颁发证照等，下同）或者验收的，必须严格依照有关法律、法规和国家标准或者行业标准规定的安全生产条件和程序进行审查；不符合有关法律、法规和国家标准或者行业标准规定的安全生产条件的，不得批准或者验收通过。对未依法取得批准或者验收合格的单位擅自从事有关活动的，负责行政审批的部门发现或者接到举报后应当立即予以取缔，并依法予以处理。对已经依法取得批准的单位，负责行政审批的部门发现其不再具备安全生产条件的，应当撤销原批准。

《建设工程安全生产管理条例》第42条规定，建设行政主管部门在审核发放施工许可证时，应当对建设工程是否有安全施工措施进行审查，对没有安全施工措施的，不得颁发施工许可证。

建设行政主管部门或者其他有关部门对建设工程是否有安全施工措施进行审查时，不得收取费用。

3. 安全生产监督管理部门的职权

负有安全生产监督管理职责的部门依法对生产经营单位执行有关安全生产的法律、法规和国家标准或者行业标准的情况进行监督检查，行使以下职权。

（1）进入生产经营单位进行检查，调阅有关资料，向有关单位和人员了解情况。

（2）对检查中发现的安全生产违法行为，当场予以纠正或者要求限期改正；对依法应当给予行政处罚的行为，依照有关法律、行政法规的规定作出行政处罚决定。

（3）对检查中发现的事故隐患，应当责令立即排除；重大事故隐患排除前或者排除过程中无法保证安全的，应当责令从危险区域内撤出作业人员，责令暂时停产停业或者停止使用；重大事故隐患排除后，经审查同意，方可恢复生产经营和使用。

（4）对有根据认为不符合保障安全生产的国家标准或者行业标准的设施、设备、器材予以查封或者扣押，并应当在15日内依法作出处理决定。监督检查不得影响被检查单位的正常生产经营活动。

4. 安全生产监督检查人员的义务

安全生产监督检查人员在行使职权时，应当履行如下法定义务：

（1）应当忠于职守，坚持原则，秉公执法。

（2）执行监督检查任务时，必须出示有效的监督执法证件。

（3）对涉及被检查单位的技术秘密和业务秘密，应当为其保密。

7.4.2　安全生产许可制度

我国《行政许可法》规定，直接涉及国家安全、公共安全、经济宏观调控、生态环境保护以及直接关系人身健康、生命财产安全等特定活动，需要按照法定条件予以批准的事项，可以设定行政许可。

《安全生产许可证条例》规定，国家对矿山企业、建筑施工企业和危险化学品、烟花爆竹、民用爆破器材生产企业（以下统称企业）实行安全生产许可制度。企业未取得安全生产许可证的，不得从事生产活动。

1. 申请领取安全生产许可证的条件

《安全生产许可证条例》规定，企业取得安全生产许可证，应当具备 13 项安全生产条件。据此，原建设部结合建筑施工企业的特点，于 2004 年 7 月发布施行了《建筑施工企业安全生产许可证管理规定》。该规定所称建筑施工企业，是指从事土木工程、建筑工程、线路管道和设备安装工程及装修工程的新建、扩建、改建和拆除等有关活动的企业。

（1）建筑施工企业取得安全生产许可证应当具备的安全生产条件具体规定为。

1）建立健全安全生产责任制，制定完备的安全生产规章制度和操作规程。

2）保证本单位安全生产条件所需资金的投入。

3）设置安全生产管理机构，按照国家有关规定配备专职安全生产管理人员。

4）主要负责人、项目负责人、专职安全生产管理人员经建设主管部门或者其他有关部门考核合格。

5）特种作业人员经有关业务主管部门考核合格，取得特种作业操作资格证书。

6）管理人员和作业人员每年至少进行 1 次安全生产教育培训并考核合格。

7）依法参加工伤保险，依法为施工现场从事危险作业的人员办理意外伤害保险，为从业人员交纳保险费。

8）施工现场的办公、生活区及作业场所和安全防护用具、机械设备、施工机具及配件符合有关安全生产法律、法规、标准和规程的要求。

9）有职业危害防治措施，并为作业人员配备符合国家标准或者行业标准的安全防护用具和安全防护服装。

10）有对危险性较大的分部分项工程及施工现场易发生重大事故的部位、环节的预防、监控措施和应急预案。

11）有生产安全事故应急救援预案、应急救援组织或者应急救援人员，配备必要的应急救援器材、设备。

12）法律、法规规定的其他条件。

（2）安全生产责任制和安全生产规章制度。施工企业安全生产责任制的内容一般包括：①安全生产责任的负责人包括第一责任人、直接管理责任人、具体岗位责任人的责任目标；

②责任人（岗位）职责范围和内容；③责任评价与考核办法；④问责与奖惩措施；⑤责任档案。

施工企业安全生产规章制度一般包括：

1）投入保障制度。

2）拟建与在建工程安全生产论证、评价和管理制度。

3）安全设施、设备维护、保养和检修、维修制度。

4）有较大危险、危害因素场所、设施、设备安全管理制度。

5）重大危险源安全管理制度。

6）职业卫生管理制度。

7）劳动防护用品使用和管理制度。

8）安全生产检查及事故隐患排查、整改制度。

9）安全生产教育培训考核制度。

10）特种作业人员管理制度。

11）应急救援预案和应急体系管理制度。

12）生产安全事故报告与协查制度。

（3）施工企业满足安全生产条件所需资金。施工企业的安全投入一般应当满足如下安全生产支出：①完善、改造和维护安全设施、设备支出；②配备应急救援器材、设备支出；③作业人员劳动防护用品支出；④安全生产检查与评价支出；⑤重大危险源、重大事故隐患的评估、整改、监控支出；⑥安全技能培训支出；⑦应急救援演练支出；⑧其他与安全生产相关的支出。

（4）施工企业安全生产有关人员的培训考核颁证。政府主管部门要对建筑施工企业的主要负责人、项目负责人、安全生产管理人员，就安全生产方针政策、法律法规、管理知识、专业能力、应急处理等进行考核，并作出评价。

建筑施工企业特种作业人员是指建筑电工、建筑架子工、建筑起重信号司索工、建筑起重机械司机、建筑起重机械安装拆卸工、高处作业吊篮安装拆卸工等。

2. 安全生产许可证的有效期和政府监管的规定

（1）安全生产许可证的申请。建筑施工企业从事建筑施工活动前，应当依法申请领取安全生产许可证。中央管理的建筑施工企业（集团公司、总公司）向国务院建设主管部门申请领取安全生产许可证；其他建筑施工企业，包括中央管理的建筑施工企业（集团公司、总公司）下属的建筑施工企业，向企业注册所在地省、自治区、直辖市人民政府建设主管部门申请领取安全生产许可证。

建筑施工企业申请安全生产许可证时，应当向建设主管部门提供下列材料：①建筑施工企业安全生产许可证申请表；②企业法人营业执照；③申请安全生产许可证应当具备的安全生产条件相关的文件、材料。建筑施工企业申请安全生产许可证，应当对申请材料实质内容的真实性负责，不得隐瞒有关情况或者提供虚假材料。

（2）安全生产许可证的有效期。按照《安全生产许可证条例》的规定，安全生产许可证的有效期为3年。安全生产许可证有效期满需要延期的，企业应当于期满前3个月向原安全生产许可证颁发管理机关办理延期手续。企业在安全生产许可证有效期内，严格遵守有关安全生产的法律法规，未发生死亡事故的，安全生产许可证有效期届满时，经原安全生产许可证颁发管理机关同意，不再审查，安全生产许可证有效期延期 3 年。

但是，建筑施工企业变更名称、地址、法定代表人等，应当在变更后 10 日内，到原安全生产许可证颁发管理机关办理安全生产许可证变更手续。建筑施工企业破产、倒闭、撤销的，应当将安全生产许可证交回原安全生产许可证颁发管理机关予以注销。建筑施工企业遗失安全生产许可证的，应当立即向原安全生产许可证颁发管理机关报告，并在公众媒体上声明作废后，方可申请补办。

（3）政府监管。根据《安全生产许可证条例》和《建筑施工企业安全生产许可证管理规定》，建筑施工企业未取得安全生产许可证的，不得从事建筑施工活动。

建设主管部门在审核发放施工许可证时，应当对已经确定的建筑施工企业是否有安全生产许可证进行审查，对没有取得安全生产许可证的，不得颁发施工许可证。企业不得转让、冒用安全生产许可证或者使用伪造的安全生产许可证。企业取得安全生产许可证后，不得降低安全生产条件，并应当加强日常安全生产管理，接受安全生产许可证颁发管理机关的监督检查。安全生产许可证颁发管理机关发现企业不再具备安全生产条件的，应当暂扣或者吊销安全生产许可证。

安全生产许可证颁发管理机关或者其上级行政机关发现有下列情形之一的，可以撤销已经颁发的安全生产许可证：①安全生产许可证颁发管理机关工作人员滥用职权、玩忽职守颁发安全生产许可证的；②超越法定职权颁发安全生产许可证的；③违反法定程序颁发安全生产许可证的；④对不具备安全生产条件的建筑施工企业颁发安全生产许可证的；⑤依法可以撤销已经颁发的安全生产许可证的其他情形。

3. 违法行为应承担的法律责任

安全生产许可证违法行为应承担的主要法律责任如下。

（1）未取得安全生产许可证擅自从事施工活动应承担的法律责任。《安全生产许可证条例》规定，未取得安全生产许可证擅自进行生产的，责令停止生产，没收违法所得，并处 10 万元以上 50 万元以下的罚款；造成重大事故或者其他严重后果，构成犯罪的，依法追究刑事责任。

《建筑施工企业安全生产许可证管理规定》进一步规定，建筑施工企业未取得安全生产许可证擅自从事建筑施工活动的，责令其在建项目停止施工，没收违法所得，并处 10 万元以上 50 万元以下的罚款；造成重大安全事故或者其他严重后果，构成犯罪的，依法追究刑事责任。

（2）安全生产许可证有效期满未办理延期手续继续从事施工活动应承担的法律责任。《安全生产许可证条例》规定，安全生产许可证有效期满未办理延期手续，继续进行生产的，责令停止生产，限期补办延期手续，没收违法所得，并处 5 万元以上 10 万元以下的罚款；逾期仍不办理延期手续，继续进行生产的，依照未取得安全生产许可证擅自进行生产的规定处罚。

《建筑施工企业安全生产许可证管理规定》进一步规定，安全生产许可证有效期满未办理延期手续，继续从事建筑施工活动的，责令其在建项目停止施工，限期补办延期手续，没收违法所得，并处 5 万元以上 10 万元以下的罚款；逾期仍不办理延期手续，继续从事建筑施工活动的，依照未取得安全生产许可证擅自从事建筑施工活动的规定处罚。

（3）转让安全生产许可证等应承担的法律责任。《安全生产许可证条例》规定，转让安全生产许可证的，没收违法所得，处10万元以上50万元以下的罚款，并吊销其安全生产许可证；构成犯罪的，依法追究刑事责任；接受转让的，依照未取得安全生产许可证擅自进行生产的规定处罚。冒用安全生产许可证或者使用伪造的安全生产许可证的，依照未取得安全生产许可证擅自进行生产的规定处罚。

《建筑施工企业安全生产许可证管理规定》进一步规定，建筑施工企业转让安全生产许可证的，没收违法所得，处10万元以上50万元以下的罚款，并吊销安全生产许可证；构成犯罪的，依法追究刑事责任；接受转让的，依照未取得安全生产许可证擅自从事建筑施工活动的规定处罚。冒用安全生产许可证或者使用伪造的安全生产许可证的，依照未取得安全生产许可证擅自从事建筑施工活动的规定处罚。

（4）以不正当手段取得安全生产许可证应承担的法律责任。《建筑施工企业安全生产许可证管理规定》中规定，建筑施工企业隐瞒有关情况或者提供虚假材料申请安全生产许可证的，不予受理或者不予颁发安全生产许可证，并给予警告，1年内不得申请安全生产许可证。

建筑施工企业以欺骗、贿赂等不正当手段取得安全生产许可证的，撤销安全生产许可证，3年内不得再次申请安全生产许可证；构成犯罪的，依法追究刑事责任。

（5）暂扣安全生产许可证并限期整改的规定。《建筑施工企业安全生产许可证管理规定》中规定，取得安全生产许可证的建筑施工企业，发生重大安全事故的，暂扣安全生产许可证并限期整改。

建筑施工企业不再具备安全生产条件的，暂扣安全生产许可证并限期整改；情节严重的，吊销安全生产许可证。

（6）颁证机关工作人员违法行为应承担的法律责任。《安全生产许可证条例》规定，安全生产许可证颁发管理机关工作人员有下列行为之一的，给予降级或者撤职的行政处分；构成犯罪的，依法追究刑事责任。

1）向不符合《安全生产许可证条例》规定的安全生产条件的企业颁发安全生产许可证的。

2）发现企业未依法取得安全生产许可证擅自从事生产活动，不依法处理的。

3）发现取得安全生产许可证的企业不再具备《安全生产许可证条例》规定的安全生产条件，不依法处理的。

4）接到对违反《安全生产许可证条例》规定行为的举报后，不及时处理的。

5）在安全生产许可证颁发、管理和监督检查工作中，索取或者接受企业的财物，或者谋取其他利益的。

本章小结

本章针对建设工程安全生产管理制度进行了全面阐述。对施工活动中安全生产的保障措施和从业人员安全生产的权利和义务做了详述。建设工程相关单位的安全责任是安全管理的重要内容，事故的应急救援及调查处理是我国目前进行安全生产的重大举措。本章均对此进行了介绍。由于安全生产管理机构是监督检查安全生产的主体，而且也是申请安全生产许可证的唯一机构，因此本章对此进行了详细的讲述。

复习思考题

【简答题】

1. 论述建设工程安全生产保障体系的构建。

2. 简述施工企业安全生产负责人及施工项目现场负责人的安全职责。

3. 在进行安全生产事故报告时，现场从业人员与项目负责人的职责有什么区别？

4. 安全生产许可证应如何申请？

【选择题】

1. 根据《安全生产法》的规定，生产经营单位必须对安全设备进行经常性维护、保养，并定期检测，这一规定属于安全生产保障措施中的（　　）。

A. 组织保障措施　　B. 管理保障措施　　C. 经济保障措施　　D. 技术保障措施

2. 根据《建设工程安全生产管理条例》的规定，工程监理单位应当审查施工组织设计中的安全技术措施或专项施工方案是否符合工程建设强制性标准和（　　）标准。

A. 建设单位要求适用的　　B. 监理单位制定的

C. 工程建设推荐性　　D. 工程建设行业

3. 工程实行总承包的，分包单位作业人员的意外伤害保险费由（　　）支付。

A. 建设单位　　B. 总承包单位

C. 分包单位　　D. 总承包和分包单位共同

4. 在施工现场安装、拆卸施工起重机械、整体提升脚手架、模板等自升式架设设施必须由（　　）承担。

A. 总承包单位　　B. 使用设备的分包单位

C. 具有相应资质的单位　　D. 设备出租单位

5. 下列选项中，属于建筑施工企业取得安全生产许可证应当具备的安全生产条件是（　　）。

A. 在城市规划区的建筑工程已经取得建设工程规划许可证

B. 依法参加工伤保险，依法为施工现场从事危险作业人员办理意外伤害保险，为从业人员交纳保险费

C. 施工场地已基本具备施工条件，需要拆迁的，其拆迁进度符合施工要求

D. 有保证工程质量和安全的具体措施

6. 根据《安全生产许可证条例》规定，安全生产许可证的有效期为（　　）年。

A. 1　　B. 2　　C. 3　　D. 4

7. 某工地发生了安全事故，造成 3 人死亡。按照《生产安全事故报告和调查处理条例》的规定，该事故属于（　　）事故。

A. 特别重大　　B. 重大　　C. 较大　　D. 一般

8. 施工单位违反施工程序，导致一幢 13 层在建楼房倒塌，致使一名工人死亡，直接经济损失达 7 000 余万元人民币，根据《生产安全事故报告和调查处理条例》规定，该事件属于（　　）事故。

A. 特别重大　　B. 重大　　C. 较大　　D. 一般

9. 某建设工程施工过程中发生较大事故，根据《生产安全事故报告和调查处理条例》规定，该级事故应由（　　）负责调查。

A. 国务院　　B. 省级人民政府

C. 该区的市级人民政府　　D. 县级人民政府

10. 监理工程师发现施工现场料堆偏高，有可能滑塌，存在安全事故隐患，则监理工程师应当（　　）。

A. 要求施工单位整改　　B. 要求施工单位停止施工

C. 向安全生产监督行政主管部门报告　　D. 向建设工程质量监督机构报告

11. 甲公司是某项目的总承包单位，乙公司是该项目的建设单位指定的分包单位。在施工过程中，乙公司拒不服从甲公司的安全生产管理，最终造成安全生产事故，则（　　）。

A. 甲公司负主要责任　　B. 乙公司负主要责任

C. 乙公司负全部责任　　D. 监理公司负主要责任

12. 生产经营单位的主要负责人因未履行安全生产管理职责，导致发生生产安全事故被判处有期徒刑的，根据我国安全生产的规定，自刑期执行完毕之日起（　　）。

A. 2 年内不得担任本施工企业的中层管理人员

B. 3 年内不得担任监理单位的主要负责人

C. 5 年内不得担任任何生产经营单位的主要负责人

D. 终身不得担任任何施工企业的主要负责人

13. 生产经营单位发生生产安全事故后，事故现场施工人员必须立即报告（　　）。

A. 本企业负责人　　B. 当地安全生产监督管理部门

C. 县级以上地方人民政府　　D. 省（自治区、直辖市）安全生产监督管理部门

14．某幕墙专业分包工程施工过程中，发生了一起安全事故，造成 2 人死亡，根据《建设工程安全生产管理条例》，此次事故应由（　　）上报有关主管部门。

A. 幕墙分包企业　　B. 施工总承包企业　　C. 监理单位　　D. 建设单位

15. 根据《特种设备安全监察条例》，从事施工起重机械定期检验的检验机构，应由（　　）批准。

A. 县级以上人民政府　　B. 省级政府特种设备安全监督部门

C. 国务院　　D. 国务院特种设备安全监督部门

16. 房地产公司甲的下列做法中，符合安全生产法律规定的是（　　）。

A. 要求施工企业购买其指定的不合格消防器材

B. 申请施工许可证时无须提供保证工程安全施工措施的资料

C. 甲向施工企业提供的地下工程资料不准确

D. 甲在拆除工程施工 15 日前将相关资料报送有关部门

17. 关于建设单位安全责任的说法，正确的是（　　）。

A. 建设单位根据自身情况提出低于强制性规定的要求

B. 建设单位有权压缩合同约定的工期

C. 建设单位可将拆除工程发包给任何施工企业

D. 建设单位应当根据工程需要向施工企业提供施工现场相邻建筑物的相关资料

18. 根据《建设工程安全生产管理条例》，关于意外伤害保险的说法，正确的是（　　）。

A. 意外伤害保险属于非强制险

B. 保险由建设单位办理

C. 实行施工总承包的，由施工总承包企业支付保险费

D. 保险期限自保险合同订立之日起至竣工验收合格之日止

19. 基坑支护工程专项施工方案须经（　　）签字后实施。

A. 施工企业项目经理和现场监理工程师　B. 施工企业负责人和建设单位负责人

C. 建设单位负责人和总监理工程师　D. 施工企业技术负责人和总监理工程师

20. 企业安全生产许可证办理延期的时间为有效期满前（　　）月。

A. 1　B. 2　C. 3　D. 6

21. 根据我国《建筑法》的规定，下列表述中正确的是（　　）。

A. 经建设单位认可，分包单位可将其承包的工程再分包

B. 两个以上不同资质等级的单位联合承包的，可以按照资质等级高的单位确定资质等级

C. 施工现场的安全由建筑施工企业和工程监理单位共同负责

D. 建筑施工企业应当为从事危险作业的职工办理意外伤害保险

22. 根据《安全生产法》的规定，当发现直接危及人身安全的紧急情况时，从业人员停止作业或者在采取可能的应急措施后撤离作业场所的权利是（　　）。

A. 拒绝权　B. 建议权　C. 紧急避险权　D. 知情权

23. 根据《安全生产法》的规定，从业人员的知情权是指（　　）。

A. 掌握本职工作所需的安全生产知识，增强事故预防和应急处理能力

B. 获得符合国家标准或者行业标准的劳动防护用品的权利

C. 了解其作业场所和工作岗位存在的危险因素、防范措施和事故应急措施

D. 熟悉有关安全生产规章制度和安全操作规程，掌握本岗位安全操作技能

24. 有关总分包的责任承担表述，不正确的是（　　）。

A. 总承包单位按照总承包合同的约定对建设单位负责

B. 分包单位按照分包合同的约定对总承包单位负责

C. 总承包单位和分包单位就分包工程对建设单位承担连带责任

D. 总承包单位和分包单位就分包工程依照分包合同的约定对建设单位承担各自的责任

25. 实施爆破作业的，使用爆破器材的建设单位应当（　　），方准使用。

A. 向上级主管部门领取爆破物品使用许可证

B. 向建设行政主管部门申请领取施工许可证

C. 向公安机关申请领取爆破物品使用许可证

D. 向公安机关申请办理施工方案的审批手续

26. 安全生产“三同时”制度是指建设项目的安全设施，必须与主体工程（　　）。

A. 同时设计，同时施工，同时竣工验收

B. 同时设计，同时施工，同时投入使用

C. 同时论证，同时评价，同时投资

D. 同时投资，同时施工，同时评价

27. 生产经营单位使用涉及生命安全、危险性较大的特种设备，必须按照国家有关规定，由专业生产单位生产，（　　），方可投入使用。

A. 专业检测机构检测合格，取得安全标志

B. 专业检测机构检测合格，报安全生产监督管理部门批准

C. 专业检测机构检测合格，申请安全使用证

D. 建立专门安全管理制度，定期检测评估

28.《建设工程安全生产管理条例》规定，不属于监理单位安全生产管理责任和义务的是（　　）。

A. 编制安全技术措施及专项施工方案　　B. 审查安全技术措施及专项施工方案

C. 报告安全生产事故隐患　　D. 承担建设工程安全生产监理责任

29.《建设工程安全生产管理条例》规定，施工单位应当将施工现场的（　　）分开设置，并保持安全距离。

A. 办公区与生活区　　B. 备料区与作业区

C. 办公、生活区与备料区　　D. 办公、生活区与作业区

【案例分析题】

场景

甲建设单位在某城市中心区建设商品房项目，由取得安全生产许可证的乙施工单位总承包，由丁监理公司监理。乙经过甲同意将桩基础工程分包给丙施工单位，丙在夜间挖掘作业中操作失误，挖断居民用水管造成大面积积水，需抢修。后续又发生两起安全事故：①乙施工单位的施工人员违反规定使用明火导致失火，造成一名工人受伤；②焊接现场作业员王某违章作业造成漏电失火，王某撤离现场。

问题：

（1）乙施工单位依法对本单位的安全生产全面负责的是安全生产员吗？

（2）发生事故当时焊接作业员王某及时撤离了现场，是王某行使《安全生产法》赋予从业人员的什么权利？

（3）该施工现场发生的两起安全事故，应由什么单位负责上报当地安全生产监管部门？

（4）该施工现场的安全生产责任应由什么单位负总责？

（5）根据《建设工程安全生产管理条例》规定，丙单位从事危险作业人员的意外伤害保险费应当由什么单位支付？

（6）丁监理公司的安全责任是什么？

（7）在该焊接作业现场中，氧气瓶单独存放并做好安全标志，经项目负责人批准，王某携带火种进入焊接场所。项目经理要求焊接作业人员必须持证上岗，焊接作业人员应采取相应的消防安全措施 。请问正确的说法是什么？（说明理由）

（8）根据《建筑施工企业安全生产许可证管理规定》，以下是企业所做的工作：

1）建立、健全安全生产责任制。

2）保证本单位安全生产条件所需资金的有效使用。

3）设置安全生产管理机械。

4）依法参加工伤保险。

以上条件有何不妥，请补充齐全，并说明理由。

（9）根据环境保护相关法律法规，对于该项目夜间抢修有什么规定？

（10）因宿舍失火，要临时安置施工人员，可以直接安排到仓库中远离危险品吗？请说明正确的做法。

第8章　建设工程质量管理制度

✻ 学习目标：掌握建设单位、施工单位、监理单位的质量责任及义务，了解其他质量主体的责任及义务；掌握工程质量保修制度，熟悉工程质量监督管理制度，了解工程质量的法律责任。

8.1　工程建设各方的质量责任

8.1.1　建设单位的质量责任和义务

建设单位作为建设工程的投资人，是建设工程的重要责任主体。建设单位有权选择承包单位，有权对建设过程进行检查、控制，对建设工程进行验收，并按时支付工程款和费用等，在整个建设活动中居于主导地位。因此，要确保建设工程的质量，首先要对建设单位的行为进行规范，对其质量责任予以明确。

1. 依法发包工程

《建设工程质量管理条例》规定，建设单位应当将工程发包给具有相应资质等级的单位。建设单位不得将建设工程肢解发包。建设单位应当依法对工程建设项目的勘察、设计、施工、监理以及与工程建设有关的重要设备、材料等的采购进行招标。

工程建设活动不同于一般的经济活动，从业单位的素质高低直接影响着建设工程质量。企业资质等级反映了企业从事某项工程建设活动的资格和能力，是国家对建设市场准入管理的重要手段。将工程发包给具有相应资质等级的单位来承担，是保证建设工程质量的基本前提。因此，从事工程建设活动必须符合严格的资质条件。原建设部颁布的《建筑业企业资质管理规定》《工程监理企业资质管理规定》等，对工程勘察单位、工程设计单位、施工企业和工程监理单位的资质等级、资质标准、业务范围等作出了明确规定。如果建设单位将工程发包给没有资质等级或资质等级不符合条件的单位，则不仅会扰乱建设市场秩序，更重要的是将会因为承包单位不具备完成建设工程的技术能力、专业人员和资金，造成工程质量低劣，甚至使工程项目半途而废。

建设单位发包工程时，应该根据工程特点，以有利于工程的质量、进度、成本控制为原则，合理划分标段，但不得肢解发包工程。如果将应当由一个承包单位完成的工程肢解成若干部分，分别发包给不同的承包单位，将使整个工程建设在管理和技术上缺乏应有的统筹协调，从而造成施工现场秩序混乱，责任不清，严重影响建设工程质量，一旦出现问题也很难找到责任方。

建设单位还要依照《招标投标法》等有关规定，对必须实行招标的工程项目进行招标，择优选定工程勘察、设计、施工、监理单位以及采购重要设备、材料等。

2. 依法向有关单位提供原始资料

《建设工程质量管理条例》规定，建设单位必须向有关的勘察、设计、施工、工程监理等单位提供与建设工程有关的原始资料。原始资料必须真实、准确、齐全。

原始资料是工程勘察、设计、施工、监理等单位进行相关工程建设的基础性材料。建设单位作为建设活动的总负责方，向有关单位提供原始资料，并保证这些资料的真实、准确、齐全，是其基本的责任和义务。

在工程实践中，建设单位根据委托任务必须向勘察单位提供如勘察任务书、项目规划总平面图、地下管线、地形地貌等在内的基础资料；向设计单位提供政府有关部门批准的项目建议书、可行性研究报告等立项文件，设计任务书，有关城市规划、专业规划设计条件，勘察成果及其他基础资料；向施工单位提供概算批准文件，建设项目正式列入国家、部门或地方的年度固定资产投资计划，建设用地的征用资料，施工图及技术资料，建设资金和主要建筑材料、设备的来源落实资料，建设项目所在地规划部门批准文件，施工现场完成“三通一平”的平面图等资料；向工程监理单位提供的原始资料，除包括给施工单位的资料外，还要有建设单位与施工单位签订的承包合同文本。

3. 限制不合理的干预行为

《建筑法》规定，建设单位不得以任何理由，要求建筑设计单位或者建筑施工企业在工程设计或者施工作业中，违反法律、行政法规和建筑工程质量、安全标准，降低工程质量。

《建设工程质量管理条例》进一步规定，建设工程发包单位，不得迫使承包方以低于成本的价格竞标，不得任意压缩合理工期。建设单位不得明示或者暗示设计单位或者施工单位违反工程建设强制性标准，降低建设工程质量。

成本是构成价格的主要部分，是承包方估算投标价格的依据和最低的经济底线。如果建设单位一味强调降低成本、节约开支而压级压价，迫使承包方互相压价，以低于成本的价格中标，势必会导致中标单位在承包工程后，为了减少开支、降低成本而采取偷工减料、以次充好、粗制滥造等手段，最终导致建设工程出现质量问题，影响投资效益的发挥。

建设单位也不得任意压缩合理工期。合理工期是指在正常建设条件下，采取科学合理的施工工艺和管理方法，以现行的工期定额为基础，结合工程项目建设的实际，经合理测算和平等协商而确定的使参与各方均获满意的经济效益的工期。如果盲目要求赶工期，势必会简化工序，不按规程操作，从而导致建设工程出现质量等诸多问题。

建设单位更不得以任何理由，如建设资金不足、工期紧等，违反强制性标准的规定，要求设计单位降低设计标准，或者要求施工单位采用建设单位采购的不合格材料、设备等。这种行为是法律所不允许的。因为强制性标准是保证建设工程结构安全可靠的基础性要求，违反了这类标准，必然会给建设工程带来重大质量隐患。

4. 依法报审施工图设计文件

《建设工程质量管理条例》规定，建设单位应当将施工图设计文件报县级以上人民政府建设行政主管部门或者其他有关部门审查。施工图设计文件未经审查批准的，不得使用。

施工图设计文件是设计文件的重要内容，是编制施工图预算、安排材料、设备订货和非标准设备制作，进行施工、安装、工程验收等工作的依据。施工图设计文件一经完成，建设工程最终所要达到的质量，尤其是地基基础和结构的安全性就有了约束。因此，施工图设计文件的质量直接影响建设工程的质量。

建立和实施施工图设计文件审查制度，是许多发达国家确保建设工程质量的成功做法，我国于1998年开始进行建筑工程项目施工图设计文件审查试点工作，在节约投资、发现设计质量隐患和避免违法违规行为等方面都有明显的成效。通过开展对施工图设计文件的审查，既可以对设计单位的成果进行质量控制，也能纠正参与建设活动各方特别是建设单位的不规范行为。

5. 依法实行工程监理

《建设工程质量管理条例》规定，实行监理的建设工程，建设单位应当委托具有相应资质等级的工程监理单位进行监理，也可以委托具有工程监理相应资质等级并与被监理工程的施工承包单位没有隶属关系或者其他利害关系的该工程的设计单位进行监理。

监理工作要求监理人员具有较高的技术水平和较丰富的工程经验，因此国家对开展工程监理工作的单位实行资质许可。工程监理单位的资质反映了该单位从事某项监理工作的资格和能力。为了保证监理工作的质量，建设单位必须将需要监理的工程委托给具有相应资质等级的工程监理单位进行监理。

目前，我国的工程监理主要是对工程的施工过程进行监督，而该工程的设计人员对设计意图比较理解，对设计中各专业如结构、设备等在施工中可能发生的问题也比较清楚，因此由具有监理资质的设计单位对自己设计的工程进行监理，对保证工程质量是十分有利的。但是，设计单位与承包该工程的施工单位不得有行政隶属关系，也不得存在可能直接影响设计单位实施监理公正性的非常明显的经济或其他利益关系。

《建设工程质量管理条例》还规定，下列建设工程必须实行监理：

（1）国家重点建设工程。

（2）大中型公用事业工程。

（3）成片开发建设的住宅小区工程。

（4）利用外国政府或者国际组织贷款、援助资金的工程。

（5）国家规定必须实行监理的其他工程。

6. 依法办理工程质量监督手续

《建设工程质量管理条例条例》规定，建设单位在领取施工许可证或者开工报告前，应当按照国家有关规定办理工程质量监督手续。

办理工程质量监督手续是法定程序，不办理质量监督手续的，不发施工许可证，工程不得开工。因此，建设单位在领取施工许可证或者开工报告之前，应当依法到建设行政主管部门或铁路、交通、水利等有关管理部门，或其委托的工程质量监督机构办理工程质量监督手续，接受政府主管部门的工程质量监督。

建设单位办理工程质量监督手续，应提供以下文件和资料：

（1）工程规划许可证。

（2）设计单位资质等级证书。

（3）监理单位资质等级证书、监理合同及工程项目监理登记表。

（4）施工单位资质等级证书及营业执照副本。

（5）工程勘察设计文件。

（6）中标通知书及施工承包合同等。

7. 依法保证建筑所用材料、设备等符合要求

《建设工程质量管理条例》规定，按照合同约定，由建设单位采购建筑材料、建筑构配件和设备的，建设单位应当保证建筑材料、建筑构配件和设备符合设计文件和合同要求。建设单位不得明示或者暗示施工单位使用不合格的建筑材料、建筑构配件和设备。

在工程实践中，根据工程项目设计文件和合同要求的质量标准，哪些材料和设备由建设单位采购，哪些材料和设备由施工单位采购，应该在合同中明确约定，并且谁采购、谁负责。所以，由建设单位采购建筑材料、建筑构配件和设备的，建设单位必须保证建筑材料、建筑构配件和设备符合设计文件和合同要求。对于建设单位负责供应的材料设备，在使用前施工单位应当按照规定对其进行检验和试验，如果不合格，不得在工程上使用，并应通知建设单位予以退换。

有些建设单位为了赶进度或降低采购成本，常常以各种明示或暗示的方式，要求施工单位降低标准而在工程上使用不合格的建筑材料、建筑构配件和设备。此类行为不仅严重违法，而且危害极大。

8. 依法进行装修工程

随意拆改建筑主体结构和承重结构等，会危及建设工程安全和人民生命财产安全。因此，《建设工程质量管理条例》规定，涉及建筑主体和承重结构变动的装修工程，建设单位应当在施工前委托原设计单位或者具有相应资质等级的设计单位提出设计方案；没有设计方案的，不得施工。房屋建筑使用者在装修过程中，不得擅自变动房屋建筑主体和承重结构。

建筑设计方案是根据建筑物的功能要求，具体确定建筑标准、结构形式、建筑物的空间和平面布置以及建筑群体的安排。对于涉及建筑主体和承重结构变动的装修工程，设计单位会根据结构形式和特点，对结构受力进行分析，对构件的尺寸、位置、配筋等重新进行计算和设计。因此，建设单位应当委托该建筑工程的原设计单位或者具有相应资质条件的设计单位提出装修工程的设计方案。如果没有设计方案就擅自施工，则将留下质量隐患甚至造成质量事故，后果严重。

房屋使用者在装修过程中，也不得擅自变动房屋建筑主体和承重结构，如拆除隔墙、窗洞改门洞等，都是不允许的。

9. 建设单位质量违法行为应承担的法律责任

《建筑法》规定："建设单位违反本法规定，要求建筑设计单位或者建筑施工企业违反建筑工程质量、安全标准，降低工程质量的，责令改正，可以处以罚款；构成犯罪的，依法追究刑事责任。"

《建设工程质量管理条例》规定，建设单位有下列行为之一的，责令改正，处20万元以上50万元以下的罚款：

（1）迫使承包方以低于成本的价格竞标的。

（2）任意压缩合理工期的。

（3）明示或者暗示设计单位或施工单位违反工程建设强制性标准，降低工程质量的。

（4）施工图设计文件未经审查或者审查不合格，擅自施工的。

（5）建设项目必须实行工程监理而未实行工程监理的。

（6）未按照国家规定办理工程质量监督手续的。

（7）明示或者暗示施工单位使用不合格的建筑材料、建筑构配件和设备的。

（8）未按照国家规定将竣工验收报告、有关认可文件或者准许使用文件报送备案的。

8.1.2 施工单位的质量责任和义务

施工单位是工程建设的重要责任主体之一。施工阶段是建设工程实物质量形成的阶段，勘察、设计工作质量均要在这一阶段得以实现。由于施工阶段影响质量稳定的因素和涉及的责任主体均较多，协调管理的难度较大，因此施工阶段的质量责任制度尤为重要。

1. 对施工质量负责和总分包单位的质量责任

（1）施工单位对施工质量负责。《建筑法》规定，建筑施工企业对工程的施工质量负责。《建设工程质量管理条例》进一步规定，施工单位对建设工程的施工质量负责。施工单位应当建立质量责任制，确定工程项目的项目经理、技术负责人和施工管理负责人。

对施工质量负责是施工单位法定的质量责任。施工单位是建设工程质量的重要责任主体，但不是唯一的责任主体。建设工程质量受到多方面因素的制约，在勘察、设计质量没有问题的前提下，整个建设工程的质量状况，最终将取决于施工质量。因此，从法律上确立施工质量责任制，要求施工单位对建设工程的施工质量负责，也就是要对自己的施工行为负责，既可避免让施工单位承担过多的工程质量责任而开脱建设单位及其他主体的责任，又可避免让建设单位及其他主体承担过多的工程质量责任而忽略施工单位应承担的施工质量责任。建设工程各方主体依法各司其职、各负其责，以使建设工程质量责任真正落到实处。

施工单位的质量责任制，是其质量保证体系的一个重要组成部分，也是施工质量目标得以实现的重要保证。建立质量责任制，主要包括制订质量目标计划，建立考核标准，并层层分解落实到具体的责任单位和责任人，特别是工程项目的项目经理、技术负责人和施工管理负责人。落实质量责任制，不仅是为了在出现质量问题时可以追究责任，更重要的是通过层层落实质量责任制，做到事事有人管、人人有职责，加强对施工过程的全面质量控制，保证建设工程的施工质量。

（2）总分包单位的质量责任。《建筑法》规定，建设工程实行总承包的，工程质量由工程总承包单位负责，总承包单位将建设工程分包给其他单位的，应当对分包工程的质量与分包单位承担连带责任。分包单位应当接受总承包单位的质量管理。

《建设工程质量管理条例》进一步规定，建设工程实行总承包的，总承包单位应当对全部建设工程质量负责；建设工程勘察、设计、施工、设备采购的一项或者多项实行总承包的，总承包单位应当对其承包的建设工程或者采购的设备的质量负责。总承包单位依法将建设工程分包给其他单位的，分包单位应当按照分包合同的约定对其分包工程的质量向总承包单位负责，总承包单位与分包单位对分包工程的质量承担连带责任。

据此，无论是实行建设工程总承包还是对建设工程勘察、设计、施工、设备采购的一项或者多项实行总承包，总承包单位都应当对其所承包的工程或工作承担总体的质量责任。这是因为，在总分包的情况下存在着总包、分包两个合同，所以就有以下两种合同法律关系。

1）总承包单位要按照总包合同向建设单位负总体质量责任，这种责任的承担不分是总承包单位造成的还是分包单位造成的。

2）在总承包单位承担责任后，可以依据分包合同的约定，追究分包单位的质量责任，包括追偿经济损失。

同时，分包单位应当接受总承包单位的质量管理。总承包单位与分包单位对分包工程的质量还要依法承担连带责任。当分包工程发生质量问题时，建设单位或其他受害人既可以向分包单位请求赔偿，也可以向总承包单位请求赔偿；进行赔偿的一方，有权依据分包合同的约定，对不属于自己责任的那部分赔偿向对方追偿。

2. 按照工程设计图和施工技术标准施工的规定

《建筑法》规定，建筑施工企业必须按照工程设计图和施工技术标准施工，不得偷工减料。工程设计的修改由原设计单位负责，建筑施工企业不得擅自修改工程设计。

《建设工程质量管理条例》进一步规定，施工单位必须按照工程设计图和施工技术标准施工，不得擅自修改工程设计，不得偷工减料。施工单位在施工过程中发现设计文件和图纸有差错的，应当及时提出意见和建议。这是对施工单位的施工依据以及有义务对设计文件和图纸及时提出意见和建议的规定。

（1）按图施工，遵守标准。按工程设计图施工，是保证工程实现设计意图的前提，也是明确划分设计、施工单位质量责任的前提。如果施工单位不按图施工或不经原设计单位同意就擅自修改工程设计，其直接的后果往往是违反了原设计意图，严重的将给工程结构安全留下隐患；间接的后果是在原设计有缺陷或出现工程质量事故的情况下，由于施工单位擅自修改了设计，将会混淆设计、施工单位各自的质量责任。所以，按图施工、不擅自修改设计，是施工单位保证工程质量的最基本要求。

施工技术标准是工程建设过程中规范施工行为的技术依据。如前所述，工程建设国家标准、行业标准均分为强制性标准和推荐性标准。施工单位只有按照施工技术标准，特别是强制性标准的要求施工，才能保证工程的施工质量。偷工减料则属于一种非法牟利的行为。如果在工程的一般部位，施工工序不严格按照标准要求，减少工料投入，简化操作程序，将会产生一般性的质量通病，影响工程外观质量或一般使用功能；若在关键部位，如结构中使用劣质钢筋、水泥，或是让不具备资格的人担任特殊岗位（如充当电焊工）工作等，将给工程留下严重的结构隐患。

此外，从法律的角度来看，工程设计图和施工技术标准都属于合同文件的组成部分，如果施工单位不按照工程设计图和施工技术标准施工，则属于违约行为，应该对建设单位承担违约责任。

（2）防止设计文件和图纸出现差错。由于工程项目的设计涉及多个专业，还需要同有关方面进行协调，设计文件和图纸也有可能会出现差错。这些差错通常会在图纸会审或施工过程中被逐渐发现。施工人员特别是施工管理负责人、技术负责人以及项目经理等，均为有丰富实践经验的专业人员，对设计文件和图纸中存在的差错是有能力发现的。因此，如果施工单位在施工过程中发现设计文件和图纸中确实存在差错，则有义务及时向设计单位提出，避免造成不必要的损失和质量问题。这是施工单位应具备的职业道德，也是履行合同应尽的基本义务。

3. 对建筑材料、设备等进行检验检测的规定

《建筑法》规定，建筑施工企业必须按照工程设计要求、施工技术标准和合同的约定，对建筑材料、建筑构配件和设备进行检验，不合格的不得使用。

《建设工程质量管理条例》进一步规定，施工单位必须按照工程设计要求、施工技术标准和合同约定，对建筑材料、建筑构配件、设备和商品混凝土进行检验，检验应当有书面记录和专人签字；未经检验或者检验不合格的，不得使用。

由于建设工程属于特殊产品，其质量隐蔽性强、终检局限性大，在施工全过程质量控制中，必须严格执行法定的检验、检测制度。否则，将给建设工程造成难以逆转的先天性质量隐患，甚至导致质量安全事故。依法对建筑材料、设备等进行检验检测，是施工单位的一项重要法定义务。

（1）建筑材料、建筑构配件、设备和商品混凝土的检验制度。施工单位对进入施工现场的建筑材料、建筑构配件、设备和商品混凝土实行检验制度，是施工单位质量保证体系的重要组成部分，也是保证施工质量的重要前提。施工单位应当严把两道关：一是谨慎选择生产供应厂商；二是实行进场二次检验。

施工单位的检验要依据工程设计要求、施工技术标准和合同约定。检验对象是将在工程施工中使用的建筑材料、建筑构配件、设备和商品混凝土。合同若有其他约定的，检验工作还应满足合同相应条款的要求。检验结果要按规定的格式形成书面记录，并由相关的专业人员签字。这是为了促使检验工作严谨认真，以及未来必要时有据可查，方便管理，明确责任。

对于未经检验或检验不合格的，不得在施工中用于工程上。否则，将是一种违法行为，要追究擅自使用或批准使用人的责任。

（2）施工检测的见证取样和送检制度。《建设工程质量管理条例》规定，施工人员对涉及结构安全的试块、试件以及有关材料应当在建设单位或者工程监理单位监督下现场取样，并送具有相应资质等级的质量检测单位进行检测。

在施工过程中，为了控制工程总体或相应部位的施工质量，通常要依据有关技术标准，用特定方法对用于工程的材料或构件抽取一定数量的样品进行检测检验，并根据其结果来判断所代表部位的质量。这是控制和判断施工质量水平所采取的重要技术措施。试件、试块及有关材料的真实性和代表性，是保证这一措施有效的前提条件。因此，施工检测应当实行见证取样和送检制度，并由具有相应资质等级的质量检测单位进行检测。

1）见证取样和送检。所谓见证取样和送检，是指在建设单位或工程监理单位人员的见证下，由施工单位的现场试验人员对工程中涉及结构安全的试块、试件和材料在现场取样，并送至具有法定资格的质量检测单位进行检测的活动。

《房屋建筑工程和市政基础设施工程实行见证取样和送检的规定》中规定，涉及结构安全的试块、试件和材料见证取样和送检的比例不得低于有关技术标准中规定应取样数量的30%。下列试块、试件和材料必须实施见证取样和送检：①用于承重结构的混凝土试块；②用于承重墙体的砌筑砂浆试块；③用于承重结构的钢筋及连接接头试件；④用于承重墙的砖和混凝土小型砌块；⑤用于拌制混凝土和砌筑砂浆的水泥；⑥用于承重结构的混凝土中使用的掺加剂；⑦地下、屋面、厕浴间使用的防水材料；⑧国家规定必须实行见证取样和送检的其他试块、试件和材料。

见证人员应由建设单位或该工程的监理单位中具备施工试验知识的专业技术人员担任，并由建设单位或该工程的监理单位书面通知施工单位、检测单位和负责该项工程的质量监督机构。

在施工过程中，见证人员应按照见证取样和送检计划，对施工现场的取样和送检进行见证。取样人员应在试样或其包装上作出标志、封志。标志和封志应标明工程名称、取样部位、取样日期、样品名称和样品数量，并由见证人员和取样人员签字。见证人员和取样人员应对试样的代表性和真实性负责。

2）工程质量检测单位的资质和检测规定。《建设工程质量检测管理办法》规定，工程质量检测机构是具有独立法人资格的中介机构。按照其承担的检测业务内容分为专项检测机构资质和见证取样检测机构资质。检测机构未取得相应的资质证书，不得承担《建设工程质量检测管理办法》规定的质量检测业务。

质量检测业务由工程项目建设单位委托具有相应资质的检测机构进行检测。委托方与被委托方应当签订书面合同。

检测机构完成检测业务后，应当及时出具检测报告。检测报告经检测人员签字、检测机构法定代表人或者其授权的签字人签署，并加盖检测机构公章或者检测专用章后方可生效，检测报告经建设单位或者工程监理单位确认后，由施工单位归档，任何单位和个人不得明示或者暗示检测机构出具虚假检测报告，不得篡改或者伪造检测报告。如果检测结果利害关系人对检测结果有争议的，由双方共同认可的检测机构复检，复检结果由提出复检方报当地建设主管部门备案。

检测机构应当将检测过程中发现的建设单位、监理单位、施工单位违反有关法律、法规和工程建设强制性标准的情况，以及涉及结构安全检测结果的不合格情况，及时报告工程所在地建设主管部门。检测机构应当建立档案管理制度，并应当单独建立检测结果不合格项目台账。

检测人员不得同时受聘于两个或者两个以上的检测机构。检测机构和检测人员不得推荐或者监制建筑材料、构配件和设备。检测机构不得与行政机关，法律、法规授权的具有管理公共事务职能的组织以及所检测工程项目相关的设计单位、施工单位、监理单位有隶属关系或者其他利害关系。

检测机构不得转包检测业务。检测机构应当对其检测数据和检测报告的真实性和准确性负责。检测机构违反法律、法规和工程建设强制性标准，给他人造成损失的，应当依法承担相应的赔偿责任。

4. 施工质量检验和返修的规定

（1）施工质量检验制度。《建设工程质量管理条例》规定，施工单位必须建立、健全施工质量的检验制度，严格工序管理，作好隐蔽工程的质量检查和记录。隐蔽工程在隐蔽前，施工单位应当通知建设单位和建设工程质量监督机构。

施工质量检验，通常是指工程施工过程中的工序质量检验（或称为过程检验），包括预检、自检、交接检、专职检、分部工程中间检验以及隐蔽工程检验等。

1）严格工序质量检验和管理。施工工序也可以称为过程。各个工序或过程之间横向和纵向的联系形成了工序网络或过程网络。任何一项工程的施工，都是通过一个由许多工序或过程组成的工序（或过程）网络来实现的，网络上的关键工序或过程都有可能对工程最终的施工质量产生决定性的影响。如焊接节点的破坏，就可能引起桁架破坏，从而导致屋面坍塌。所以，施工单位要加强对施工工序或过程的质量控制，特别是要加强影响结构安全的地基和结构等关键施工过程的质量控制。

完善的检验制度和严格的工序管理是保证工序或过程质量的前提。只有工序或过程网络上的所有工序或过程的质量都受到严格控制，整个工程的质量才能得到保证。

2）强化隐蔽工程质量检查。隐蔽工程是指在施工过程中某一道工序所完成的工程实物，被后一工序形成的工程实物所隐蔽，而且不可以逆向作业的那部分工程。例如，钢筋混凝土工程施工中，钢筋为混凝土所覆盖，前者即为隐蔽工程。

由于隐蔽工程被后续工序隐蔽后，其施工质量就很难检验及认定。如果不去认真做好隐蔽工程的质量检查工作，便容易给工程留下隐患。所以，隐蔽工程在隐蔽前，施工单位除了要做好检查、检验并做好记录外，还应当及时通知建设单位（实施监理的工程为监理单位）和建设工程质量监督机构，以接受政府监督和向建设单位提供质量保证。

按照《建设工程施工合同（示范文本）》的规定，工程具备隐蔽条件或达到专用合同条款约定的中间验收部位，施工单位进行自检，并在隐蔽或中间验收前 48 小时以书面形式通知监理工程师验收。验收不合格的，施工单位在监理工程师限定的时间内修改并重新验收。如果工程质量符合标准规范和设计图等要求，验收 24 小时后，监理工程师不在验收记录上签字的，视为已经批准，施工单位可继续进行隐蔽或施工。

建设工程质量监督机构接到施工单位隐蔽验收的通知后，可以根据工程的特点和隐蔽部位的重要程度以及工程质量监督管理规定，确定是否监督该部位的隐蔽验收。对于整个工程所有隐蔽工程的验收活动，建设工程质量监督机构要保持一定的抽检频率。对于工程关键部位的隐蔽工程验收通常要到场，并对参加隐蔽工程验收的各方人员资格、验收程序以及工程实物进行监督检查，发现问题及时责成责任方予以纠正。

（2）建设工程的返修。《建筑法》规定，对已发现的质量缺陷，建筑施工企业应当修复。《建设工程质量管理条例》进一步规定，施工单位对施工中出现质量问题的建设工程或者竣工验收不合格的建设工程，应当负责返修。

《合同法》也作了相应规定，因施工人的原因致使建设工程质量不符合约定的，发包人有权要求施工人在合理期限内无偿修理或者返工、改建。

返修作为施工单位的法定义务包括施工过程中出现质量问题的建设工程和竣工验收不合格的建设工程两种情形。

所谓返工，是指工程质量不符合规定的质量标准，而又无法修理的情况下重新进行施工；修理则是指工程质量不符合标准，而又有可能修复的情况下，对工程进行修补，使其达到质量标准的要求。不论是施工过程中出现质量问题的建设工程，还是竣工验收时发现质量问题的工程，施工单位都要负责返修。

对于非施工单位原因造成的质量问题，施工单位也应当负责返修，但是因此而造成的损失及返修费用由责任方负责。

5. 建立健全职工教育培训制度的规定

《建设工程质量管理条例》规定，施工单位应当建立、健全教育培训制度，加强对职工的教育培训；未经教育培训或者考核不合格的人员，不得上岗作业。

国务院发布的《质量振兴纲要 1996—2010 年》中指出，把提高劳动者的素质作为提高质量的重要环节。切实加强对企业经营者和职工的质量意识和质量管理知识教育，积极开展职工劳动技能培训。

施工单位建立健全教育培训制度，加强对职工的教育培训，是企业重要的基础工作之一。由于施工单位从事一线施工活动的人员大多来自农村，教育培训的任务十分艰巨。施工单位的教育培训通常包括各类质量教育和岗位技能培训等。

先培训、后上岗。特别是与质量工作有关的人员，如总工程师、项目经理、质量体系内审员、质量检查员，施工人员、材料试验及检测人员，关键技术工种如焊工、钢筋工、混凝土工等，未经培训或者培训考核不合格的人员，不得上岗工作或作业。

6. 违法行为应承担的法律责任

施工单位质量违法行为应承担的主要法律责任如下：

（1）违反资质管理规定和转包、违法分包造成质量问题应承担的法律责任。《建筑法》规定，建筑施工企业转让、出借资质证书或者以其他方式允许他人以本企业的名义承揽工程的，对因该项承揽工程不符合规定的质量标准造成的损失，建筑施工企业与使用本企业名义的单位或者个人承担连带赔偿责任。

承包单位将承包的工程转包的，或者违反《建筑法》规定进行分包的，对因转包工程或者违法分包的工程不符合规定的质量标准造成的损失，与接受转包或者分包的单位承担连带赔偿责任。

（2）偷工减料等违法行为应承担的法律责任。《建筑法》规定，建筑施工企业在施工中偷工减料的，使用不合格的建筑材料、建筑构配件和设备的，或者有其他不按照工程设计图或者施工技术标准施工的行为的，责令改正，处以罚款；情节严重的，责令停业整顿，降低资质等级或者吊销资质证书；造成建筑工程质量不符合规定的质量标准的，负责返工、修理，并赔偿因此造成的损失；构成犯罪的，依法追究刑事责任。

《建设工程质量管理条例》规定，施工单位在施工中偷工减料的，使用不合格的建筑材料、建筑构配件和设备的，或者有不按照工程设计图或者施工技术标准施工的其他行为的，责令改正，处工程合同价款 2% 以上 4% 以下的罚款；造成建设工程质量不符合规定的质量标准的，负责返工、修理，并赔偿因此造成的损失；情节严重的，责令停业整顿，降低资质等级或者吊销资质证书。

（3）检验检测违法行为应承担的法律责任。《建设工程质量管理条例》规定，施工单位未对建筑材料、建筑构配件、设备和商品混凝土进行检验，或者未对涉及结构安全的试块、试件以及有关材料取样检测的，责令改正，处 10 万元以上 20 万元以下的罚款；情节严重的，责令停业整顿，降低资质等级或者吊销资质证书；造成损失的，依法承担赔偿责任。

（4）构成犯罪的追究刑事责任。《建设工程质量管理条例》规定，建设单位、设计单位、施工单位、工程监理单位违反国家规定，降低工程质量标准，造成重大安全事故，构成犯罪的，对直接责任人员依法追究刑事责任。

建设、勘察、设计、施工、工程监理单位的工作人员因调动工作、退休等原因离开该单位后，被发现在该单位工作期间违反国家有关建设工程质量管理规定，造成重大工程质量事故的，仍应当依法追究法律责任。

《刑法》第 137 条规定，建设单位、设计单位、施工单位、工程监理单位违反国家规定，降低工程质量标准，造成重大安全事故的，对直接责任人员处 5 年以下有期徒刑或者拘役，并处罚金；后果特别严重的，处 5 年以上 10 年以下有期徒刑，并处罚金。

8.1.3　其他相关单位的质量责任和义务

1. 勘察、设计单位相关的质量责任和义务

《建筑法》规定，建筑工程的勘察、设计单位必须对其勘察、设计的质量负责。勘察、设计文件应当符合有关法律、行政法规的规定和建筑工程质量、安全标准，建筑工程勘察、设计技术规范以及合同的约定。

《建设工程质量管理条例》进一步规定，勘察、设计单位必须按照工程建设强制性标准进行勘察、设计，并对其勘察、设计的质量负责。注册建筑师、注册结构工程师等注册执业人员应当在设计文件上签字，对设计文件负责。

谁勘察设计谁负责，谁施工谁负责，这是国际上通行的做法。勘察、设计单位和执业注册人员是勘察设计质量的责任主体，也是整个工程质量的责任主体之一。勘察、设计质量实行单位与执业注册人员双重责任，即勘察、设计单位对其勘察、设计的质量负责，注册建筑师、注册结构工程师等专业人士对其签字的设计文件负责。

（1）依法承揽工程的勘察、设计业务。《建设工程质量管理条例》规定，从事建设工程勘察、设计的单位应当依法取得相应等级的资质证书，并在其资质等级许可的范围内承揽工程。禁止勘察、设计单位超越其资质等级许可的范围或者以其他勘察、设计单位的名义承揽工程，禁止勘察、设计单位允许其他单位或者个人以本单位的名义承揽工程。勘察、设计单位不得转包或者违法分包所承揽的工程。

勘察、设计作为一个特殊行业，有着严格的市场准入条件。勘察、设计单位只有具备了相应的资质条件，才有能力保证勘察、设计质量。如果超越资质等级许可的范围承揽工程，就超越了其勘察、设计能力，也就不能保证勘察、设计的质量。在实践中，超越资质等级许可范围承接工程的行为，大多是通过借用、有偿使用其他有资质单位的资质证书、图签来进行的，因而被借用者、出卖者也负有不可推卸的责任。此外，与施工一样，勘察、设计也不允许转包和违法分包。

（2）勘察、设计必须执行强制性标准。《建设工程质量管理条例》规定，勘察、设计单位必须按照工程建设强制性标准进行勘察、设计，并对其勘察、设计的质量负责。

强制性标准是工程建设技术和经验的积累，是勘察、设计工作的技术依据。只有满足工程建设强制性标准才能保证质量，才能满足工程对安全、卫生、环保等多方面的质量要求，因而勘察、设计单位必须严格执行。

（3）勘察单位提供的勘察成果必须真实、准确。《建设工程质量管理条例》规定，勘察单位提供的地质、测量、水文等勘察成果必须真实、准确。

工程勘察工作是建设工作的基础工作，工程勘察成果文件是设计和施工的基础资料和重要依据。其真实准确与否直接影响到设计、施工质量，因而工程勘察成果必须真实准确、安全可靠。

（4）设计依据和设计深度。《建设工程质量管理条例》规定，设计单位应当根据勘察成果文件进行建设工程设计。设计文件应当符合国家规定的设计深度要求，注明工程合理使用年限。

勘察成果文件是设计的基础资料，是设计的依据。因此，先勘察、后设计是工程建设的基本做法，也是基本建设程序的要求。我国对各类设计文件的编制深度都有规定，在实践中应当贯彻执行。工程合理使用年限是指从工程竣工验收合格之日起，工程的地基基础、主体结构能保证在正常情况下安全使用的年限。它与《建筑法》中的“建筑物合理寿命年限”、《合同法》中的“工程合理使用期限”等在概念上是一致的。

（5）依法规范设计对建筑材料等的选用。《建筑法》《建设工程质量管理条例》都规定，设计单位在设计文件中选用的建筑材料、建筑构配件和设备，应当注明规格、型号、性能等技术指标，其质量要求必须符合国家规定的标准。除有特殊要求的建筑材料、专用设备、工艺生产线等外，设计单位不得指定生产厂、供应商。

为了使建设工程的施工能准确满足设计意图，设计文件中必须注明所选用的建筑材料、建筑构配件和设备的规格、型号、性能等技术指标。这也是设计文件编制深度的要求。但是，在通用产品能保证工程质量的前提下，设计单位不可故意选用特殊要求的产品，也不能滥用权力限制建设单位或施工单位在材料等采购上的自主权。

（6）依法对设计文件进行技术交底。《建设工程质量管理条例》规定，设计单位应当就审查合格的施工图设计文件向施工单位作出详细说明。

设计文件的技术交底，通常的做法是设计文件完成后，通过建设单位发给施工单位，再由设计单位将设计的意图、特殊的工艺要求，以及建筑、结构、设备等各专业在施工中的难点、疑点和容易发生的问题等向施工单位作详细说明，并负责解释施工单位对设计图的疑问。

对设计文件进行技术交底是设计单位的重要义务，对确保工程质量有重要的意义。

（7）依法参与建设工程质量事故分析。《建设工程质量管理条例》规定，设计单位应当参与建设工程质量事故分析，并对因设计造成的质量事故，提出相应的技术处理方案。

工程质量的好坏，在一定程度上就是工程建设是否准确贯彻了设计意图。因此，一旦发生质量事故，该工程的设计单位最有可能在短时间内发现存在的问题，对事故的分析具有权威性。这对及时进行事故处理十分有利。对因设计造成的质量事故，原设计单位必须提出相应的技术处理方案，这是设计单位的法定义务。

（8）勘察、设计单位质量违法行为应承担的法律责任。《建设法》规定，建筑设计单位不按照建筑工程质量、安全标准进行设计的，责令改正，处以罚款；造成工程质量事故的，责令停业整顿，降低资质等级或者吊销资质证书，没收违法所得，并处罚款；造成损失的，承担赔偿责任；构成犯罪的，依法追究刑事责任。

《建设工程质量管理条例》规定，有下列行为之一的，责令改正，处 10 万元以上 30 万元以下的罚款：

1）勘察单位未按照工程建设强制性标准进行勘察的。

2）设计单位未根据勘察成果文件进行工程设计的。

3）设计单位指定建筑材料、建筑构配件的生产厂、供应商的。

4）设计单位未按照工程建设强制性标准进行设计的。

有以上所列行为，造成工程质量事故的，责令停业整顿，降低资质等级；情节严重的，吊销资质证书；造成损失的，依法承担赔偿责任。

2. 工程监理单位相关的质量责任和义务

工程监理单位接受建设单位的委托，代表建设单位，对建设工程进行管理。因此，工程监理单位也是建设工程质量的责任主体之一。

（1）依法承担工程监理业务。《建筑法》规定，工程监理单位应当在其资质等级许可的监理范围内，承担工程监理业务。工程监理单位不得转让工程监理业务。

《建设工程质量管理条例》进一步规定，工程监理单位应当依法取得相应等级的资质证书，并在其资质等级许可的范围内承担工程监理业务。禁止工程监理单位超越本单位资质等级许可的范围或者以其他工程监理单位的名义承担工程监理业务。禁止工程监理单位允许其他单位或者个人以本单位的名义承担工程监理业务，工程监理单位不得转让工程监理业务。

监理单位按照资质等级承担工程监理业务，是保证监理工作质量的前提。越级监理、允许其他单位或者个人以本单位的名义承担监理业务等，将使工程监理变得有名无实，最终会对工程质量造成危害。监理单位转让工程监理业务，与施工单位转包工程有着同样的危害性。

（2）对有隶属关系或其他利害关系的回避。《建筑法》《建设工程质量管理条例》都规定，工程监理单位与被监理工程的施工承包单位以及建筑材料、建筑构配件和设备供应单位有隶属关系或者其他利害关系的，不得承担该项建设工程的监理业务。

由于工程监理单位与被监理工程的承包单位以及建筑材料、建筑构配件和设备供应单位之间，是一种监督与被监督的关系，为了保证客观、公正地执行监理任务，工程监理单位与上述单位不能有隶属关系或者其他利害关系，如果有这种关系，工程监理单位在接受监理委托前，应当自行回避；对于没有回避而被发现的，建设单位可以依法解除委托关系。

（3）监理工作的依据和监理责任。《建设工程质量管理条例》规定，工程监理单位应当依照法律、法规以及有关技术标准、设计文件和建设工程承包合同，代表建设单位对施工质量实施监理，并对施工质量承担监理责任。

工程监理的依据有。

1）法律、法规，如《建筑法》《合同法》《建设工程质量管理条例》等。

2）有关技术标准，如《工程建设标准强制性条文》以及建设工程承包合同中确认采用的推荐性标准等。

3）设计文件等既是施工的依据，也是监理单位对施工活动进行监督管理的依据。

4）建设工程承包合同，监理单位据此监督施工单位是否全面履行合同约定的义务。

监理单位对施工质量承担监理责任，包括违约责任和违法责任两个方面。

1）违约责任。如果监理单位不按照监理合同约定履行监理义务，给建设单位或其他单位造成损失的，应当承担相应的赔偿责任。

2）违法责任。如果监理单位违法监理，或者降低工程质量标准，造成质量事故的，要承担相应的法律责任。

（4）工程监理的职责和权限。《建设工程质量管理条例》规定，工程监理单位应当选派具备相应资格的总监理工程师和监理工程师进驻施工现场，未经监理工程师签字，建筑材料、建筑构配件和设备不得在工程上使用或者安装，施工单位不得进行下一道工序的施工。未经总监理工程师签字，建设单位不拨付工程款，不进行竣工验收。

监理单位应根据所承担的监理任务，组建驻工地监理机构。监理机构一般由总监理工程师、监理工程师和其他监理人员组成。监理工程师拥有对建筑材料、建筑构配件和设备以及每道施工工序的检查权，对检查不合格的，有权决定是否允许在工程上使用或进行下一道工序的施工。工程监理实行总监理工程师负责制。总监理工程师可以依法和在授权范围内发布有关指令，全面负责受委托的监理工程。

（5）工程监理的形式。《建设工程质量管理条例》规定，监理工程师应当按照工程监理规范的要求，采取旁站、巡视和平行检验等形式，对建设工程实施监理。

所谓旁站，是指对工程中有关地基和结构安全的关键工序和关键施工过程，进行连续不断地监督检查或检验的监理活动，有时甚至要连续跟班监理。所谓巡视，主要是强调除了关键点的质量控制外，监理工程师还应对施工现场进行面上的巡查监理。所谓平行检验，主要是强调监理单位对施工单位已经检验的工程应及时进行检验。对于关键性、较大体量的工程实物，采取分段后平行检验的方式，有利于及时发现质量问题，及时采取措施予以纠正。

（6）工程监理单位质量违法行为应承担的法律责任。《建筑法》规定，工程监理单位与建设单位或者建筑施工企业串通、弄虚作假、降低工程质量的，责令改正，处以罚款，降低资质等级或者吊销资质证书；有违法所得的，予以没收；造成损失的，承担连带赔偿责任；构成犯罪的，依法追究刑事责任。

《建设工程质量管理条例》规定，工程监理单位有下列行为之一的，责令改正，处 50 万元以上 100 万元以下的罚款，降低资质等级或者吊销资质证书；有违法所得的，予以没收；造成损失的，承担连带赔偿责任：

1）与建设单位或者施工单位串通，弄虚作假、降低工程质量的。

2）将不合格的建设工程、建筑材料、建筑构配件和设备按照合格签字的。

3. 政府部门工程质量监督管理的相关规定

为了确保建设工程质量，保障公共安全和人民生命财产安全，政府必须加强对建设工程质量的监督管理。因此，《建设工程质量管理条例》规定，国家实行建设工程质量监督管理制度。

（1）我国的建设工程质量监督管理体制。《建设工程质量管理条例》规定，国务院建设行政主管部门对全国的建设工程质量实施统一监督管理。国务院铁路、交通、水利等有关部门按照国务院规定的职责分工，负责对全国的有关专业建设工程质量的监督管理。

国务院发展计划部门按照国务院规定的职责，组织稽查特派员，对国家出资的重大建设项目实施监督检查。国务院经济贸易主管部门按照国务院规定的职责，对国家重大技术改造项目实施监督检查。

县级以上地方人民政府建设行政主管部门对本行政区域内的建设工程质量实施监督管理。县级以上地方人民政府交通、水利等有关部门在各自的职责范围内，负责对本行政区域内的专业建设工程质量的监督管理。

建设工程质量监督管理，可以由建设行政主管部门或者其他有关部门委托的建设工程质量监督机构具体实施。从事房屋建筑工程和市政基础设施工程质量监督的机构，必须按照国家有关规定经国务院建设行政主管部门或者省、自治区、直辖市人民政府建设行政主管部门考核；从事专业建设工程质量监督的机构，必须按照国家有关规定经国务院有关部门或者省、自治区、直辖市人民政府有关部门考核。经考核合格后，方可实施质量监督。

在政府加强监督的同时，还要发挥社会监督的巨大作用，即任何单位和个人对建设工程的质量事故、质量缺陷都有权检举、控告、投诉。

（2）政府监督检查的内容和有权采取的措施。《建设工程质量管理条例》规定，国务院建设行政主管部门和国务院铁路、交通、水利等有关部门以及县级以上地方人民政府建设行政主管部门和其他有关部门，应当加强对有关建设工程质量的法律、法规和强制性标准执行情况的监督检查。

县级以上人民政府建设行政主管部门和其他有关部门履行监督检查职责时，有权采取下列措施：

1）要求被检查的单位提供有关工程质量的文件和资料。

2）进入被检查单位的施工现场进行检查。

3）发现有影响工程质量的问题时，责令改正。

有关单位和个人对县级以上人民政府建设行政主管部门和其他有关部门进行的监督检查应当支持与配合，不得拒绝或者阻碍建设工程质量监督检查人员依法执行职务。

（3）禁止滥用权力的行为。《建设工程质量管理条例》规定，供水、供电、供气、公安消防等部门或单位不得明示或者暗示建设单位、施工单位购买其指定的生产供应单位的建筑材料、建筑构配件和设备。

目前，有关部门或单位利用其管理职能或垄断地位指定生产厂家或产品的现象较多，如果建设单位或施工单位不采用，就在竣工验收时故意刁难或不予验收，不准投入使用。

政府有关部门这种滥用职权的行为，是法律所不允许的。

（4）建设工程质量事故报告制度。《建设工程质量管理条例》规定，建设工程发生质量事故，有关单位应当在24小时内向当地建设行政主管部门和其他有关部门报告。对重大质量事故，事故发生地的建设行政主管部门和其他有关部门应当按照事故类别和等级向当地人民政府和上级建设行政主管部门和其他有关部门报告。特别重大质量事故的调查程序按照国务院有关规定办理。

根据《生产安全事故报告和调查处理条例》的规定，特别重大事故，是指造成30人以上死亡，或者100人以上重伤，或者1亿元以上直接经济损失的事故。特别重大事故、重大事故逐级上报至国务院安全生产监督管理部门和负有安全生产监督管理职责的有关部门。每级上报的时间不得超过2小时。必要时，安全生产监督管理部门和负有安全生产监督管理职责的有关部门可以越级上报事故情况。

（5）有关质量违法行为应承担的法律责任。《建设工程质量管理条例》规定，发生重大工程质量事故隐瞒不报、谎报或者拖延报告期限的，对直接负责的主管人员和其他责任人员依法给予行政处分。

供水、供电、供气、公安消防等部门或者单位明示或者暗示建设单位或施工单位购买其指定的生产供应单位的建筑材料、建筑构配件和设备的，责令改正。

国家机关工作人员在建设工程质量监督管理工作中玩忽职守、滥用职权、徇私舞弊，构成犯罪的，依法追究刑事责任；尚不构成犯罪的，依法给予行政处分。

8.2　工程质量保修及监督制度

8.2.1　工程质量保修制度

《建筑法》《建设工程质量管理条例》均规定，建设工程实行质量保修制度。

建设工程质量保修制度是指建设工程竣工经验收后，在规定的保修期限内，因勘察、设计、施工、材料等原因造成的质量缺陷，应当由施工承包单位负责维修、返工或更换，由责任单位负责赔偿损失的法律制度。建设工程质量保修制度对于促进建设各方加强质量管理，保护用户及消费者的合法权益可起到重要的保障作用。

1. 质量保修书和最低保修期限的规定

（1）建设工程质量保修书的提交时间及主要内容。《建设工程质量管理条例》规定，建设工程承包单位在向建设单位提交工程竣工验收报告时，应当向建设单位出具质量保修书，质量保修书中应当明确建设工程的保修范围、保修期限和保修责任等。

建设工程质量保修的承诺，应当由承包单位以建设工程质量保修书这一书面形式来体现。建设工程质量保修书是一项保修合同，是承包合同所约定双方权利义务的延续，也是施工单位对竣工验收的建设工程承担保修责任的法律文本。人们在日常生活中购买几十元、数百元的商品，生产供应厂商往往都须出具质量保修书，而建设工程造价动辄几十万元、数百万元、数亿元甚至更多，如果没有保修的书面约定，那么对投资人和用户是不公平的，也不符合权利义务对等的市场经济准则。

建设工程承包单位应当依法在向建设单位提交工程竣工验收报告资料时，向建设单位出具工程质量保修书。工程质量保修书包括如下主要内容。

1）质量保修范围。《建筑法》规定，建筑工程的保修范围应当包括地基基础工程、主体结构工程、屋面防水工程和其他土建工程，以及电气管线、上下水管线的安装工程，供热、供冷系统工程等项目。当然，不同类型的建设工程，其保修范围有所不同。

2）质量保修期限。《建筑法》规定，保修的期限应当按照保证建筑物合理寿命年限内正常使用、维护使用者合法权益的原则确定。具体的保修范围和最低保修期限由国务院规定。据此，国务院在《建设工程质量管理条例》中作了明确规定。

3）承诺质量保修责任。主要是施工单位向建设单位承诺保修范围、保修期限和有关具体实施保修的措施，如保修的方法、人员及联络办法，保修答复和处理时限，不履行保修责任的罚则等。

需要注意的是，施工单位在建设工程质量保修书中，应当对建设单位合理使用建设工程有所提示。如果是因建设单位或用户使用不当或擅自改动结构、设备位置以及不当装修等造成质量问题的，施工单位不承担保修责任；由此而造成的质量受损或其他用户损失，应当由责任人承担相应的责任。

（2）建设工程质量的最低保修期限。《建设工程质量管理条例》规定，在正常使用条件下，建设工程的最低保修期限为：

1）基础设施工程、房屋建筑的地基基础工程和主体结构工程，为设计文件规定的该工程的合理使用年限。

2）屋面防水工程、有防水要求的卫生间、房间和外墙面的防渗漏，为 5 年。

3）供热与供冷系统，为 2 个采暖期、供冷期。

4）电气管线、给水排水管道、设备安装和装修工程，为 2 年。

其他项目的保修期限由发包方与承包方约定。

基础设施工程、房屋建筑的地基基础工程和主体结构工程的质量，直接关系到基础设施工程和房屋建筑的整体安全可靠，必须在该工程的合理使用年限内予以保修，即实行终身负责制。可以说，工程合理使用年限就是该工程勘察、设计、施工等单位的质量责任年限。

在《建设工程质量管理条例》中，对屋面防水工程、供热与供冷系统、电气管线、给水排水管道、设备安装和装修工程等的最低保修期限分别作出了规定。如果建设单位与施工单位经平等协商另行签订保修合同的，其保修期限可以高于法定的最低保修期限，但不能低于最低保修期限，否则视作无效。

建设工程保修期的起始日是竣工验收合格之日。按照《建设工程质量管理条例》的规定，建设行政主管部门或者其他有关部门发现建设单位在竣工验收过程中有违反国家有关建设工程质量管理规定行为的，责令停止使用，重新组织竣工验收。对于重新组织竣工验收的工程，其保修期为各方都认可的重新组织竣工验收的日期。

《建设工程质量管理条例》规定，建设工程在超过合理使用年限后需要继续使用的，产权所有人应当委托具有相应资质等级的勘察、设计单位鉴定，并根据鉴定结果采取加固、维修等措施，重新界定使用期。

各类工程根据其重要程度、结构类型、质量要求和使用性能等所确定的使用年限是不同的。确定建设工程的合理使用年限，并不意味着超过合理使用年限后，建设工程就一定要报废、拆除。该建设工程经过具有相应资质等级的勘察、设计单位鉴定，提出技术加固措施，在设计文件中重新界定使用期，并经有相应资质等级的施工单位进行加固、维修和补强，达到能继续使用条件的可以继续使用。否则，违法继续使用的，所产生的后果由产权所有人负责。

2. 质量责任的损失赔偿

《建设工程质量管理条例》规定，建设工程在保修范围和保修期限内发生质量问题的，施工单位应当履行保修义务，并对造成的损失承担赔偿责任。

（1）保修义务的责任落实与损失赔偿责任的承担。《最高人民法院关于审理建设工程施工合同纠纷案件适用法律问题的解释》规定，因保修人未及时履行保修义务，导致建筑物损毁或者造成人身、财产损害的，保修人应当承担赔偿责任。保修人与建筑物所有人或者发包人对建筑物毁损均有过错的，各自承担相应的责任。

建设工程保修的质量问题是指在保修范围和保修期限内的质量问题。对于保修义务的承担和维修的经济责任承担应当按下述原则处理。

1）施工单位未按照国家有关标准规范和设计要求施工所造成的质量缺陷，由施工单位负责返修并承担经济责任。

2）由于设计问题造成的质量缺陷，先由施工单位负责维修，其经济责任按有关规定通过建设单位向设计单位索赔。

3）因建筑材料、构配件和设备质量不合格引起的质量缺陷，先由施工单位负责维修，其经济责任属于施工单位采购的或经其验收同意的，由施工单位承担经济责任；属于建设单位采购的，由建设单位承担经济责任。

4）因建设单位（含监理单位）错误管理而造成的质量缺陷，先由施工单位负责维修，其经济责任由建设单位承担；如属监理单位责任，则由建设单位向监理单位索赔。

5）因使用单位使用不当造成的损坏问题，先由施工单位负责维修，其经济责任由使用单位自行负责。

6）因地震、台风、洪水等自然灾害或其他不可抗力原因造成的损坏问题，先由施工单位负责维修，建设参与各方再根据国家具体政策分担经济责任。

（2）建设工程质量保证金。《建设工程质量保证金管理暂行办法》规定，建设工程质量保证金又称保修金（以下简称保证金），是指发包人与承包人在建设工程承包合同中约定，从应付的工程款中预留，用以保证承包人在缺陷责任期内对建设工程出现的缺陷进行维修的资金。

1）缺陷责任期的确定。所谓缺陷，是指建设工程质量不符合工程建设强制性标准、设计文件，以及承包合同的约定。缺陷责任期一般为6个月、12个月或24个月，具体可由发承包双方在合同中约定。

缺陷责任期从工程通过竣（交）工验收之日起计算。由于承包人原因导致工程无法按规定期限进行竣（交）工验收的，缺陷责任期从实际通过竣（交）工验收之日起计算。由于发包人原因导致工程无法按规定期限进行竣（交）工验收的，在承包人提交竣（交）工验收报告90天后，工程自动进入缺陷责任期。

2）预留保证金的比例。全部或者部分使用政府投资的建设项目，按工程价款结算总额5%左右的比例预留保证金。社会投资项目采用预留保证金方式的，预留保证金的比例可参照执行。

缺陷责任期内，由承包人原因造成的缺陷，承包人应负责维修，并承担鉴定及维修费用。如承包人不维修也不承担费用，则发包人可按合同约定扣除保证金，并由承包人承担违约责任。承包人维修并承担相应费用后，不免除对工程的一般损失赔偿责任。由他人原因造成的缺陷，发包人负责组织维修，承包人不承担费用，且发包人不得从保证金中扣除费用。

3）质量保证金的返还。缺陷责任期内，承包人认真履行合同约定的责任，到期后，承包人向发包人申请返还保证金。

发包人在接到承包人返还保证金申请后，应于 14 日内会同承包人按照合同约定的内容进行核实，如无异议，发包人应当在核实后 14 日内将保证金返还给承包人，逾期支付的，从逾期之日起，按照同期银行贷款利率计付利息，并承担违约责任。发包人在接到承包人返还保证金申请后 14 日内不予答复的，经催告后 14 日内仍不予答复的，视同认可承包人的返还保证金申请。

发包人和承包人对保证金预留、返还以及工程维修质量、费用有争议的，按承包合同约定的争议和纠纷解决程序处理。

3. 违法行为应承担的法律责任

建设工程质量保修违法行为应承担的主要法律责任如下。

《建筑法》规定："建筑施工企业违反本法规定，不履行保修义务或者拖延履行保修义务的，责令改正，可以处以罚款，并对在保修期内因屋顶、墙面渗漏、开裂等质量缺陷造成的损失，承担赔偿责任。"

《建设工程质量管理条例》规定，施工单位不履行保修义务或者拖延履行保修义务的，责令改正，处 10 万元以上 20 万元以下的罚款，并对在保修期内因质量缺陷造成的损失承担赔偿责任。

《建设工程质量保证金管理暂行办法》规定，缺陷责任期内，由承包人造成的缺陷，承包人应负责维修，并承担鉴定及维修费用。如承包人不维修也不承担费用，则发包人可按合同约定扣除保证金，并由承包人承担违约责任。承包人维修并承担相应费用后，不免除对工程的一般损失赔偿责任。

《建筑业企业资质管理规定》规定，建筑业企业申请晋升资质等级或者主项资质以外的资质，在申请之日前 1 年内有未履行保修义务，造成严重后果的情形的，建设行政主管部门不予批准。

8.2.2　工程质量监督制度

《建设工程质量管理条例》明确规定，国家实行建设工程质量监督管理制度。政府质量监督作为一项制度，以行政法规的形式在《建设工程质量管理条例》中加以明确，强调了建设工程质量必须实行政府监督管理。政府实行建设工程质量监督的主要目的是保证建设工程使用安全和环境质量，主要依据是法律、法规和强制性标准，主要方式是政府认可的第三方强制监督，主要内容是地基基础、主体结构、环境质量和与此相关的工程建设各方主体的质量行为，主要手段是施工许可制度和竣工验收备案制度。

建设工程质量监督管理具有以下几个特点。

（1）具有权威性。建设工程质量监督体现的是国家意志，任何从事工程建设活动的单位和个人都应当服从这种监督管理。

（2）具有综合性。这种监督管理并不局限于某一个阶段或某一个方面，而是贯穿于工程建设全过程，并适用于建设单位、勘察单位、设计单位、监理单位和施工单位。

工程质量监督也不局限于某一个工程建设项目，工程质量监督管理部门可以对本区域内的所有建设工程项目进行监督。

1. 建设工程质量监督的主体

对建设工程质量进行监督管理的主体是各级政府建设行政主管部门和其他有关部门。根据《建设工程质量管理条例》第43条第2款的规定，国务院建设行政主管部门对全国的建设工程质量实施统一的监督管理。国务院铁路、交通、水利等有关部门按照国务院规定的职责分工，负责对全国的有关专业建设工程质量的监督管理。

《建设工程质量管理条例》规定各级政府有关主管部门应当加强对有关建设工程质量的法律、法规和强制性标准执行情况的监督检查；同时，规定政府有关主管部门履行监督检查职责时，有权采取下列措施。

（1）要求被检查的单位提供有关工程质量的文件和资料。

（2）进入被检查的施工现场进行检查。

（3）发现有影响工程质量的问题时，责令改正。

由于建设工程质量监督具有专业性强、周期长、程序繁杂等特点，政府部门通常不宜亲自进行日常检查工作，这就需要通过委托由政府认可的第三方，即建设工程质量监督机构，来依法代行工程质量监督职能，并对委托的政府部门负责。政府部门主要对建设工程质量监督机构进行业务指导和管理，不进行具体工程质量监督。

根据《关于建设工程质量监督机构深化改革的指导意见》的有关规定，建设工程质量监督机构是经省级以上建设行政主管部门或有关专业部门考核认定的独立法人。建设工程质量监督机构及其负责人、质量监督工程师和助理质量监督工程师，均应具备国家规定的基本条件。其中，从事施工图设计文件审查的建设工程质量监督机构，还应当具备国家规定的其他条件。建设工程质量监督机构的主要任务包括以下几项。

（1）根据政府主管部门的委托，受理建设工程项目质量监督。

（2）制订质量监督工作方案。具体包括：

1）确定负责该项工程的质量监督工程师和助理质量监督工程师。

2）根据有关法律、法规和工程建设强制性标准，针对工程特点，明确监督的具体内容、监督方式。

3）在方案中对地基基础、主体结构和其他涉及结构安全的重要部位和关键工序，作出实施监督的详细计划安排。

4）建设工程质量监督机构应将质量监督工作方案通知建设、勘察、设计、施工、监理单位。

（3）检查施工现场工程建设各方主体的质量行为。主要包括以下几项。

1）核查施工现场工程建设各方主体及有关人员的资质或资格。

2）检查勘察、设计、施工、监理单位的质量保证体系和质量责任制落实情况。

3）检查有关质量文件、技术资料是否齐全并符合规定。

（4）检查建设工程的实体质量。主要包括以下几项。

1）按照质量监督工作方案，对建设工程地基基础、主体结构和其他涉及结构安全的关键部位进行现场实地抽查。

2）对用于工程的主要建筑材料、构配件的质量进行抽查。

3）对地基基础分部、主体结构分部工程和其他涉及结构安全的分部工程的质量验收进行监督。

（5）监督工程竣工验收。主要包括以下几项。

1）监督建设单位组织的工程竣工验收的组织形式、验收程序以及在验收过程中提供的有关资料和形成的质量评定文件是否符合有关规定。

2）实体质量是否存有严重缺陷。

3）工程质量的检验评定是否符合国家验收标准。

（6）工程竣工验收后 5 日内，应向委托部门报送建设工程质量监督报告。建设工程质量监督报告应包括以下几项。

1）对地基基础和主体结构质量检查的结论。

2）工程竣工验收的程序、内容和质量检验评定是否符合有关规定。

3）历次抽查该工程发现的质量问题和处理情况等内容。

（7）对预制建筑构件和商品混凝土的质量进行监督。

（8）受委托部门委托，按规定收取工程质量监督费。

（9）政府主管部门委托的工程质量监督管理的其他工作。

建设工程质量监督机构在进行监督工作中发现有违反建设工程质量管理规定行为和影响工程质量的问题的，有权采取责令改正、局部暂停施工等强制性措施，直至问题得到改正。需要给予行政处罚的，报告委托部门批准后实施。

2. 竣工验收备案制度

建设单位应当自建设工程竣工验收合格之日起 15 日内，将建设工程竣工验收报告和规划、公安消防、环保等部门出具的认可文件或者准许使用文件报建设行政主管部门或者其他有关部门备案。

建设行政主管部门或者其他有关部门发现建设单位在竣工验收过程中有违反国家有关建设工程质量管理规定行为的，责令停止使用，重新组织竣工验收。

3. 工程质量事故报告制度

建设工程发生质量事故，有关单位应当在 24 小时内向当地建设行政主管部门和其他有关部门报告。对重大质量事故，事故发生地的建设行政主管部门和其他有关部门应当按照事故类别和等级向当地人民政府和上级建设行政主管部门和其他有关部门报告。

《建设工程质量管理条例》第 52 条第 2 款规定："特别重大质量事故的调查程序按照国务院有关规定办理。"

4. 法律责任

（1）不及时如实报告重大质量事故的法律责任。发生重大工程质量事故隐瞒不报、谎报或者拖延报告期限的，对直接负责的主管人员和其他责任人员依法给予行政处分。

（2）国家机关工作人员不尽职的法律责任。国家机关工作人员在建设工程质量监督管理工作中玩忽职守、滥用职权、徇私舞弊，构成犯罪的，依法追究刑事责任；尚不构成犯罪的，依法给予行政处分。

本章小结

本章介绍了建设工程实施阶段的质量管理制度。质量管理是建设工程活动主体的重要职责。本章讲述了建设单位、施工单位、监理单位的质量责任及义务。对工程质量保修制度进行了全面阐述，对工程质量监督管理制度进行了详尽说明。

复习思考题

【简答题】

1. 国家对建设工程质量的监督管理的具体内容有哪些？

2. 简述国家对工程质量的监督管理与监理对工程质量监督管理的差异性。

3. 建筑单位与施工单位对工程质量保修应如何约定？

4. 施工单位不履行质量责任与义务应该如何处罚？

【选择题】

1. 下列关于建设单位质量责任和义务的表述中，错误的是（　　）。

A. 建设单位不得将建设工程肢解发包

B. 建设工程发包方不得迫使承包方以低于成本的价格竞标

C. 建设单位不得任意压缩合同工期

D. 涉及承重结构变动的装修工程施工前，只能委托原设计单位提出设计方案

2. 根据相关司法解释的规定，建设工程未经竣工验收，发包人擅自使用后，又以使用后的（　　）工程质量不符合约定为由主张权利的，法院应予以支持。

A. 主体结构　　B. 电气　　C. 装饰　　D. 暖通

3. 根据《建设工程质量管理条例》规定，下列关于监理单位的表述错误的是（　　）。

A. 应当依法取得相应等级的资质证书

B. 不得转让工程监理业务

C. 可以是建设单位的子公司

D. 应与监理分包单位共同向建设单位承担责任

4. 施工单位于6月1日提交工程竣工验收报告，建设单位因故迟迟不予组织竣工验收；同年10月8日建设单位组织竣工验收时因监理单位的过错未能正常进行；10月20日建设单位实际使用该工程。则施工单位承担的保修期应于（　　）起计算。

A. 6月1日　　B. 8月30日　　C. 10月8日　　D. 10月20日

5.《建设工程质量管理条例》中确定的建设工程质量监督管理制度，其主要手段不包括（　　）。

A. 工程质量保修制度　　B. 施工许可制度

C. 竣工验收备案制度　　D. 工程质量事故报告制度

6. 建设单位应当自建设工程竣工验收合格之日起（　　）日内，将竣工验收报告和规

划、公安消防、环保等部门出具的认可文件或者准许使用文件报建设行政主管部门或者其他有关部门备案。

A. 10　　B. 15　　C. 30　　D. 60

【案例分析题】

1. 场景

某化工厂在同一厂区建设第二个大型厂房时，为了节省投资，决定不做勘察，便将4 年前为第一个大型厂房做的勘察成果提供给设计院作为设计依据，让其设计新厂房，设计院不同意。但是，在该化工厂的一再坚持下最终设计院妥协，答应使用旧的勘察成果。厂房建成后使用一年多就发现其北墙墙体多处开裂。该化工厂一纸诉状将施工单位告上法庭，请求判定施工单位承担工程质量责任。

问题：

（1）本案中的质量责任应当由谁承担?

（2）工程中设计方是否有过错? 违反了什么规定?

2. 场景

2000 年 10 月，承包商甲通过招标投标获得了某单位家属楼工程，后经发包单位同意，承包商甲将该家属楼的附属工程分包给杨某负责的工程队，并签订了分包合同。1 年后，工程按期完成。但是，经工程质量监督机构检验发现，该家属楼附属工程存在严重的质量问题。发包单位便要求承包商甲承担责任。承包商甲却称该附属工程系经发包单位同意后分包给杨某负责的工程队的，所以与己无关。发包单位又找到分包人杨某，杨某亦以种种理由拒绝承担工程的质量责任。

问题：

（1）承包商甲是否应该对该家属楼附属工程的质量负责?

（2）该质量问题应该如何解决?

第9章　其他相关法律制度

✲ 学习目标：学习工程造价管理的基本法律制度，了解招标投标中的造价构成方式，熟悉工程计价办法、结算办法；学习劳动关系及劳动保护的法律制度，熟悉劳动合同订立、履行的知识；了解劳动保护政策，掌握劳动争议处理规定。

9.1　建设工程造价管理制度

9.1.1　建设工程工程量清单计价规范

1. 概述

工程量清单计价方法是指建设工程招标投标中，招标人按照国家统一的工程量计算规则提供工程数量，由投标人依据工程量清单自主报价，并按照经评审合理低价中标的工程造价的计价方式。即是以各分项工程综合单价乘以工程量得到该分项工程的合价后，汇总所有分项工程合价而形成工程总价的方法。工程量清单计价采用综合单价法计价，综合单价的内容包括分部分项工程中的人工费、材料费、机械费、利润和管理费以及一定范围内的风险费用。

工程量清单计价是相对于传统计价方法的一种新的计价模式，是一种市场确定工程造价的计价模式，是由建设产品的建设方和承建方在建设市场中根据市场的供求状况、信息状况等因素进行自由竞争，从而最终能够签订工程建设合同价格的方法。它在工程量清单计价活动的全过程中，为建设市场的交易各方提供了一个相对平等的平台。

工程量清单计价的基本过程可以描述为：在统一的工程量计算规则的基础上，制定工程量清单项目设置规则，根据具体工程的施工图计算出各个清单项目的工程量，再根据各种渠道获得的工程造价信息和经验数据计算得到工程造价。

工程量清单计价的编制过程可以分为两个阶段：第一个阶段是工程量清单格式的编制；第二个阶段是利用工程量清单来编制投标报价。投标报价是在业主提供的工程量计算结果的基础上，根据企业自身掌握的各种信息、资料，结合企业定额编制得出的。

2. 工程量清单计价的法律依据

工程量清单计价的国家标准《建设工程工程量清单计价规范》的主要法律依据是《招标投标法》《建筑法》《合同法》《建筑工程施工发包与承包计价管理办法》。工程量清单计价活动是政策性、技术性很强的一项工作，它涉及的法律、法规和标准规范比较广泛，如《建筑法》《合同法》《中华人民共和国价格法》，以及直接涉及工程造价的工程质量、安全及环境保护等方面的工程建设强制性标准规范。执行《建设工程工程量清单计价规范》必须同贯彻《建筑法》等法律法规结合起来，在进行工程量清单计价活动时，除遵循《建设工程工程量清单计价规范》外，还应符合国家有关法律、法规及标准规范的规定。

3. 实行工程量清单计价的意义与作用

推行工程量清单计价，是深化工程造价管理改革的重要内容，是规范建筑市场经济秩序的需要措施。《建设工程工程量清单计价规范》的发布实施，有利于建立由市场形成工程造价的机制，有利于促进政府转变职能、业主控制投资、施工企业加强管理，有利于在公开、公正、公平的竞争环境中合理确定工程造价，提高投资效益。

（1）实行工程量清单计价，是工程造价深化改革的必然产物和重要措施。以预算定额作为主要依据的传统计价办法，是我国长期以来一直使用的发承包议价、定价方法。这种计价方法使用的计价依据规定的消耗量和有关措施性费用是按照社会平均水平编制的，以此为依据形成的工程造价基本上也属于社会平均价格。随着社会主义市场经济和建设市场化进程的发展，以预算定额计价的做法难以改变国家指令性定价的状况，难以满足市场经济下工程报价及招标投标和评标的要求，也不能准确地反映各个企业的实际消耗量，不能全面地体现企业技术装备水平、管理水平和劳动生产率，还不能充分体现市场条件下的公平竞争，迫切需要有工程量清单计价这样的能体现市场条件下公平合理竞争的计价模式。

（2）实行工程量清单计价，是规范建设市场秩序，适应社会主义市场经济发展的需要。工程造价是工程建设的核心内容，建设市场上存在许多不规范行为，大多与工程造价有关。过去工程预算定额在工程发包与承包工程计价中调节双方利益、反映市场价格等方面滞后，特别是在公开、公平、公正竞争方面，缺乏合理完善的机制，甚至出现了一些漏洞。实现建设市场的良性发展除了法律法规和行政监管以外，发挥市场规律中“竞争”和“价格”的作用是治本之策。工程量清单计价是市场形成工程造价的主要形式，工程量清单计价有利于发挥企业自主报价的能力，实现政府定价到市场定价的转变；有利于规范业主在招标中的行为，有效改变招标单位在招标中盲目压价的行为，从而真正体现公开、公平、公正的原则，反映市场经济规律。

（3）实行工程量清单计价，是促进建设市场有序竞争和企业健康发展的需要。市场是一个开发的市场，市场中存在各种竞争。有序、规范、合理的竞争可以推动企业和市场的共同发展，无序、恶性的竞争则会阻碍企业和市场的发展，侵害经营者和消费者的利益。实行工程量清单计价并按照统一的计价规范约束各方面的计价活动行为，可以较好地规范建设市场的竞争行为，使建设市场在良性的环境中运行。工程量清单计价模式下的招标投标，对发包单位来说，由于工程量清单是招标文件的组成部分，招标单位必须编制出准确的工程量清单，并承担相应的风险，从而促进招标单位提高管理水平。

由于工程量清单是公开的，将避免工程招标中弄虚作假、暗箱操作等不规范行为。对承包企业来说，采用工程量清单报价，必须通过对单位工程成本、利润进行分析、统筹考虑、精心选择施工方案，并根据企业的定额合理确定人工、材料、施工机械等要素的投入与配置，优化组合，合理控制现场费用和施工技术措施费用，确定投标价。

（4）实行工程量清单计价，有利于我国工程造价政府管理职能的转变。按照政府部门真正履行起“经济调节、市场调节、市场监管、社会管理和公共服务”职能的要求，政府对工程造价管理的模式要相应改变，要推行政府宏观调控、企业自主报价、市场形成价格、社会全面监督的工程造价管理思路。实行工程量清单计价，将会有利于我国工程造价政府管理职能的转变，由过去政府控制的指令性定额转变为制定适应市场经济规律需要的工程量清单计价方法；由过去行政直接干预转变为工程造价依法监管，有效地强化政府对工程造价的宏观调控。

（5）实行工程量清单计价，是适应我国加入世界贸易组织，融入世界大市场的需要。随着我国改革开放的进一步加快，我国经济日益融入全球市场，特别是我国加入世界贸易组织后，建设市场进一步对外开放。国外的企业以及投资的项目越来越多地进入国内市场，我国企业走出国门在海外投资和经营的项目也在增加。为了适应这种对外开放建设市场的形势，就必须与国际通行的计价方法相适应，为建设市场主体创造一个与国际惯例接轨的市场竞争环境，而工程量清单计价正是国际社会通行的计价做法。

（6）工程量清单计价的实行，有利于规范建设市场计价行为；有利于控制建设项目投资，节约资源；有利于提高劳动生产率，促进技术进步；有利于提高造价工程师的素质，使其成为懂技术、懂经济、懂法律、善管理的全面发展的复合型人才。

工程量清单计价方法提供了一种市场形成价格的新的计价模式，将会对工程造价管理体制的改革产生重要的作用。

4. 工程量清单计价方法的特点

工程量清单计价方法的特点主要表现在约定工程量清单计价办法的国家标准《建设工程工程量清单计价规范》的特点中，即强制性、实用性、竞争性、通用性。

（1）强制性。强制性主要表现在两个方面：一是由建设主管部门按照强制性国家标准的要求批准颁布，规定全部使用国有资金或国有资金投资为主的大中型建设工程应按《建设工程工程量清单计价规范》的规定执行；二是明确工程量清单是招标文件的组成部分，并规定了招标人在编制工程量清单时必须遵守的规则，做到“统一项目编码、统一项目名称、统一计量单位、统一工程量计算规则”的四统一原则。

（2）实用性。实用性主要表现在《建设工程工程量清单计价规范》中工程量清单项目及计算规则的项目名称表示的是工程实体项目，项目名称明确清晰，工程量计算规则简洁明了，还列有项目特征和工程内容，易于编制工程量清单时确定具体项目名称和投标报价。

（3）竞争性。竞争性主要表现在《建设工程工程量清单计价规范》中从政策性规定到一般内容的具体规定充分体现了工程造价由市场竞争形成价格的原则。一方面，《建设工程工程量清单计价规范》中规定的措施项目，在工程量清单中只列“措施项目”一栏，具体采用什么措施，具体内容由投标人根据企业的施工组织设计，视具体情况报价，因为这些项目在各个企业间各有不同，是企业竞争项目，是留给企业竞争的空间。另一方面，《建设工程工程量清单计价规范》中人工、材料和施工机械没有具体消耗量，投标企业可以依据企业的定额和市场价格信息，也可以参照建设行政主管部门发布的社会平均消耗量定额进行报价，将报价权彻底交给了企业。

（4）通用性。通用性表现在采用工程量清单计价是与国际惯例接轨的，符合工程量计算方法标准化、工程量计算规则统一化、工程造价确定市场化的要求。

5. 工程量清单计价的本质

工程量清单计价的本质主要表现在两个方面：①工程量清单的项目组成以形成实体项目的划分原则，由业主提供工程量清单，按照综合单价计价，由企业根据实际情况自主报价，由市场竞争形成价格；②强调组成每一拟建工程分部分项项目中的单价组成中的管理费、利润由于技术含量、技术水平、施工方法、措施手段等方面的不同而应有不同的结果。

9.1.2　建筑工程施工发包与承包计价管理办法

建筑工程是指房屋建筑和市政基础设施等工程。房屋建筑工程是指各类房屋建筑及其附属设施和与其配套的线路、管道、设备安装工程及室内外装饰装修工程。市政基础设施工程是指城市道路、公共交通、供水、排水、燃气、热力、园林、环卫、污水处理、垃圾处理、防洪、地下公共设施及附属设施的土建、管道、设备安装工程。

工程发承包计价包括编制施工图预算、招标标底、投标报价、工程结算和签订合同价等活动。建筑工程施工发包与承包价在政府宏观调控下，由市场竞争形成。工程发承包计价应当遵循公平、合法和诚实信用的原则。

国务院建设行政主管部门负责全国工程发承包计价工作的管理。县级以上地方人民政府建设行政主管部门负责本行政区域内工程发承包计价工作的管理。其具体工作可以委托工程造价管理机构负责。

1. 工程造价构成及编制方式

施工图预算、招标标底和投标报价由成本（直接费、间接费）、利润和税金构成。其编制可以采用以下计价方法：①工料单价法，分部分项工程量的单价为直接费，直接费以人工、材料、机械的消耗量及其相应价格确定，间接费、利润、税金按照有关规定另行计算；②综合单价法，分部分项工程量的单价为全费用单价，全费用单价综合计算完成分部分项工程所发生的直接费、间接费、利润和税金。

招标标底编制的依据为：①国务院和省、自治区、直辖市人民政府建设行政主管部门制定的工程造价计价办法以及其他有关规定；②市场价格信息。

投标报价应当满足招标文件要求。投标报价应当依据企业定额和市场价格信息，并按照国务院和省、自治区、直辖市人民政府建设行政主管部门发布的工程造价计价办法进行编制。

招标投标工程可以采用工程量清单方法编制招标标底和投标报价。工程量清单应当依据招标文件、施工设计图、施工现场条件和国家制定的统一工程量计算规则、分部分项工程项目划分、计量单位等进行编制。招标标底和工程量清单由具有编制招标文件能力的招标人或其委托的具有相应资质的工程造价咨询机构、招标代理机构编制。

投标报价由投标人或其委托的具有相应资质的工程造价咨询机构编制。对是否低于成本报价的异议，评标委员会可以参照建设行政主管部门发布的计价办法和有关规定进行评审。招标人与中标人应当根据中标价订立合同。不实行招标投标的工程，在承包方编制的施工图预算的基础上，由发承包双方协商订立合同。

合同价可以采用以下方式：①固定价，合同总价或者单价在合同约定的风险范围内不可调整；②可调价，合同总价或者单价在合同实施期内，根据合同约定的办法调整；③成本加酬金。发承包双方在确定合同价时，应当考虑市场环境和生产要素价格变化对合同价的影响。建筑工程的发承包双方应当根据建设行政主管部门的规定，结合工程款、建设工期和包工包料情况在合同中约定预付工程款的具体事宜。建筑工程发承包双方应当按照合同约定定期或者按照工程进度分段进行工程款结算。

2. 工程验收及竣工结算

工程竣工验收合格，应当按照下列规定进行竣工结算：承包方应当在工程竣工验收合格后的约定期限内提交竣工结算文件。发包方应当在收到竣工结算文件后的约定期限内予以答复。逾期未答复的，竣工结算文件视为已被认可。发包方对竣工结算文件有异议的，应当在答复期内向承包方提出，并可以在提出之日起的约定期限内与承包方协商。发包方在协商期内未与承包方协商或者经协商未能与承包方达成协议的，应当委托工程造价咨询单位进行竣工结算审核。发包方应当在协商期满后的约定期限内向承包方提出工程造价咨询单位出具的竣工结算审核意见。发承包双方在合同中对上述事项的期限没有明确约定的，可认为其约定期限均为28日。发承包双方对工程造价咨询单位出具的竣工结算审核意见仍有异议的，在接到该审核意见后一个月内可以向县级以上地方人民政府建设行政主管部门申请调解，调解不成的，可以依法申请仲裁或者向人民法院提起诉讼。工程竣工结算文件经发包方与承包方确认即应当作为工程决算的依据。招标标底、投标报价、工程结算审核和工程造价鉴定文件应当由造价工程师签字，并加盖造价工程师执业专用章。

3. 计价活动的监督检查

县级以上地方人民政府建设行政主管部门应当加强对建筑工程发承包计价活动的监督检查。造价工程师在招标标底或者投标报价编制、工程结算审核和工程造价鉴定中，有意抬高、压低价格，情节严重的，由造价工程师注册管理机构注销其执业资格。工程造价咨询单位在建筑工程计价活动中有意抬高、压低价格或者提供虚假报告的，县级以上地方人民政府建设行政主管部门责令改正，并可处以1万元以上3万元以下的罚款；情节严重的，由发证机关注销工程造价咨询单位资质证书。

9.1.3 建设工程价款结算暂行办法

《建设工程价款结算暂行办法》第2条规定："凡在中华人民共和国境内的建设工程价款结算活动，均适用本办法。国家法律法规另有规定的，从其规定。"建设工程价款结算（以下简称工程价款结算）是指对建设工程的发承包合同价款进行约定和依据合同约定进行工程预付款、工程进度款、工程竣工价款结算的活动。

从事工程价款结算活动，应当遵循合法、平等、诚信的原则，并符合国家有关法律、法规和政策。

1. 工程合同价款的约定与调整

招标工程的合同价款应当在规定时间内，依据招标文件、中标人的投标文件，由发包人与承包人（以下简称发承包人）订立书面合同约定。非招标工程的合同价款依据审定的工程预（概）算书由发承包人在合同中约定。合同价款在合同中约定后，任何一方不得擅自改变。

发包人、承包人应当在合同条款中对涉及工程价款结算的下列事项进行约定：①预付工程款的数额、支付时限及抵扣方式；②工程进度款的支付方式、数额及时限；③工程施工中发生变更时，工程价款的调整方法、索赔方式、时限要求及金额支付方式；④发生工程价款纠纷的解决方法；⑤约定承担风险的范围及幅度以及超出约定范围和幅度的调整办法；⑥工程竣工价款的结算与支付方式、数额及时限；⑦工程质量保证（保修）金的数额、预扣方式及时限；⑧安全措施和意外伤害保险费用；⑨工期及工期提前或延后的奖惩办法；⑩与履行合同、支付价款相关的担保事项。

（1）工程价款的约定。合同工期较短且工程合同总价较低的工程，可以采用固定总价合同方式。

该类工程也可以采用固定单价合同方式，该方式是双方在合同中约定综合单价包含的风险范围和风险费用的计算方法，在约定的风险范围内综合单价不再调整。风险范围以外的综合单价调整方法，应当在合同中约定。

该类工程还可以采用可调价格合同方式，它包括可调综合单价和措施费等，双方应在合同中约定综合单价和措施费的调整方法，调整因素包括：①法律、行政法规和国家有关政策变化影响合同价款；②工程造价管理机构的价格调整；③经批准的设计变更；④发包人更改经审定批准的施工组织设计（修正错误除外）造成费用增加；⑤双方约定的其他因素。承包人应当在合同规定的调整情况发生后 14 天内，将调整原因、金额以书面形式通知发包人，发包人确认调整金额后将其作为追加合同价款，与工程进度款同期支付。发包人收到承包人通知后 14 天内不予确认也不提出修改意见，则视为已经同意该项调整。当合同规定的调整合同价款的调整情况发生后，承包人未在规定时间内通知发包人，或者未在规定时间内提出调整报告的，发包人可以根据有关资料，决定是否调整和调整的金额，并书面通知承包人。

（2）工程设计变更价款调整。施工中发生工程变更，承包人按照经发包人认可的变更设计文件，进行变更施工，其中，政府投资项目重大变更，需按基本建设程序报批后方可施工。

在工程设计变更确定后 14 天内，设计变更涉及工程价款调整的，由承包人向发包人提出，经发包人审核同意后调整合同价款。变更合同价款按下列方法进行：①合同中已有适用于变更工程的价格，则按合同已有的价格变更合同价款；②合同中只有类似于变更工程的价格，则可以参照类似价格变更合同价款；③合同中没有适用或类似于变更工程的价格，则由承包人或发包人提出适当的变更价格，经对方确认后执行，如双方不能达成一致的，双方可提请工程所在地工程造价管理机构进行咨询或按合同约定的争议或纠纷解决程序办理。

工程设计变更确定后 14 天内，如承包人未提出变更工程价款报告，则发包人可根据所掌握的资料决定是否调整合同价款和调整的具体金额。重大工程变更涉及工程价款变更报告和确认的时限由发承包双方协商确定。

收到变更工程价款报告一方，应在收到之日起 14 天内予以确认或提出协商意见，自变更工程价款报告送达之日起 14 天内，对方未确认也未提出协商意见的，视为变更工程价款报告已被确认。确认增加（减少）的工程变更价款作为追加（减少）合同价款与工程进度款同期支付。

2. 工程价款结算

工程价款结算应按合同约定办理，合同未作约定或约定不明的，发承包双方应依照下列规定或文件协商处理：①国家有关法律、法规和规章制度；②国务院建设行政主管部门，省、自治区、直辖市有关部门发布的工程造价计价标准、计价办法等有关规定；③建设项目的合同、补充协议、变更签证和现场签证，以及经发承包人认可的其他有效文件；④其他可依据的材料。

（1）工程预付款结算。工程预付款结算应符合下列规定：包工包料工程的预付款按合同约定拨付，原则上预付比例不低于合同金额的 10%，不高于合同金额的 30%，对重大工程项目，按年度工程计划逐年预付。计价执行《建设工程工程量清单计价规范》（GB50500—2013）的工程，实体性消耗和非实体性消耗部分应在合同中分别约定预付款比例。

在具备施工条件的前提下，发包人应在双方签订合同后的一个月内或不迟于约定的开工日期前的 7 天内预付工程款，发包人不按约定预付的，承包人应在预付时间到期后 10 天内向发包人发出要求预付的通知，发包人收到通知后仍不按要求预付的，承包人可在发出通知14天后停止施工，发包人应从约定应付之日起向承包人支付应付款的利息（利息按同期银行贷款利率计算），并承担违约责任。

预付的工程款必须在合同中约定抵扣方式，并在工程进度款中进行抵扣。凡是没有签订合同或不具备施工条件的工程，发包人不得预付工程款，不得以预付款为名转移资金。

（2）工程进度款结算与支付规定

1）工程进度款结算方式：①按月结算与支付，即实行按月支付进度款，竣工后清算的办法，合同工期在两个年度以上的工程，在年终进行工程盘点，办理年度结算；②分段结算与支付，即当年开工、当年不能竣工的工程按照工程形象进度，划分不同阶段支付工程进度款。具体划分在合同中明确。

2）工程量计算。承包人应当按照合同约定的方法和时间，向发包人提交已完工程量的报告。发包人接到报告后14天内核实已完工程量，并在核实前1天通知承包人，承包人应提供条件并派人参加核实，承包人收到通知后不参加核实，以发包人核实的工程量作为工程价款支付的依据。发包人不按约定时间通知承包人，核实结果无效。发包人收到承包人报告后14天内未核实完工程量，从第15天起，承包人报告的工程量即视为被确认，作为工程价款支付的依据，双方合同另有约定的，按合同执行。对承包人超出设计图（含设计变更）范围和因承包人原因造成返工的工程量，发包人不予计量。

3）工程进度款支付规定。根据确定的工程计量结果，承包人向发包人提出支付工程进度款申请，14天内，发包人应按不低于工程价款的60%不高于工程价款的90%向承包人支付工程进度款。按约定时间发包人应扣回的预付款，与工程进度款同期结算抵扣。发包人超过约定的支付时间不支付工程进度款的，承包人应及时向发包人发出要求付款的通知，发包人收到承包人通知后仍不能按要求付款的，可与承包人协商签订延期付款协议，经承包人同意后可延期支付，协议应明确延期支付的时间和从工程计量结果确认后第15天起计算应付款的利息（利息按同期银行贷款利率计算）。发包人不按合同约定支付工程进度款，双方又未达成延期付款协议，导致施工无法进行的，承包人可停止施工，由发包人承担违约责任。

（3）工程竣工结算。工程完工后，双方应按照约定的合同价款及合同价款调整内容以及索赔事项，进行工程竣工结算。工程竣工结算方式分为单位工程竣工结算、单项工程竣工结算和建设项目竣工总结算。

1）工程竣工结算编审。单位工程竣工结算由承包人编制，发包人审查；实行总承包的工程，由具体承包人编制，在总包人审查的基础上，发包人审查。单项工程竣工结算或建设项目竣工总结算由总（承）包人编制，发包人可直接进行审查，也可以委托具有相应资质的工程造价咨询机构进行审查。政府投资项目，由同级财政部门审查。单项工程竣工结算或建设项目竣工总结算经发承包人签字盖章后有效。

承包人应在合同约定期限内完成项目竣工结算编制工作，未在规定期限内完成并且提不出正当理由延期的，责任自负。

2）工程竣工结算审查期限。单项工程竣工后，承包人应在提交竣工验收报告的同时，向发包人递交竣工结算报告及完整的结算资料，发包人应按规定时限进行核对（审查）并提出审查意见。建设项目竣工总结算在最后一个单项工程竣工结算审查确认后15天内汇总，送发包人后30天内审查完成。

3）工程竣工价款结算。发包人收到承包人递交的竣工结算报告及完整的结算资料后，应按《建设工程价款结算暂行办法》规定的期限（合同约定有期限的，从其约定）进行核实，给予确认或者提出修改意见。发包人根据确认的竣工结算报告向承包人支付工程竣工结算价款，保留 5% 左右的质量保证（保修）金，待工程交付使用一年质保期到期后清算（合同另有约定的，从其约定），质保期内如有返修，发生的费用应在质量保证（保修）金内扣除。

4）索赔价款结算。发承包人未能按合同约定履行自己的各项义务或发生错误，给另一方造成经济损失的，由受损方按合同约定提出索赔，索赔金额按合同约定支付。

5）合同以外零星项目工程价款结算。发包人要求承包人完成合同以外零星项目的，承包人应在接受发包人要求的 7 天内就用工数量和单价、机械台班数量和单价、使用材料和金额等向发包人提出施工签证，发包人签证后施工，如发包人未签证，承包人施工后发生争议的，责任由承包人自负。

发包人和承包人要加强施工现场的造价控制，及时对工程合同外的事项如实纪录并履行书面手续。凡由发承包双方授权的现场代表签字的现场签证以及发承包双方协商确定的索赔等费用，应在工程竣工结算中如实办理，不得因发承包双方现场代表的中途变更而改变其有效性。

发包人收到竣工结算报告及完整的结算资料后，在《建设工程价款结算暂行办法》规定或合同约定的期限内，对结算报告及资料没有提出意见的，则视同认可。

承包人如未在规定时间内提供完整的工程竣工结算资料，经发包人催促后 14 天内仍未提供或没有明确答复的，发包人有权根据已有资料进行审查，责任由承包人自负。

根据确认的竣工结算报告，承包人向发包人申请支付工程竣工结算款。发包人应在收到申请后 15 天内支付结算款，到期没有支付的应承担违约责任。承包人可以催告发包人支付结算价款，如达成延期支付协议，则承包人应按同期银行贷款利率支付拖欠工程价款的利息。如未达成延期支付协议，则承包人可以与发包人协商将该工程折价，或申请人民法院将该工程依法拍卖，承包人就该工程折价或者拍卖的价款优先受偿。

工程竣工结算以合同工期为准，实际施工工期比合同工期提前或延后的，发承包双方应按合同约定的奖惩办法执行。

3. 工程价款结算争议处理

工程造价咨询机构接受发包人或承包人委托，编审工程竣工结算，应按合同约定和实际履约事项认真办理，出具的竣工结算报告经发承包双方签字后生效。当事人一方对报告有异议的，可对工程结算中有异议部分，向有关部门申请咨询后协商处理，若不能达成一致的，双方可按合同约定的争议或纠纷解决程序办理。

发包人对工程质量有异议的，已竣工验收或已竣工未验收但实际投入使用的工程，其质量争议按该工程保修合同执行；已竣工未验收且未实际投入使用的工程以及停工、停建工程的质量争议，应当就有争议部分的竣工结算暂缓办理，双方可就有争议的工程委托有资质的检测鉴定机构进行检测，根据检测结果确定解决方案，或按工程质量监督机构的处理决定执行，其余部分的竣工结算依照约定办理。

工程造价发生合同纠纷时，可通过下列办法解决：①双方协商确定；②按合同条款约定的办法提请调解；③向有关仲裁机构申请仲裁或向人民法院起诉。

4. 工程价款结算监督管理

工程竣工后，发承包双方应及时办清工程竣工结算，否则，工程不得交付使用，有关部门不予办理权属登记。

发包人与中标的承包人不按照招标文件和中标的承包人的投标文件订立合同的，或者发包人、中标的承包人背离合同实质性内容另行订立协议，造成工程价款结算纠纷的，另行订立的协议无效，由建设行政主管部门责令改正，并按《招标投标法》进行处罚。

接受委托承接有关工程结算咨询业务的工程造价咨询机构应具有工程造价咨询资质，其出具的办理拨付工程价款和工程结算的文件，应当由造价工程师签字，并应加盖执业专用章和单位公章。

5. 注意事项

建设工程施工专业分包或劳务分包，总（承）包人与分包人必须依法订立专业分包或劳务分包合同，按照《建设工程价款结算暂行办法》的规定在合同中约定工程价款及其结算办法。

政府投资项目除执行《建设工程价款结算暂行办法》有关规定外，地方政府或地方政府财政部门对政府投资项目合同价款约定与调整、工程价款结算、工程价款结算争议处理等事项，如另有特殊规定的，从其规定。

凡实行监理的工程项目，工程价款结算过程中涉及监理工程师签证事项的，应按工程监理合同约定执行。有关主管部门、地方政府财政部门和地方政府建设行政主管部门可参照《建设工程价款结算暂行办法》，结合本部门、本地区实际情况，另行制定具体办法，并报国务院财政主管部门、建设主管部门备案。合同示范文本内容如与《建设工程价款结算暂行办法》不一致，以《建设工程价款结算暂行办法》为准。

9.2 劳动法律制度

9.2.1 劳动合同

《劳动合同法》规定，订立劳动合同，应当遵循合法、公平、平等自愿、协商一致、诚实信用的原则。

用人单位招用劳动者，不得要求劳动者提供担保或者以其他名义向劳动者收取财物；不得扣押劳动者的居民身份证或者其他证件。

1. 劳动合同的种类

《劳动合同法》规定，劳动合同分为固定期限劳动合同、无固定期限劳动合同和以完成一定工作任务为期限的劳动合同。

劳动合同的期限是指劳动合同的有效时间，是劳动关系当事人双方享有权利和履行义务的时间。它一般始于劳动合同的生效之日，终于劳动合同的终止之时。

劳动合同期限由用人单位和劳动者协商确定，是劳动合同的一项重要内容。无论劳动者与用人单位建立何种期限的劳动关系，都需要双方将该期限用合同的方式确认下来，否则就不能保证劳动合同内容的实现，劳动关系将会处于一个不确定状态。劳动合同期限是劳动合同存在的前提条件。

（1）固定期限劳动合同。固定期限劳动合同是指用人单位与劳动者约定合同终止时间的劳动合同，即劳动合同双方当事人在劳动合同中明确规定了合同效力的起始和终止的时间。劳动合同期限届满，劳动关系即告终止。固定期限劳动合同的期限可以是 1 年、2 年，也可以是 5 年、10 年，甚至更长时间。但是，超过两次签订固定期限的劳动合同，在劳动者没有《劳动合同法》第 39 条和第 40 条第 1 项、第 2 项规定的情形，且劳动者本人又没有提出订立固定期限劳动合同的，用人单位就应当与劳动者签订无固定期限劳动合同。

（2）无固定期限劳动合同。无固定期限劳动合同是指用人单位与劳动者约定无确定终止时间的劳动合同。无确定终止时间的劳动合同并不是没有终止时间，一旦出现了法定的解除情形（如到了法定退休年龄）或者双方协商一致解除的，无固定期限劳动合同同样可以解除。

用人单位与劳动者协商一致，可以订立无固定期限劳动合同。有下列情形之一，劳动者提出或者同意续订、订立劳动合同的，除劳动者提出订立固定期限劳动合同外，应当订立无固定期限劳动合同：①劳动者在该用人单位连续工作满 10 年的；②用人单位初次实行劳动合同制度或者国有企业改制重新订立劳动合同时，劳动者在该用人单位连续工作满 10 年且距法定退休年龄不足 10 年的；③连续订立 2 次固定期限劳动合同，且劳动者没有《劳动合同法》第 39 条和第 40 条第 1 项、第 2 项规定的情形，续订劳动合同的。需要注意的是，用人单位自用工之日起满 1 年不与劳动者订立书面劳动合同的，则视为用人单位与劳动者已订立无固定期限劳动合同。

（3）以完成一定工作任务为期限的劳动合同。以完成一定工作任务为期限的劳动合同是指用人单位与劳动者约定以某项工作的完成为合同期限的劳动合同。

2. 劳动合同的基本条款

劳动合同应当具备以下条款：①用人单位的名称、住所和法定代表人或者主要负责人；②劳动者的姓名、住址和居民身份证或者其他有效身份证件号码；③劳动合同期限；④工作内容和工作地点；⑤工作时间和休息休假；⑥劳动报酬；⑦社会保险；⑧劳动保护、劳动条件和职业危害防护；⑨法律、法规规定应当纳入劳动合同的其他事项。

劳动合同除上述规定的必备条款外，用人单位与劳动者还可以约定试用期、培训、保守秘密、补充保险和福利待遇等其他事项。

3. 订立劳动合同应当注意的事项

（1）建立劳动关系即应订立劳动合同。用人单位自用工之日起即与劳动者建立劳动关系。《劳动合同法》规定，建立劳动关系，应当订立书面劳动合同。已建立劳动关系，未同时订立书面劳动合同的，应当自用工之日起 1 个月内订立书面劳动合同。用人单位未在用工的同时订立书面劳动合同，与劳动者约定的劳动报酬不明确的，新招用的劳动者的劳动报酬应当按照企业的或者同行业的集体合同规定的标准执行；没有集体合同的，用人单位应当对劳动者实行同工同酬。用人单位与劳动者在用工前订立劳动合同的，劳动关系自用工之日起建立。

合同有书面形式、口头形式和其他形式。按照《劳动合同法》的规定，除了非全日制用工（即以小时计酬为主，劳动者在同一用人单位一般平均每日工作时间不超过 4 小时，每周工作时间累计不超过 24 小时的用工形式）可以订立口头协议外，建立劳动关系应当订立书面劳动合同。如果没有订立书面合同，则不订立书面合同的一方将要承担相应的法律后果。劳动合同文本由用人单位和劳动者各执一份。

（2）劳动报酬和试用期。劳动合同对劳动报酬和劳动条件等标准约定不明确，引发争议的，用人单位与劳动者可以重新协商；协商不成的，适用集体合同规定；没有集体合同或者集体合同未规定劳动报酬的，实行同工同酬；没有集体合同或者集体合同未规定劳动条件等标准的，适用国家有关规定。

劳动合同期限3个月以上不满1年的，试用期不得超过1个月；劳动合同期限1年以上不满3年的，试用期不得超过2个月；3年以上固定期限和无固定期限的劳动合同，试用期不得超过6个月。同一用人单位与同一劳动者只能约定1次试用期。以完成一定工作任务为期限的劳动合同或者劳动合同期限不满3个月的，不得约定试用期。试用期包含在劳动合同期限内。劳动合同仅约定试用期的，试用期不成立，该期限为劳动合同期限。

劳动者在试用期的工资不得低于本单位相同岗位最低档工资或者劳动合同约定工资的80%，并不得低于用人单位所在地的最低工资标准。在试用期中，除劳动者有《劳动合同法》第39条和第40条第1项、第2项规定的情形外，用人单位不得解除劳动合同。用人单位在试用期解除劳动合同的，应当向劳动者说明理由。

（3）劳动合同的生效与无效。劳动合同由用人单位与劳动者协商一致，并经用人单位与劳动者在劳动合同文本上签字或者盖章生效。双方当事人签字或者盖章时间不一致的，以最后一方签字或者盖章的时间为准；如果一方没有写签字时间，则另一方写明的签字时间就是合同生效时间。

下列劳动合同无效或者部分无效：①以欺诈、胁迫的手段或者乘人之危，使对方在违背真实意思的情况下订立或者变更劳动合同的；②用人单位免除自己的法定责任、排除劳动者权利的；③违反法律、行政法规强制性规定的。对于部分无效的劳动合同，只要不影响其他部分效力的，其他部分仍然有效。劳动合同被确认无效，劳动者已付出劳动的，用人单位应当向劳动者支付劳动报酬。劳动报酬的数额，参照本单位相同或者相近岗位劳动者的劳动报酬确定，对劳动合同的无效或者部分无效有争议的，由劳动争议仲裁机构或者人民法院确认。

4. 集体合同

企业职工一方与用人单位通过平等协商，可以就劳动报酬、工作时间、休息休假、劳动安全卫生、保险福利等事项订立集体合同。集体合同草案应当提交职工代表大会或者全体职工讨论通过。集体合同由工会代表企业职工一方与用人单位订立；尚未建立工会的用人单位，由上级工会指导劳动者推举的代表与用人单位订立。企业职工一方与用人单位还可订立劳动安全卫生、女职工权益保护、工资调整机制等专项集体合同。集体合同中劳动报酬和劳动条件等标准不得低于当地人民政府规定的最低标准；用人单位与劳动者订立的劳动合同中劳动报酬和劳动条件等标准不得低于集体合同规定的标准。

集体合同订立后，应当报送劳动行政部门；劳动行政部门自收到集体合同文本之日起15日内未提出异议的，集体合同生效。依法订立的集体合同对用人单位和劳动者具有约束力。

用人单位违反集体合同，侵犯职工劳动权益的，工会可以依法要求用人单位承担责任；因履行集体合同发生争议，经协商解决不成的，工会可以依法申请仲裁、提起诉讼。

5. 劳动合同的履行和变更

劳动合同一经依法订立便具有法律效力。用人单位与劳动者应当按照劳动合同的约定，全面履行各自的义务。当事人双方既不能只履行部分义务，也不能擅自变更合同，更不能任意不履行合同或者解除合同，否则将承担相应的法律责任。

（1）用人单位应当履行向劳动者支付劳动报酬的义务。用人单位应当按照劳动合同约定和国家规定，向劳动者及时足额支付劳动报酬。劳动报酬是指劳动者为用人单位提供劳动而获得的各种报酬，通常包括三个部分：①货币工资，包括各种工资、奖金、津贴、补贴等；②实物报酬，即用人单位以免费或低于成本价提供给劳动者的各种物品和服务等；③社会保险，即用人单位为劳动者支付的医疗、失业、养老、工伤等保险金。

用人单位和劳动者可以在法律允许的范围内对劳动报酬的金额、支付时间、支付方式等进行平等协商。劳动报酬的支付要遵守国家有关规定：①用人单位支付劳动者的工资不得低于当地的最低工资标准；②工资应当以货币形式按月支付给劳动者本人，即不得以实物或有价证券等形式代替货币支付；③用人单位应当依法向劳动者支付加班费；④劳动者在法定休假日、婚丧假期间、探亲假期间、产假期间和依法参加社会活动期间以及非因劳动者原因停工期间，用人单位应当依法支付工资。用人单位拖欠或者未足额支付劳动报酬的，劳动者可以依法向当地人民法院申请支付令，人民法院应当依法发出支付令。

（2）依法限制用人单位安排劳动者的加班。用人单位应当严格执行劳动定额标准，不得强迫或者变相强迫劳动者加班。用人单位安排加班的，应当按照国家有关规定向劳动者支付加班费。

（3）劳动者有权拒绝违章指挥、冒险作业。《劳动合同法》规定，劳动者对危害生命安全和身体健康的劳动条件，有权对用人单位提出批评、检举和控告。劳动者拒绝用人单位管理人员违章指挥、强令冒险作业的，不视为违反劳动合同。

（4）用人单位发生变动不影响劳动合同的履行。用人单位变更名称、法定代表人、主要负责人或者投资人等事项，不影响劳动合同的履行。

用人单位发生合并或者分立等情况，原劳动合同继续有效，劳动合同由承继其权利和义务的用人单位继续履行。

（5）劳动合同的变更。用人单位与劳动者协商一致，可以变更劳动合同约定的内容。变更劳动合同，应当采用书面形式。变更后的劳动合同文本由用人单位和劳动者各执一份。

变更劳动合同时应当注意：①必须在劳动合同依法订立之后，在合同没有履行或者尚未履行完毕之前的有效时间内进行；②必须坚持平等自愿、协商一致的原则，即须经用人单位和劳动者双方当事人的同意；③不得违反法律法规的强制性规定；④劳动合同的变更须采用书面形式。

6. 劳动合同的解除和终止

劳动合同的解除是指当事人双方提前终止劳动合同、解除双方权利义务关系的法律行为，可分为协商解除、法定解除和约定解除三种情况。劳动合同的终止是指劳动合同期满或者出现法定情形以及当事人约定的情形而导致劳动合同的效力消灭，劳动合同即行终止。

（1）劳动者可以单方解除劳动合同的规定。劳动者提前 30 日以书面形式通知用人单位，可以解除劳动合同。劳动者在试用期内提前 3 日通知用人单位，可以解除劳动合同。

《劳动合同法》第 38 条规定，用人单位有下列情形之一的，劳动者可以解除劳动合同：

①未按照劳动合同约定提供劳动保护或者劳动条件的；②未及时足额支付劳动报酬的；③未依法为劳动者缴纳社会保险费的；④用人单位的规章制度违反法律、法规的规定，损害劳动者权益的；⑤因《劳动合同法》第 26 条第 1 款规定的情形致使劳动合同无效的；⑥法律、行政法规规定劳动者可以解除劳动合同的其他情形。

用人单位以暴力、威胁或者非法限制人身自由的手段强迫劳动者劳动的，或者用人单位违章指挥、强令冒险作业危及劳动者人身安全的，劳动者可以立即解除劳动合同，不需事先告知用人单位。

（2）用人单位可以单方解除劳动合同的规定。《劳动合同法》在赋予劳动者单方解除权的同时，也赋予用人单位对劳动合同的单方解除权，以保障用人单位的用工自主权。

《劳动合同法》第 39 条规定，劳动者有下列情形之一的，用人单位可以解除劳动合同：①在试用期间被证明不符合录用条件的；②严重违反用人单位的规章制度的；③严重失职，营私舞弊，给用人单位造成重大损害的；④劳动者同时与其他用人单位建立劳动关系，对完成本单位的工作任务造成严重影响，或者经用人单位提出，拒不改正的；⑤因《劳动合同法》第 26 条第 1 款第 1 项规定的情形致使劳动合同无效的；⑥被依法追究刑事责任的。

《劳动合同法》第 40 条规定，有下列情形之一的，用人单位提前 30 日以书面形式通知劳动者本人或者额外支付劳动者 1 个月工资后，可以解除劳动合同：①劳动者患病或者非因工负伤，在规定的医疗期满后不能从事原工作，也不能从事由用人单位另行安排的工作的；②劳动者不能胜任工作，经过培训或者调整工作岗位，仍不能胜任工作的；③劳动合同订立时所依据的客观情况发生重大变化，致使劳动合同无法履行，经用人单位与劳动者协商，未能就变更劳动合同内容达成协议的。

（3）用人单位经济性裁员的规定。经济性裁员是指用人单位由于经营不善等经济原因，一次性辞退部分劳动者的情形。经济性裁员仍属用人单位单方解除劳动合同。

有下列情形之一，需要裁减人员 20 人以上或者裁减不足 20 人但占企业职工总数 10% 以上的，用人单位提前 30 日向工会或者全体职工说明情况，听取工会或者职工的意见后，裁减人员方案经向劳动行政部门报告，可以裁减人员：①依照《中华人民共和国企业破产法》规定进行重整的；②生产经营发生严重困难的；③企业转产、重大技术革新或者经营方式调整，经变更劳动合同后，仍需裁减人员的；④其他因劳动合同订立时所依据的客观经济情况发生重大变化，致使劳动合同无法履行的。

裁减人员时，应当优先留用下列三种人员：①与本单位订立较长期限的固定期限劳动合同的；②与本单位订立无固定期限劳动合同的；③家庭无其他就业人员，有需要扶养的老人或者未成年人的。用人单位在 6 个月内重新招用人员的，应当通知被裁减的人员，并在同等条件下优先招用被裁减人员。

（4）用人单位不得解除劳动合同的规定。为了保护一些特殊群体劳动者的权益，《劳动合同法》规定，劳动者有下列情形之一的，用人单位不得依照《劳动合同法》第 40 条、第 41 条的规定解除劳动合同：①从事接触职业病危害作业的劳动者未进行离岗前职业健康检查，或者疑似职业病病人在诊断或者医学观察期间的；②在本单位患职业病或者因工负伤并被确认丧失或者部分丧失劳动能力的；③患病或者非因工负伤，在规定的医疗期内的；④女职工在孕期、产期、哺乳期的；⑤在本单位连续工作满 15 年，且距法定退休年龄不足 5 年的；⑥法律、行政法规规定的其他情形。

用人单位违反《劳动合同法》规定解除或者终止劳动合同，劳动者要求继续履行劳动合同的，用人单位应当继续履行；劳动者不要求继续履行劳动合同或者劳动合同已经不能继续履行的，用人单位应当依法向劳动者支付赔偿金。赔偿金标准为经济补偿标准的 2 倍。

（5）劳动合同的终止。《劳动合同法》第 44 条规定，有下列情形之一的，劳动合同终止：

①劳动合同期满的；②劳动者开始依法享受基本养老保险待遇的；③劳动者死亡，或者被人民法院宣告死亡或者宣告失踪的；④用人单位被依法宣告破产的；⑤用人单位被吊销营业执照、责令关闭、撤销或者用人单位决定提前解散的；⑥法律、行政法规规定的其他情形。

但是，在劳动合同期满时，有《劳动合同法》第 42 条规定的情形之一的，劳动合同应当继续延续至相应的情形消失时才能终止。但是，在本单位患有职业病或者因负伤并被确认丧失或者部分丧失劳动能力的劳动者的劳动合同的终止，按照国家有关工伤保险的规定执行。

《工伤保险条例》规定：①劳动者因工致残被鉴定为 1 ~ 4 级伤残，即丧失劳动能力的，保留劳动关系，退出工作岗位，用人单位不得终止劳动合同；②劳动者因工致残被鉴定为 5 级、6 级伤残，即大部分丧失劳动能力的，经工伤职工本人提出，该职工可以与用人单位解除或者终止劳动关系，否则，用人单位不得终止劳动合同；③职工因工致残被鉴定为 7 ~ 10 级伤残，即部分丧失劳动能力的，劳动合同期满终止。

（6）终止劳动合同的经济补偿。有下列情形之一的，用人单位应当向劳动者支付经济补偿：①劳动者依照《劳动合同法》第 38 条规定解除劳动合同的；②用人单位向劳动者提出解除劳动合同并与劳动者协商一致解除劳动合同的；③用人单位依照《劳动合同法》第 40 条规定解除劳动合同的；④用人单位依照《劳动合同法》第 41 条第 1 款规定解除劳动合同的；⑤除用人单位维持或者提高劳动合同约定条件续订劳动合同，劳动者不同意续订的情形外，依照《劳动合同法》第 44 条第 1 项规定终止固定期限劳动合同的；⑥依照《劳动合同法》第 44 条第 4 项、第 5 项规定终止劳动合同的；⑦法律、行政法规规定的其他情形。

经济补偿的标准，按劳动者在本单位工作的年限，每满 1 年支付 1 个月工资的标准向劳动者支付。6 个月以上不满 1 年的，按 1 年计算；不满 6 个月的，向劳动者支付半个月工资的经济补偿。劳动者月工资高于用人单位所在直辖市、设区的市级人民政府公布的本地区上年度职工月平均工资 3 倍的，向其支付经济补偿的标准按职工月平均工资 3 倍的数额支付，向其支付经济补偿的年限最高不超过 12 年。月工资是指劳动者在劳动合同解除或者终止前 12 个月的平均工资。

据有关资料，我国建筑业的农民工占建筑业从业总人数的 80% 以上，约占农民工总人数的 25%。因此，实施合法用工方式不仅有利于保证建设工程质量安全，还可以更好地保障农民工的合法权益。

7. “包工头”用工模式

我国建筑业仍属于劳动密集型行业。20 世纪 80 年代以来，随着建设规模不断扩大，建筑业的发展需要大量务工人员，而农村富余劳动力又迫切要求找到适当的工作，“包工头”用工模式便应运而生了。因此，我国建筑行业一度大量出现“包工头”是有其历史原因的。可以说，“包工头”用工模式是在特殊历史条件下的特殊产物。

“包工头”作为自然人的民事主体，一方面为解决农村富余劳动力就业提供了一个渠道，另一方面也往往扮演了损害农民工利益的重要角色，在建设领域和劳动领域产生了很大的负面影响。许多“包工头”原有的身份就是农民工，他们凭借灵活的头脑和较广的人脉关系而慢慢演变成“包工头”。其所辖的“务工人员”也逐步由最初的亲戚朋友变成了老乡乃至于老乡的老乡。这种社会关系最初受亲戚朋友、乡里乡亲的约束还显得比较和谐，但用工范围变得越来越宽后，这个没有任何契约凭据而组成的“组织”有时会因为唯利是图而失去道德底线。“包工头”非法人的用工模式，容易导致大量农民工未经安全和职业技能培训就进入建筑工地，给工程质量和安全带来隐患；非法用工现象较为严重，损害农民工合法权益事件时有发生，特别是违法合同无效的规定，极易造成清欠农民工工资债务链的法律关系“断层”，严重扰乱了建筑市场的正常秩序。

《建筑法》明确规定，禁止建筑施工企业以任何形式允许其他单位或者个人使用本企业的资质证书、营业执照，以本企业的名义承揽工程。禁止总承包单位将工程分包给不具备相应资质条件的单位。禁止分包单位将其承包的工程再分包。2005 年 8 月原建设部颁布了《关于建立和完善劳务分包制度发展建筑劳务企业的意见》，要求逐步在全国建立基本规范的建筑劳务分包制度，农民工基本被劳务企业或其他用工企业直接吸纳，“包工头”承揽分包业务基本被禁止。

8. 劳务分包企业

《建筑法》规定，从事建筑活动的建筑施工企业等，经资质审查合格，取得相应等级的资质证书后，方可在其资质等级许可的范围内从事建筑活动。

《关于建立和完善劳务分包制度发展建筑劳务企业的意见》提出，以发展劳务企业为突破口，建立预防建设领域拖欠农民工工资的长效机制，规范建筑市场秩序，建立和完善劳务分包制度，调整全行业建筑队伍组织结构，提高劳务队伍的职业素质，保障工程质量和安全。

（1）政策措施

1）明确建筑劳务分包制度的法律地位，建立预防和惩戒拖欠工资的长效机制。按照《建筑法》的要求，建立和完善建筑劳务分包制度，承包企业进行劳务作业分包必须使用有相关资质的企业，并应当按照合同约定或劳务分包企业完成的工作量及时支付劳务费用。承包企业应对劳务分包企业的用工情况和工资支付进行监督，并对本工程发生的劳务纠纷承担连带责任。劳务企业要依法与农民工签订劳动合同。

严格执行《房屋建筑和市政基础设施工程施工分包管理办法》，严厉打击挂靠和违法分包，禁止“包工头”承揽分包工程业务。

2）简化建筑劳务分包企业资质审批程序，多渠道建立和发展劳务分包企业。省、自治区、直辖市人民政府建设行政主管部门可根据需要，将审批权下放至地（州、盟、市）级以下人民政府建设行政主管部门，可由县级人民政府建设行政主管部门负责受理和初审。随时申请、随时审批，缩短审批时间至 20 天以内，以方便申请人。

加强对劳务带头人、召集人、包工头等的政策培训和分类指导，对具备条件的队伍，引导他们合资入股成立建筑劳务分包企业；引导现有成建制的建筑劳务队伍进行工商注册，按照《建筑业劳务分包企业资质标准》获取资质证书；引导建筑业企业进行内部机制创新，通过参股、入股等方式，对信誉良好但不具备建立企业条件的劳务队伍进行收编，促使

“包工头”转为合法的企业职工或股东；引导大型施工总承包企业分离富余职工，成立建筑劳务分包企业；引导低资质等级的施工总承包企业向建筑劳务分包企业转化，为其生存发展创造良好的外部环境。

3）允许砌筑等相关专业劳务企业承担农房施工。拥有砌筑、抹灰、钢筋工、木工等相关专业资质的劳务企业，在核定其承包工程范围时，可根据本地实际情况，允许其承担一定规模以下的乡、镇、村民用住宅、农房的建筑施工。

4）施工总承包、专业承包企业用工必须办理社会保险。施工总承包、专业承包企业直接雇用农民工，必须签订劳动合同并办理工伤、医疗或综合保险等社会保险。

5）建立农村富余劳动力向建筑劳务有序、有效转化的途径。继续发挥建筑劳务基地的示范、带动作用，按照“先培训、后输出”“先培训、后上岗”的原则，基本将农民工纳入成建制的劳务企业，有组织地输出劳务。对农民工进行进城务工常识、安全知识、法律法规等内容的引导性培训和职业技能培训。

6）加强对承包企业“职工教育经费”的使用监管，加大农民工职业培训资金投入数额。禁止承包企业在投标中压减“职工教育经费”获取中标。承包企业进行劳务作业分包的工程项目，必须将“职工教育经费”单独计列，专项支出，确保农民工技能培训经费足额提取和使用。

7）各地可根据实际情况，研究对农民工的多种管理方式。如探讨建立“建筑劳务市场”或“建筑劳务派遣中心”，作为规范建筑市场的补充措施，将因种种原因（如季节性农民工、临时性零散用工）暂时没有纳入劳务企业的零散农民工进行统一集中管理，对他们进行统一培训、服务和管理，保证其有序流动。

（2）监督管理措施。《关于建立和完善劳务分包制度发展建筑劳务企业的意见》中提出以下监督管理措施：①对施工总承包、专业承包企业直接雇用农民工，不签订劳动合同，或只签订劳动合同不办理社会保险，或只与“包工头”签订劳务合同等行为，均视为违法分包进行处理。对用工企业拖欠农民工工资的，责令限期改正，可依法对其市场准入、招标投标资格等进行限制，并予以相应处罚。②无论承包企业在工程建设投标时是否压减“职工教育经费”，均视为已经计提“职工教育经费”。③要加强日常监管，严格执法检查。各地要建立施工现场日常巡查制度，发现问题及时处理，促进劳务分包和劳务用工规范发展。

9.2.2　劳动保护

1. 劳动安全卫生

劳动安全卫生又称劳动保护，是指直接保护劳动者在劳动中的安全和健康的法律保障。根据《中华人民共和国劳动法》（以下简称《劳动法》）的有关规定，用人单位和劳动者应当遵守如下有关劳动安全卫生的法律规定。

（1）用人单位必须建立、健全劳动安全卫生制度，严格执行国家劳动安全卫生规程和标准，对劳动者进行劳动安全卫生教育，防止劳动过程中的事故，减少职业危害。

（2）劳动安全卫生设施必须符合国家规定的标准。新建、改建、扩建工程的劳动安全卫生设施必须与主体工程同时设计、同时施工、同时投入生产和使用。

（3）用人单位必须为劳动者提供符合国家规定的劳动安全卫生条件和必要的劳动防护用品，对从事有职业危害作业的劳动者应当定期进行健康检查。

（4）从事特种作业的劳动者必须经过专门培训并取得特种作业资格。

（5）劳动者在劳动过程中必须严格遵守安全操作规程。劳动者对用人单位管理人员违章指挥、强令冒险作业，有权拒绝执行；对危害生命安全和身体健康的行为，有权提出批评、检举和控告。

2. 女职工和未成年工的特殊保护

（1）女职工的特殊保护。根据我国《劳动法》的有关规定，对女职工的特殊保护规定主要包括：①禁止安排女职工从事矿山井下、国家规定的第四级体力劳动强度的劳动和其他禁忌从事的劳动；②不得安排女职工在经期从事高处、低温、冷水作业和国家规定的第三级体力劳动强度的劳动；③不得安排女职工在怀孕期间从事国家规定的第三级体力劳动强度的劳动和孕期禁忌从事的劳动，对怀孕 7 个月以上的女职工，不得安排其延长工作时间和夜班劳动；④女职工生育享受不少于 90 天的产假；⑤不得安排女职工在哺乳未满一周岁的婴儿期间从事国家规定的第三级体力劳动强度的劳动和哺乳期禁忌从事的其他劳动，

（2）未成年工的特殊保护

所谓未成年工，是指年满 16 周岁未满 18 周岁的劳动者。根据我国《劳动法》的有关规定，对未成年工的特殊保护规定主要包括不得安排未成年工从事矿山井下、有毒有害、国家规定的第四级体力劳动强度的劳动和其他禁忌从事的劳动。用人单位应当对未成年工定期进行健康检查。

3. 法律责任

（1）劳动安全设施和劳动卫生条件不符合要求的法律责任。用人单位的劳动安全设施和劳动卫生条件不符合国家规定或者未向劳动者提供必要的劳动防护用品和劳动保护设施的，由劳动行政部门或者有关部门责令改正，可以处以罚款；情节严重的，提请县级以上人民政府决定责令停产整顿；对事故隐患不采取措施致使发生重大事故，造成劳动者生命和财产损失的，对责任人员比照《刑法》的有关规定追究刑事责任。

（2）强令劳动者违章冒险作业的法律责任。用人单位强令劳动者违章冒险作业，发生重大伤亡事故，造成严重后果的，对责任人员依法追究刑事责任。

（3）非法雇用童工的法律责任。用人单位非法招用未满 16 周岁的未成年人的，由劳动行政部门责令改正，处以罚款；情节严重的，由工商行政管理部门吊销营业执照。

（4）侵害女职工和未成年工合法权益的法律责任。用人单位违反《劳动法》对女职工和未成年工的保护规定，侵害其合法权益的，由劳动行政部门责令改正，处以罚款；对女职工或者未成年工造成损害的，应当承担赔偿责任。

9.2.3 劳动争议的处理

劳动争议又称劳动纠纷，是指劳动关系当事人之间关于劳动权利和义务的争议。我国《劳动法》第 77 条明确规定："用人单位与劳动者发生劳动争议，当事人可以依法申请调解、仲裁、提起诉讼，也可以协商解决。"2008 年 5 月 1 日开始施行的《中华人民共和国劳动争议调解仲裁法》（以下简称《劳动争议调解仲裁法》）第 5 条进一步规定："发生劳动争议，当事人不愿协商、协商不成或者达成和解协议后不履行的，可以向调解组织申请调解；不愿调解、调解不成或者达成调解协议后不履行的，可以向劳动争议仲裁委员会申请仲裁；对仲裁裁决不服的，除本法另有规定的外，可以向人民法院提起诉讼。"

1. 协商解决劳动争议

协商是指当事人各方在自愿、互谅的基础上，按照法律、政策的规定，摆事实讲道理，解决纠纷的一种方法。协商的方法是一种简便易行、最有效、最经济的方法，能及时解决争议，消除分歧，提高办事效率，节省费用，也有利于双方的团结和相互的协作关系。

根据《劳动争议调解仲裁法》第 4 条的规定，发生劳动争议，劳动者可以与用人单位协商，也可以请工会或者第三方共同与用人单位协商，达成和解协议。

2. 申请调解解决劳动争议

发生劳动争议，当事人可以申请下列调解组织进行调解：①企业劳动争议调解委员会；②依法设立的基层人民调解组织；③在乡镇、街道设立的具有劳动争议调解职能的组织。

企业劳动争议调解委员会由职工代表和企业代表组成。职工代表由工会成员担任或者由全体职工推举产生，企业代表由企业负责人指定。企业劳动争议调解委员会主任由工会成员或者双方推举的人员担任。

当事人申请劳动争议调解可以书面申请，也可以口头申请。口头申请的，调解组织应当当场记录申请人基本情况、申请调解的争议事项、理由和时间。

经调解达成协议的，应当制作调解协议书。调解协议书由双方当事人签名或者盖章，经调解员签名并加盖调解组织印章后生效，对双方当事人具有约束力，当事人应当履行。自劳动争议调解组织收到调解申请之日起 15 日内未达成调解协议的，当事人可以依法申请仲裁。

达成调解协议后，一方当事人在协议约定期限内不履行调解协议的，另一方当事人可以依法申请仲裁。因支付拖欠劳动报酬、工伤医疗费、经济补偿或者赔偿金事项达成调解协议，用人单位在协议约定期限内不履行的，劳动者可以持调解协议书依法向人民法院申请支付令。人民法院应当依法发出支付令。

3. 通过劳动争议仲裁委员会进行裁决

与《仲裁法》规定的仲裁相比，劳动争议仲裁有以下基本特点：①从仲裁主体上看，劳动争议仲裁委员会由劳动行政部门代表、工会代表和企业方面代表组成。劳动争议仲裁委员会组成人员应当是单数，是带有司法性质的行政执行机关。它不是一般的民间组织，也区别于司法机构、群众自治性组织和行政机构。②从解决对象看，劳动争议仲裁解决劳动争议，这是与《仲裁法》规定的仲裁方式的重大区别。③从仲裁实行的原则看，劳动争议仲裁实行的是法定管辖，而《仲裁法》规定的是约定管辖。④从与诉讼的关系看，当事人对劳动争议仲裁裁决不服的，可以向法院起诉。《仲裁法》规定的仲裁，则采用或裁或审的体制。

（1）劳动争议仲裁原则。劳动争议仲裁原则是指劳动争议仲裁机构在仲裁程序中应遵守的准则，它是劳动争议仲裁的特有原则，反映了劳动争议仲裁的本质要求。

1）一次裁决原则。即劳动争议仲裁实行一个裁级一次裁决制度，一次裁决即为终局裁决。当事人如不服仲裁裁决，只能依法向人民法院起诉，不得向上一级仲裁委员会申请复议或要求重新处理。

2）合议原则。仲裁庭裁决劳动争议案件，实行少数服从多数的原则。合议原则是民主集中制在仲裁工作中的体现，其目的是为了保证仲裁裁决的公正性。

3）强制原则。劳动争议仲裁实行强制原则，主要表现为：①当事人申请仲裁无须双方达成一致协议，只要一方申请，仲裁委员会即可受理；②在仲裁庭对争议调解不成时，无须得到当事人的同意，可直接行使裁决权；③对发生法律效力的仲裁文书，可申请人民法院强制执行。

（2）劳动争议仲裁委员会与仲裁庭。

1）劳动争议仲裁委员会。劳动争议仲裁委员会是依法成立的，通过仲裁方式处理劳动争议的专门机构，它独立行使劳动争议仲裁权。省、自治区人民政府可以决定在市、县设立；直辖市人民政府可以决定在区、县设立。直辖市、设区的市也可以设立一个或者若干个劳动争议仲裁委员会。劳动争议仲裁委员会不按行政区划层层设立。劳动争议仲裁委员会应当设仲裁员名册。

仲裁员应当公道正派并符合下列条件之一：①曾任审判员的；②从事法律研究、教学工作并具有中级以上职称的；③具有法律知识、从事人力资源管理或者工会等专业工作满 5 年的；④律师执业满 3 年的。劳动争议仲裁委员会负责管辖本区域内发生的劳动争议。

劳动争议由劳动合同履行地或者用人单位所在地的劳动争议仲裁委员会管辖。双方当事人分别向劳动合同履行地和用人单位所在地的劳动争议仲裁委员会申请仲裁的，由劳动合同履行地的劳动争议仲裁委员会管辖。

2）仲裁庭。仲裁庭在仲裁委员会领导下处理劳动争议案件，实行一案一庭制。仲裁庭由 1 名首席仲裁员、2 名仲裁员组成。简单案件，仲裁委员会可以指定 1 名仲裁员独任处理。

仲裁庭的首席仲裁员由仲裁委员会负责人或授权其办事机构负责人指定，另两名仲裁员由仲裁委员会授权其办事机构负责人指定或由当事人各选一名，具体办法由省、自治区、直辖市自行确定。仲裁庭组成不符合规定的，由仲裁委员会予以撤销，重新组成仲裁庭。

3）仲裁委员会或仲裁庭组成人员的回避。仲裁委员会组成人员或者仲裁员有下列情形之一的，应当回避，当事人有权以口头或者书面方式申请其回避：①是本案当事人或者当事人、代理人的近亲属的；②与本案有利害关系的；③与本案当事人、代理人有其他关系，可能影响公正裁决的；④私自会见当事人、代理人，或者接受当事人、代理人的请客送礼的。

4）劳动争议仲裁的申请与受理。根据《劳动争议调解仲裁法》第 27 条的规定，劳动争议申请仲裁的时效期间为一年。仲裁时效期间从当事人知道或者应当知道其权利被侵害之日起计算。上述规定的仲裁时效，因当事人一方向对方当事人主张权利，或者向有关部门请求权利救济，或者对方当事人同意履行义务而中断。从中断时起，仲裁时效期间重新计算。因不可抗力或者有其他正当理由，当事人不能在规定的仲裁时效期间申请仲裁的，仲裁时效中止。从中止时效的原因消除之日起，仲裁时效期间继续计算。劳动关系存续期间因拖欠劳动报酬发生争议的，劳动者申请仲裁不受规定的仲裁时效期间的限制；但是，劳动关系终止的，应当自劳动关系终止之日起一年内提出。

申请人申请仲裁应当提交书面仲裁申请，并按照被申请人人数提交副本。仲裁申请书应当载明下列事项：①劳动者的姓名、性别、年龄、职业、工作单位和住所，用人单位的名称、住所和法定代表人或者主要负责人的姓名、职务；②仲裁请求和所根据的事实、理由；③证据和证据来源、证人姓名和住所。书写仲裁申请确有困难的，可以口头申请，由劳动争议仲裁委员会记入笔录，并告知对方当事人。

劳动争议仲裁委员会收到仲裁申请之日起 5 日内，认为符合受理条件的，应当受理，并通知申请人；认为不符合受理条件的，应当书面通知申请人不予受理，并说明理由。对劳动争议仲裁委员会不予受理或者逾期未作出决定的，申请人可以就该劳动争议事项向人民法院提起诉讼。劳动争议仲裁委员会受理仲裁申请后，应当在 5 日内将仲裁申请书副本送达被申请人。被申请人收到仲裁申请书副本后，应当在 10 日内向劳动争议仲裁委员会提交答辩书。劳动争议仲裁委员会收到答辩书后，应当在 5 日内将答辩书副本送达申请人。被申请人未提交答辩书的，不影响仲裁程序的进行。仲裁庭应当在开庭 5 日前，将开庭日期、地点书面通知双方当事人。当事人有正当理由的，可以在开庭 3 日前请求延期开庭。是否延期，由劳动争议仲裁委员会决定。申请人收到书面通知，无正当理由拒不到庭或者未经仲裁庭同意中途退庭的，可以视为撤回仲裁申请。被申请人收到书面通知，无正当理由拒不到庭或者未经仲裁庭同意中途退庭的，可以缺席裁决。

仲裁庭裁决劳动争议案件，应当自劳动争议仲裁委员会受理仲裁申请之日起 45 日内结束。案情复杂需要延期的，经劳动争议仲裁委员会主任批准，可以延期并书面通知当事人，但是延长期限不得超过 15 日。逾期未作出仲裁裁决的，当事人可以就该劳动争议事项向人民法院提起诉讼。

仲裁庭裁决劳动争议案件时，其中一部分事实已经清楚，可以就该部分先行裁决。当事人对仲裁裁决不服的，自收到裁决书之日起 15 日内，可以向人民法院起诉；期满不起诉的，裁决书即发生法律效力。但是，下列劳动争议，除《劳动争议调解仲裁法》另有规定的外，仲裁裁决为终局裁决，裁决书自作出之日起发生法律效力：①追索劳动报酬、工伤医疗费、经济补偿或者赔偿金，不超过当地月最低工资标准 12 个月金额的争议；②因执行国家的劳动标准在工作时间、休息休假、社会保险等方面发生的争议。当事人对发生法律效力的调解书和裁决书，应当依照规定的期限履行。一方当事人逾期不履行的，另一方当事人可以依照《民事诉讼法》的有关规定向人民法院申请强制执行。

4. 通过人民法院处理劳动争议

人民法院受理劳动争议案件的条件：①争议案件已经经过劳动争议仲裁委员会仲裁；②争议案件的当事人在接到仲裁决定书之日起 15 日内向法院提起诉讼。人民法院处理劳动争议适用《民事诉讼法》规定的程序，由各级人民法院民庭受理，实行两审终审。

9.3　标准化、节能及环境保护法律制度

9.3.1　标准化

《标准化法》自 1989 年 4 月 1 日起施行。《标准化法》的立法目的在于发展社会主义商品经济，促进技术进步，改进产品质量，提高社会经济效益，维护国家和人民的利益，使标准化工作适应社会主义现代化建设和发展对外经济关系的需要。依据《标准化法》，我国陆续发布了与工程建设标准有关的一系列行政法规、部门规章。其中主要有：①1990 年 4 月 6 日起实施的《中华人民共和国标准化法实施条例》（以下简称《标准化法实施条例》）；②1992 年 12 月 30 日起实施的《工程建设国家标准管理办法》；③1992 年 12 月 30 日起实施的《工程建设行业标准管理办法》；④2000 年 8 月 25 日起实施的《实施工程建设强制性标准监督规定》。除此之外，还包括水利、交通、铁路等其他行业的标准管理办法。

1. 工程建设标准的分类

《标准化法》按照标准的级别不同，把标准分为国家标准、行业标准、地方标准和企业标准。

（1）国家标准。《标准化法》第6条规定，对需要在全国范围内统一的技术标准，应当制定国家标准。《工程建设国家标准管理办法》规定了应当制定国家标准的种类。

（2）行业标准。《标准化法》第6条规定，对没有国家标准而又需要在全国某个行业范围内统一的技术要求，可以制定行业标准。《工程建设行业标准管理办法》规定了可以制定行业标准的种类。

（3）地方标准。《标准化法》第6条规定，对没有国家标准和行业标准而又需要在省、自治区、直辖市范围内统一的工业产品的安全、卫生要求，可以制定地方标准。

（4）企业标准。《标准化法实施条例》第17条规定，企业生产的产品没有国家标准、行业标准和地方标准的，应当制定相应的企业标准，作为组织生产的依据。

（5）工程建设强制性标准和推荐性标准。国家标准、行业标准分为强制性标准和推荐性标准。保障人体健康，人身、财产安全的标准和法律、行政法规规定强制执行的标准是强制性标准，其他标准是推荐性标准。省、自治区、直辖市标准化行政主管部门制定的工业产品的安全、卫生要求的地方标准，在本行政区域内是强制性标准。工程建设标准也分为强制性标准和推荐性标准。强制性标准，必须执行。国家鼓励企业自愿采用推荐性标准。

根据《工程建设国家标准管理办法》第3条的规定，下列工程建设国家标准属于强制性标准：①工程建设勘察、规划、设计、施工（包括安装）及验收等通用的综合标准和重要的通用的质量标准；②工程建设通用的有关安全、卫生和环境保护的标准；③工程建设通用的术语、符号、代号、量与单位、建筑模数和制图方法标准；④工程建设重要的通用的试验、检验和评定方法等标准；⑤工程建设重要的通用的信息技术标准；⑥国家需要控制的其他工程建设通用的标准。

根据《工程建设行业标准管理办法》第3条的规定，下列工程建设行业标准属于强制性标准：①建设勘察、规划、设计、施工（包括安装）及验收等行业专用的综合性标准和重要的行业专用的质量标准；②工程建设行业专用的有关安全、卫生和环境保护的标准；③工程建设重要的行业专用的术语、符号、代号、量与单位和制图方法等标准；④工程建设重要的行业专用的试验、检验和评定方法等标准；⑤工程建设重要的行业专用的信息技术标准；⑥其他工程建设标准。

2. 工程建设强制性标准

依据2000年8月25日原建设部发布的《实施工程建设强制性标准监督规定》的第3条，工程建设强制性标准是指直接涉及工程质量、安全、卫生及环境保护等方面的工程建设标准强制性条文。国家工程建设标准强制性条文由国务院建设行政主管部门会同国务院有关行政主管部门确定。2000年11月3日，原建设部发布了《关于加强〈工程建设标准强制性条文〉实施工作的通知》。通知中谈到："为了贯彻执行国务院发布的《建设工程质量管理条例》，我部会同国务院有关部门共同编制了《工程建设标准强制性条文》（以下简称《强制性条文》）。《强制性条文》是工程建设全过程中的强制性技术规定，是参与建设活动各方执行工程建设强制性标准的依据，也是政府对执行工程建设强制性标准情况实施监督的依据。《强制性条文》中的条款都必须严格执行。执行《强制性条文》是贯彻落实《建设工程质量管理条例》重要内容，是从技术上确保建设工程质量的关键。因此，必须高度重视《强制性条文》的实施与监督。”

实施工程建设强制性标准的监督管理。《关于加强〈工程建设标准强制性条文〉实施工作的通知》中要求：“各级建设行政主管部门要健全本地区实施《强制性条文》的监督机构，明确职责，责任到人，按建设部令第 81 号的规定，认真履行实施《强制性条文》的监督职责。在工程建设活动中，要强化各方自觉执行《强制性条文》的意识，保证《强制性条文》在工程建设的规划、勘察设计、施工和竣工验收的各个环节得以有效实施，同时要通过多种渠道，加强社会舆论监督。”

1）监督机构。《实施工程建设强制性标准监督规定》规定了实施工程建设强制性标准的监督机构，包括：①建设项目规划审查机关应当对工程建设规划阶段执行强制性标准的情况实施监督；②施工图设计审查单位应当对工程建设勘察、设计阶段执行强制性标准的情况实施监督；③建筑安全监督管理机构应当对工程建设施工阶段执行施工安全强制性标准的情况实施监督；④工程质量监督机构应当对工程建设施工、监理、验收等阶段执行强制性标准的情况实施监督；⑤工程建设标准批准部门应当对工程项目执行强制性标准情况进行监督检查。

2）监督检查的方式。工程建设标准批准部门应当定期对建设项目规划审查机关、施工图设计文件审查单位、建筑安全监督管理机构、工程质量监督机构实施强制性标准的监督进行检查，对监督停滞不前的单位和个人，给予通报批评，建议有关部门处理。工程建设标准批准部门应当对工程项目执行强制性标准情况进行监督检查。监督检查可以采取重点检查、抽查和专项检查的方式。工程建设标准批准部门应当将强制性标准监督检查结果在一定范围内公告。

3）监督检查的内容。根据《实施工程建设强制性标准监督规定》第 10 条的规定，强制性标准监督检查的内容包括：①有关工程技术人员是否熟悉、掌握强制性标准；②工程项目的规划、勘察、设计、施工、验收等是否符合强制性标准的规定；③工程项目采用的材料、设备是否符合强制性标准的规定；④工程项目的安全、质量是否符合强制性标准的规定；⑤工程中采用的导则、指南、手册、计算机软件的内容是否符合强制性标准的规定。

9.3.2　建筑节能

1. 建筑节能概述

所谓节能，是指加强用能管理，采取技术上可行、经济上合理以及环境和社会可以承受的措施，减少从能源生产到消费各个环节中的损失和浪费，更加有效、合理地利用能源。为了推进全社会节约能源，提高能源利用效率和经济效益，保护环境，保障国民经济和社会的发展，满足人民生活需要，我国于 1997 年 11 月 1 日发布了《节约能源法》，并自 1998 年 1 月 1 日起开始实施。2007 年 10 月 28 日第十届全国人民代表大会常务委员会第三十次会议对其进行了修订，修订后的《节约能源法》于 2008 年 4 月 1 日起施行。2006 年施行的《民用建筑节能管理规定》和 2008 年施行的《民用建筑节能条例》与《节约能源法》一起构成了关于节能的法律体系。

国家推广使用民用建筑节能的新技术、新工艺、新材料和新设备，限制使用或者禁止使用能源消耗高的技术、工艺、材料和设备。国务院节能工作主管部门、建设主管部门应当制定、公布并及时更新推广使用、限制使用、禁止使用目录。国家限制进口或者禁止进口能源消耗高的技术、材料和设备。建设单位、设计单位、施工单位不得在建筑活动中使用列入禁止使用目录的技术、工艺、材料和设备。

2. 建设节能主体的节能义务

（1）城乡规划主管部门与建设主管部门的节能义务。编制城市详细规划、确定建筑的布局、形状和朝向。城乡规划主管部门依法对民用建筑进行规划审查，应当就设计方案是否符合民用建筑节能强制性标准征求同级建设主管部门的意见；建设主管部门应当自收到征求意见材料之日起10日内提出意见。征求意见时间不计算在规划许可的期限内。对不符合民用建筑节能强制性标准的，不得颁发建设工程规划许可证。

（2）施工图审查机构的节能义务。施工图设计文件审查机构应当按照民用建筑节能强制性标准对施工图设计文件进行审查；经审查不符合民用建筑节能强制性标准的，县级以上地方人民政府建设主管部门不得颁发施工许可证。

（3）建设单位的节能义务。建设单位不得明示或者暗示设计单位、施工单位违反民用建筑节能强制性标准进行设计、施工。不得明示或者暗示施工单位使用不符合施工图设计文件要求的墙体材料、保温材料、门窗、采暖制冷系统和照明设备。按照合同约定由建设单位采购墙体材料、保温材料、门窗、采暖制冷系统和照明设备的，建设单位应当保证其符合施工图设计文件要求。建设单位组织竣工验收，应当对民用建筑是否符合民用建筑节能强制性标准进行查验；对不符合民用建筑节能强制性标准的，不得出具竣工验收合格报告。

（4）设计单位、施工单位、工程监理单位的节能义务。设计单位、施工单位、工程监理单位及其注册执业人员，应当按照民用建筑节能强制性标准进行设计、施工、监理。施工单位应当对进入施工现场的墙体材料、保温材料、门窗、采暖制冷系统和照明设备进行查验；不符合施工图设计文件要求的，不得使用。

3. 既有建筑节能

既有建筑节能改造是指对不符合民用建筑节能强制性标准的既有建筑的围护结构、供热系统、采暖制冷系统、照明设备和热水供应设施等实施节能改造的活动。既有建筑节能改造应当根据当地经济、社会发展水平和地理气候条件等实际情况，有计划、分步骤地实施分类改造。

4. 法律责任

（1）建设单位的法律责任。建设单位有下列行为之一的，由县级以上地方人民政府建设主管部门责令改正。处20万元以上50万元以下的罚款：①明示或者暗示设计单位、施工单位违反民用建筑节能强制性标准进行设计、施工的；②明示或者暗示施工单位使用不符合施工图设计文件要求的墙体材料、保温材料、门窗、采暖制冷系统和照明设备的；③采购不符合施工图设计文件要求的墙体材料、保温材料、门窗、采暖制冷系统和照明设备的；④使用列入禁止使用目录的技术、工艺、材料和设备的。

建设单位对不符合民用建筑节能强制性标准的民用建筑项目出具竣工验收合格报告的，由县级以上地方人民政府建设主管部门责令改正，处民用建筑项目合同价款2%以上4%以下的罚款；造成损失的，依法承担赔偿责任。

（2）设计单位的法律责任。设计单位未按照民用建筑节能强制性标准进行设计，或者使用列入禁止使用目录的技术、工艺、材料和设备的，由县级以上地方人民政府建设主管部门责令改正，处 10 万元以上 30 万元以下的罚款；情节严重的，由颁发资质证书的部门责令停业整顿，降低资质等级或者吊销资质证书；造成损失的，依法承担赔偿责任。

（3）施工单位的法律责任。施工单位未按照民用建筑节能强制性标准进行施工的，由县级以上地方人民政府建设主管部门责令改正，处民用建筑项目合同价款 2% 以上 4% 以下的罚款；情节严重的，由颁发资质证书的部门责令停业整顿，降低资质等级或者吊销资质证书；造成损失的，依法承担赔偿责任。

（4）工程监理单位的法律责任。工程监理单位有下列行为之一的，由县级以上地方人民政府建设主管部门责令限期改正；逾期未改正的，处 10 万元以上 30 万元以下的罚款；情节严重的，由颁发资质证书的部门责令停业整顿，降低资质等级或者吊销资质证书；造成损失的，依法承担赔偿责任：①未按照民用建筑节能强制性标准实施监理的；②墙体、屋面的保温工程施工时，未采取旁站、巡视和平行检验等形式实施监理的。

（5）建筑节能标准。建筑节能的国家标准、行业标准由国务院建设主管部门组织制定，并依照法定程序发布，省、自治区、直辖市人民政府建设主管部门可以根据本地实际情况，制定严于国家标准或者行业标准的地方建筑节能标准，并报国务院标准化主管部门和国务院建设主管部门备案。国家鼓励企业制定严于国家标准、行业标准的企业节能标准。

（6）鼓励发展的建筑节能技术及产品。根据 2006 年施行的《民用建筑节能管理规定》，鼓励发展下列建筑节能技术和产品：①新型节能墙体和屋面的保温、隔热技术与材料；②节能门窗的保温隔热和密闭技术；③集中供热和热、电、冷联产联供技术；④供热采暖系统温度调控和分户热量计量技术与装置；⑤太阳能、地热等可再生能源应用技术及设备；⑥建筑照明节能技术与产品；⑦空调制冷节能技术与产品；⑧其他技术成熟、效果显著的节能技术和节能管理技术。

9.3.3　环境保护

环境保护法有广义和狭义之分。广义的环境保护法指的是与环境保护相关的法律体系；狭义的环境保护法指的是 1989 年 12 月 26 日实施的《中华人民共和国环境保护法》。

环境影响评价是指对规划和建设项目实施后可能造成的环境影响进行分析、预测和评估，提出预防或者减轻不良环境影响的对策和措施，进行跟踪监测的方法与制度。为了实施可持续发展战略，预防因规划和建设项目实施后对环境造成不良影响，促进经济、社会和环境的协调发展，在《建设项目环境保护管理条例》已有规定的基础上，我国于 2002 年 10 月 28 日公布了《环境影响评价法》。以法律的形式确立了环境影响评价制度。

1. 建设工程项目的环境影响评价制度

（1）建设项目环境影响评价文件的审批管理。根据《环境影响评价法》的规定，建设项目的环境影响评价文件，由建设单位按照国务院的规定报有审批权的环境保护行政主管部门审批；建设项目有行业主管部门的，其环境影响报告书或者环境影响报告表应当经行业主管部门预审后，报有审批权的环境保护行政主管部门审批。建设项目的环境影响评价文件未经法律规定的审批部门审查或者审查后未予批准的，该项目审批部门不得批准其建设，建设单位不得开工建设。

建设项目的环境影响评价文件经批准后，建设项目的性质、规模、地点、采用的生产工艺或者防治污染、防止生态破坏的措施发生重大变动的，建设单位应当重新报批建设项目的环境影响评价文件。建设项目的环境影响评价文件自批准之日起超过5年，决定该项目开工建设的，其环境影响评价文件应当报原审批部门重新审核。

（2）环境影响的后评价和跟踪管理。在项目建设、运行过程中产生不符合经审批的环境影响评价文件的情形的，建设单位应当组织环境影响的后评价，采取改进措施，并报原环境影响评价文件审批部门和建设项目审批部门备案；原环境影响评价文件审批部门也可以责成建设单位进行环境影响的后评价，采取改进措施。

环境保护行政主管部门应当对建设项目投入生产或者使用后所产生的环境影响进行跟踪检查，对造成严重环境污染或者生态破坏的，应当查清原因、查明责任。

（3）建筑工程环境保护"三同时"制度。所谓环境保护"三同时"制度，是指建设项目需要配套建设的环境保护设施，必须与主体工程同时设计、同时施工、同时投产使用。《环境影响评价法》第26条规定："建设项目建设过程中，建设单位应当同时实施环境影响报告书、环境影响报告表以及环境影响评价文件审批部门审批意见中提出的环境保护对策措施。"环境保护"三同时"制度是建设项目环境保护法律制度的重要组成部分，《建设项目环境保护管理条例》对环境保护"三同时"制度进行了详细规定。

1）设计阶段。建设项目的初步设计，应当按照环境保护设计规范的要求，编制环境保护篇章，并依据经批准的建设项目环境影响报告书或者环境影响报告表，在环境保护篇章中落实防治环境污染和生态破坏的措施以及环境保护设施投资概算。

2）试生产阶段。建设项目的主体工程完工后，需要进行试生产的，其配套建设的环境保护设施必须与主体工程同时投入试运行。建设项目试生产期间，建设单位应当对环境保护设施运行情况和建设项目对环境的影响进行监测。

3）竣工验收和投产使用阶段。建设项目竣工后，建设单位应当向审批环境影响评价文件的环境保护行政主管部门申请该建设项目需要配套建设的环境保护设施竣工验收。环境保护设施竣工验收，应当与主体工程竣工验收同时进行。需要进行试生产的建设项目，建设单位应当自建设项目投入试生产之日起3个月内向审批环境影响评价文件的环境保护行政主管部门申请该建设项目需要配套建设的环境保护设施竣工验收。分期建设、分期投入生产或者使用的建设项目，其相应的环境保护设施应当分期验收。建设项目需要配套建设的环境保护设施经验收合格，该建设项目方可正式投入生产或者使用。

2. 污染防治

（1）水污染防治。水污染是指水体因某种物质的介入，而导致其化学、物理、生物或者放射性等方面特性的改变，从而影响水的有效利用，危害人体健康或者破坏生态环境，造成水质恶化的现象。在我国，《中华人民共和国水污染防治法》（以下简称《水污染防治法》）是规范水污染防治的基本法律。

防止地表水污染的具体规定包括：在生活饮用水源地、风景名胜区水体、重要渔业水体和其他有特殊经济文化价值的水体的保护区内，不得新建排污口。在保护区附近新建排污口，必须保证保护区水体不受污染。《水污染防治法》公布前已有的排污口，排放污染物超过国家或者地方标准的，应当治理；危害饮用水源的排污口，应当搬迁。排污单位发生事故或者其他突然性事件，排放污染物超过正常排放量，造成或者可能造成水污染事故的，必须立即采取应急措施，通报可能受到水污染危害和损害的单位，并向当地环境保护部门报告。禁止向水体排放油类、酸液、碱液或者剧毒废液。禁止在水体清洗装储过油类或者有毒污染物的车辆和容器。禁止将含有汞、镉、砷、铬、铅、氰化物、黄磷等的可溶性剧毒废渣向水体排放、倾倒或者直接埋入地下。存放可溶性剧毒废渣的场所，必须采取防水、防渗漏、防流失的措施。禁止向水体排放、倾倒工业废渣、城市垃圾和其他废弃物。禁止在江河、湖泊、运河、渠道、水库最高水位线以下的滩地和岸坡堆放、存储固体废弃物和其他污染物。禁止向水体排放或者倾倒放射性固体废弃物或者含有高放射性和中放射性物质的废水。向水体排放含低放射性物质的废水，必须符合国家有关放射防护的规定和标准。向水体排放含热废水，应当采取措施，保证水体的水温符合水环境质量标准，防止热污染危害。排放含病原体的污水，必须经过消毒处理；符合国家有关标准后，方准排放。

（2）大气污染防治。所谓大气污染，是指有害物质进入大气，对人类和生物造成危害的现象。如果对它不加以控制和防治，将严重地破坏生态系统和人类生存条件。依据《中华人民共和国大气污染防治法》，与工程建设相关的具体规定包括以下内容。

1）向大气排放粉尘的排污单位，必须采取除尘措施。

2）严格限制向大气排放含有毒物质的废气和粉尘；确需排放的，必须经过净化处理，不超过规定的排放标准。

3）在人口集中地区和其他依法需要特殊保护的区域内，禁止焚烧沥青、油毡、橡胶、塑料、皮革、垃圾以及其他产生有毒有害烟尘和恶臭气体的物质。

4）运输、装卸、储存能够散发有毒有害气体或者粉尘物质的，必须采取密闭措施或者其他防护措施。

5）在城市市区进行建设施工或者从事其他产生扬尘污染活动的单位，必须按照当地环境保护的规定，采取防治扬尘污染的措施。

（3）环境噪声污染防治。环境噪声是指在工业生产、建筑施工、交通运输和社会生活中所产生的干扰周围生活环境的声音。环境噪声污染，则是指所产生的环境噪声超过国家规定的环境噪声排放标准，并干扰他人正常生活、工作和学习的现象。在我国，《中华人民共和国环境噪声污染防治法》（以下简称《环境噪声污染防治法》）是规范噪声污染防治的基本法律。《环境噪声污染防治法》中与工程建设有关的噪声是建筑施工噪声和交通运输噪声。建筑施工噪声是指在建筑施工过程中产生的干扰周围生活环境的声音。交通运输噪声是指机动车辆、铁路机车、机动船舶、航空器等交通运输工具在运行时所产生的干扰周围生活环境的声音。

具体规定如下：

1）在城市市区范围内向周围生活环境排放建筑施工噪声的，应当符合国家规定的建筑施工场界环境噪声排放标准；在城市市区范围内，建筑施工过程中使用机械设备，可能产生环境噪声污染的，施工单位必须在工程开工 15 日以前向工程所在地县级以上地方人民政府环境保护行政主管部门申报该工程的项目名称、施工场所和期限、可能产生的环境噪声值以及所采取的环境噪声污染防治措施的情况。

2）在城市市区噪声敏感建筑物集中区域内，禁止夜间进行产生环境噪声污染的建筑施工作业，但抢修、抢险作业和因生产工艺上要求或者特殊需要必须连续作业的除外。因特殊需要必须连续作业的，必须有县级以上人民政府或者其有关主管部门的证明。上述规定的夜间作业，必须公告附近居民。

3）建设经过已有的噪声敏感建筑物集中区域的高速公路和城市高架、轻轨道路，有可能造成环境噪声污染的，应当设置声屏障或者采取其他有效的控制环境噪声污染的措施。噪声敏感建筑物是指医院、学校、机关、科研单位、住宅等需要保持安静的建筑物。噪声敏感建筑物集中区域是指医疗区、文教科研区和以机关或者居民住宅为主的区域。

4）在已有的城市交通干线的两侧建设噪声敏感建筑物的，建设单位应当按照国家规定间隔一定距离，并采取减轻、避免交通噪声影响的措施。

（4）固体废物污染防治。固体废物污染环境是指固体废物在产生、收集、储存、运输、利用、处置的过程中产生的危害环境的现象。依据《中华人民共和国固体废物污染环境防治法》，与工程建设有关的具体规定包括：①产生固体废物的单位和个人，应当采取措施，防止或者减少固体废物对环境的污染；②收集、储存、运输、利用、处置固体废物的单位和个人，必须采取防扬散、防流失、防渗漏或者其他防止污染环境的措施。不得在运输过程中沿途丢弃、遗撒固体废物；③在国务院和国务院有关主管部门及省、自治区、直辖市人民政府划定的自然保护区、风景名胜区、生活饮用水源地和其他需要特别保护的区域内，禁止建设工业固体废物集中储存、处置设施、场所和生活垃圾填埋场；④转移固体废物出省、自治区、直辖市行政区域储存、处置的，应当向固体废物移出地的省级人民政府环境保护行政主管部门报告，并经固体废物接受地的省级人民政府环境保护行政主管部门许可；⑤禁止中国境外的固体废物进境倾倒、堆放、处置；⑥国家禁止进口不能用作原料的固体废物，限制进口可以用作原料的固体废物；⑦露天储存冶炼渣、化工渣、燃煤灰渣、废矿石、尾矿和其他工业固体废物的，应当设置专用的储存设施、场所；⑧施工单位应当及时清运、处置建筑施工过程中产生的垃圾，并采取措施，防止污染环境。

本章小结

本章介绍了工程计价制度、劳动法律制度、节能制度、标准化制度以及环境保护制度。使学生了解工程量计价清单规范，熟悉发承包及工程结算的法律规定，了解劳动合同的相关规定，熟悉劳动保护的基本制度，掌握劳动争议处理的程序，了解标准化法、节能法、环境保护法等与工程相关的法律制度。

复习思考题

【简答题】

1. 简述建设工程计价方式。
2. 说明建设工程建安造价的组成。
3. 施工项目合同有几种签订方式？
4. 劳动合同和劳动关系有何不同？
5. 简述劳动保护的“三同时”制度。
6. 简述劳动争议的处理程序。
7. 简述合同结算纠纷的结算程序。
8. 在城市敏感建筑区域施工有什么特殊规定？

【选择题】

1. 某建设项目施工单位拟采用的新技术与现行强制性标准规定不符，应由（　　）组织专题技术论证，并报批准该项标准的建设行政主管部门或国务院有关主管部门审定。

A. 建设单位　B. 施工单位　C. 监理单位　D. 设计单位

2. 由国务院建设、铁路、交通、水利等行政主管部门各自审批、编号和发布的标准，属于（　　）。

A. 国家标准　B. 行业标准　C. 地方标准　D. 企业标准

3. 在城市市区范围内，施工过程中使用机械设备，可能产生环境噪声污染的，施工单位必须在工程开工（　　）日前向工程所在地县级以上人民政府环境保护行政主管部门申报。

A. 10　B. 15　C. 20　D. 30

4. 以下关于建筑节能的说法，错误的是（　　）。

A. 企业可以制定严于国家标准的企业节能标准

B. 国家实行固定资产项目节能评估和审查制度

C. 不符合强制性节能标准的项目不得开工建设

D. 省级人民政府建设主管部门可以制定低于行业标准的地方建筑节能标准

5. 某建筑企业的劳动争议调解委员会应由（　　）组成。

A. 企业的法定代表人与劳动行政部门的代表

B. 企业的工会代表与劳动行政部门的代表

C. 企业的职工代表和企业代表

D. 企业的职工代表、企业代表和劳动行政部门的代表

6. 非全日制用工报酬结算支付周期最长为（　　）。

A. 7 天　B. 15 天　C. 20 天　D. 30 天

7. 工程建设强制性标准由（　　）负责解释。

A. 国家质量监督检验检疫主管部门　B. 国务院建设行政主管部门

C. 省级人民政府建设行政主管部门　D. 工程建设标准批准部门

8. 下列争议中，属于劳动争议的是（　　）。

A. 企业职工沈某与某地方劳动保障行政部门工伤认定的争议

B. 公司股东李某因股息分配产生的争议

C. 王某与社会保险机构因退休费用产生的争议

D. 进程务工的黄某与劳务分包公司因工资报酬产生的争议

9. 劳务派遣单位与被派遣者的劳动合同最低应为（　　）。

A. 6 个月　B. 1 年　C. 2 年　D. 5 年

10. 劳动合同仅约定试用期的，按《劳动合同法》的规定，该处理结果为（　　）。

A. 该试用期限为劳动合同期限　B. 按无效劳动合同处理

C. 按无固定期限合同处理　D. 按完成一定工作任务为期限的合同处理

11. 用人单位与劳动者约定以一定工作任务为期限的合同为（　　）劳动合同。

A. 固定期限　B．无固定期限

C. 以完成一定任务为期限　D. 短期

【案例分析题】

场景

李某今年51岁，自1995年起就一直在某企业做临时工，担任厂区门卫。现企业首次与所有员工签订劳动合同。李某提出自己愿意长久在本单位工作，也应与单位签订合同，但被拒绝并责令其结算工资走人。该企业与王先生签订了为期两年的劳动合同，王先生的试用期被规定为1个月。职工刘某因参与打架斗殴被判处有期徒刑一年，缓期三年执行，该单位决定解除与刘某的劳动合同。考虑到刘某在本单位工作多年，决定向其多支付一个月的额外工资，随后书面通知了刘某。

问题：

（1）企业应当与李某签订什么劳动合同？请说明理由。

（2）王先生的试用期不得超过几个月？

（3）企业与刘某的这种劳动合同解除方式称为什么解除？

参 考 文 献

[1] 全国建筑企业项目经理培训教材编写委员会. 施工项目质量与安全管理 [M]. 北京: 中国建筑工业出版社, 2002.
[2] 广州市建筑集团有限公司. 实用建筑施工安全手册 [M]. 北京: 中国建筑工业出版社, 1999.
[3] 李世蓉, 兰定筠. 建筑工程安全生产管理条例实施指南 [M]. 北京: 中国建筑工业出版社, 2004.
[4] 筑龙网. 建筑施工安全技术与管理 [M]. 北京: 中国电力出版社, 2005.
[5] 全国一级建造师执业资格考试用书编写委员会. 建设工程项目管理 [M]. 北京: 中国建筑工业出版社, 2004.
[6] 杨文柱. 建筑安全工程 [M]. 北京: 机械工业出版社, 2004.
[7] 钱仲候, 张公绪. 质量专业理论与实务 (中级) [M]. 北京: 中国人事出版社, 2001.
[8] 丁士昭. 建设工程项目管理 [M]. 北京: 中国建筑工业出版社, 2004.
[9] 李坤宅. 建筑施工安全资料手册 [M]. 北京: 中国建筑工业出版社, 2003.
[10] 全国人大常委会法工委研究室. 中华人民共和国合同法释义 [M]. 北京: 人民法院出版社, 1999.
[11] 何伯森. 国际工程招标与投标 [M]. 北京: 中国水利水电出版社, 1994.
[12] 何红锋. 工程建设中的合同法与招标投标法 [M]. 北京: 中国计划出版社, 2002.
[13] 黄文杰. 建设工程招标实务 [M]. 北京: 中国计划出版社, 2002.
[14] 曲修山. 建设工程招标代理法律制度 [M]. 北京: 中国计划出版社, 2002.
[15] 戴桂英, 袁炳玉. 中华人民共和国招标投标法知识问答 [M]. 北京: 企业管理出版社, 1999.
[16] 全国人大常委会法工委研究室. 中华人民共和国招标投标法释义 [M]. 北京: 人民法院出版社, 1999.
[17] 中华人民共和国财政部. 货物采购国际竞争性招标文件 [M]. 北京: 清华大学出版社, 1997.
[18] 中华人民共和国财政部. 土建工程国际竞争性招标文件 [M]. 北京: 清华大学出版社, 1997.
[19] 建设部政策法规司. 建设系统合同示范文本汇编 [M]. 北京: 中国建筑工业出版社, 2001.
[20] 国际咨询工程师联合会与中国工程咨询协会. 施工合同条件 [M]. 北京: 机械工业出版社, 2002.
[21] 国际咨询工程师联合会与中国工程咨询协会. 设计采购施工 (EPC) /交钥匙工程合同条件 [M]. 北京: 机械工业出版社, 2002.
[22] 国际咨询工程师联合会. 土木工程施工分包合同条件 [M]. 刘英, 等译. 北京: 中国建筑工业出版社, 1996.